スポーツ
ガバナンス
実践ガイドブック

スポーツにおけるグッドガバナンス研究会 |編|

基礎知識から構築のノウハウまで

発行 民事法研究会

はしがき

　2020年東京オリンピック・パラリンピックの招致が決定したことにより、ますます国民のスポーツに対する関心は高まっている。昨年（2013年）のプロ野球東北楽天ゴールデンイーグルスの日本シリーズ制覇は、東北の人達だけでなく、日本中に勇気と感動を与えてくれた。

　スポーツ基本法では、「スポーツは、これを通じて幸福で豊かな生活を営むことが人々の権利である」（2条1項）と明記し、青少年、障害者を含め、スポーツを行う者の権利利益を保護しなければならないとしている。そして、同法は、スポーツ団体の努力義務として、「スポーツ団体は、スポーツの振興のための事業を適正に行うため、その運営の透明性の確保を図るとともに、その事業活動に関し自らが遵守すべき基準を作成するよう努めるものとする」（5条2項）と定め、また、「スポーツ団体は、スポーツに関する紛争について、迅速かつ適正な解決に努めるものとする」（同条3項）と定めて、スポーツ団体にガバナンスを求めている。

　しかし、2012年の桜宮高校の体罰による生徒の自殺、全日本女子柔道選手に対する暴力・暴言問題、セクハラ問題、日本オリンピック委員会の国庫補助金等の不正受給問題やプロ野球の統一球問題等々、スポーツの現場においてさまざまな不祥事が繰り返されている。これら競技団体に対しては、不祥事が防止できなかったというだけでなく、問題発覚後の事後対応にも厳しい批判がなされている。

　日本弁護士連合会では、2013年11月8日、業務改革委員会スポーツ・エンターテイメント法促進PTが中心となって「スポーツ基本法と弁護士の役割～体罰・セクハラ・スポーツ事故の防止　グッドガバナンスのために～」と題して、シンポジュウムを開催した。ここでは、①なぜ不祥事が繰り返されるのか、その背景、原因は何か、②どうしたら不祥事を防止できるのか、③不祥事が発生した場合の対応や処分は、どうあるべきかなどについてさまざ

はしがき

　まな検討がなされた。日本弁護士連合会では、上記シンポジュウムに先立ち、同年5月後半から6月初めまで、イギリス、オランダ、ベルギー、フランスを歴訪し、スポーツ先進国である欧州において、ドーピング対策も含め、グッドガバナンスに対するさまざまな取組みについての調査を行った。その結果、日本のスポーツ界においては、まったくといってよいほどガバナンスやコンプライアンスが欠落していることが判明した。まさに2020年の東京オリンピック・パラリンピックの開催に向けて、ドーピング対策はもちろん、グッドガバナンスの確立、実現が急務である。

　本書は、前記シンポジュウム委員が中心となって立ち上げたスポーツにおけるグッドガバナンス研究会の会員が協力して編集・執筆したものである。内容としては、上記シンポジュウムや海外調査の成果を踏まえ、「事例にみるガバナンスの実情と課題」として、各スポーツ、スポーツ団体における過去の各不祥事事例等にみる問題点、対応の実態および今後の課題につき分析検討した第1部と、「グッドガバナンスの構築と実践」として、グッドガバナンスの必要性、構築、実践（事前の防止策、不祥事・紛争の対応）、今後の対応についての第2部の構成となっている。

　本書は、おそらく、スポーツにおけるグッドガバナンスを網羅的に取り上げたものとしては初めてのものといえることから、各スポーツ団体の関係者、研究者、弁護士等の方々のお役に立てれば幸いである。もっとも、時間的に限られた中でのものであるので今後の検討を要する部分もあると思われるが、当研究会では、関係各位のご意見、ご批判をいただき今後もスポーツにおけるグッドガバナンスの確立・実践のために研究を行っていく所存である。

　2014年5月

執筆者を代表して　酒　井　俊　皓

目 次

『スポーツガバナンス実践ガイドブック』
目　　次

事例にみるガバナンスの実情と課題

I 国際サッカー連盟（FIFA）～不正な利益供与疑惑とガバナンス ……………………………2

1　事案の概要 …………………………………………2
2　問題の原因 …………………………………………2
3　とられた対策──FIFAによるガバナンス改革 …………3
4　改革の結果と残された課題 ………………………5

II 日本オリンピック委員会～国庫補助金等の不正受給とガバナンス …………………………7

1　事案の概要 …………………………………………7
　(1)　端　緒 ……………………………………………7
　(2)　第三者特別調査委員会による調査 ………………7
2　本件の問題点 ………………………………………8
　(1)　JOC謝金問題 ……………………………………8
　(2)　JSC謝金問題 ……………………………………8
　(3)　関係者と問題点 ………………………………10
　　(A)　寄付をした個人 ……………………………10
　　(B)　スポーツ団体 ………………………………10

3

目 次

　　(C)　JOC ··· 10
　(4)　第三者委員会の調査結果································· 11
　(5)　本件問題が生じた原因······································ 11
3　どのような対策がとられたか ································· 13
　(1)　第三者委員会の提言·· 13
　(2)　JOCのとった対策 ·· 13
　(3)　JSCのとった対応 ·· 14
　(4)　補助金・助成金の返納······································· 14
4　残された課題 ·· 14
（別表）　第三者委員会の調査結果概要······················ 16

Ⅲ　国民体育大会～参加者資格違反事案と国体におけるガバナンス ································· 19

1　事案の概要（山口県代表国体選手参加資格違反事案）········ 19
　(1)　国民体育大会とは何か·· 19
　(2)　いわゆる「渡り鳥選手」問題についての第三者委員会への諮問 ··· 20
2　原因と問題点の指摘（第三者委員会からの答申）········· 21
　(1)　第三者委員会の指摘した原因背景 ····················· 21
　(2)　法解釈を越えた独自のスポーツルール解釈······· 22
　(3)　山口県体育協会に対する厳重注意処分 ············· 23
3　対応と対策（国民体育大会活性化への展望）············· 24
　(1)　国体への批判·· 24
　(2)　国体改革の方向性·· 25
4　改革の結果と残された課題 ······································ 26

4

Ⅳ　全日本柔道連盟～暴力・暴言事案とガバナンス　28

1　事案の概要 ……………………………………………………28
(1)　公益財団法人全日本柔道連盟 ………………………………28
(2)　暴力・暴言問題 ………………………………………………28
(3)　補助金不正受給問題 …………………………………………29
(4)　セクハラ問題 …………………………………………………30

2　問題点 …………………………………………………………30
(1)　全柔連におけるガバナンス体制未構築 ……………………30
(2)　柔道の軍国主義との結びつき（暴力的体質） ……………31
(3)　非民主的体制、講道館との関係（ガバナンスの未整備）
　　──全柔連の評議員および理事の体制 ……………………31

3　対応策 …………………………………………………………32
(1)　暴力問題に対する対応 ………………………………………32
(2)　組織の問題に対する対応 ……………………………………32
　　(A)　旧体制の刷新 ……………………………………………32
　　(B)　新体制における改革 ……………………………………32

4　今後の課題 ……………………………………………………33
(1)　評議員の実効化 ………………………………………………33
(2)　理事会等の実効化 ……………………………………………33
(3)　講道館・IJFとの関係 ………………………………………34
【資料】　声明文 ……………………………………………………34

Ⅴ　日本クレー射撃協会～内部対立とガバナンス ……37

1　事案の概要 ……………………………………………………37
2　問題点 …………………………………………………………37
(1)　副会長による不明朗な資金管理 ……………………………37

目 次

  (2) 決算案の否決 ……………………………………………39
  (3) 権力抗争 …………………………………………………39
 3 これまでの対応 …………………………………………………40
 4 今後の課題 ………………………………………………………41
  (1) 民主的かつ公正な組織運営を図るという意識の欠如 ………41
  (2) 透明性を確保した会計ルールの欠如 ………………………42
  (3) 第三者による事実調査とその尊重の欠如 …………………42
  (4) 処分を行う際の公正かつ適正な手続の欠如 ………………43

Ⅵ テコンドー〜スポーツ団体の対立・不祥事とガバナンス ……44

 1 テコンドーとは …………………………………………………44
 2 オリンピック等への代表選手の派遣 …………………………44
  (1) オリンピック競技への採用 ……………………………………44
  (2) IOCと競技団体との関係 ……………………………………45
  (3) シドニーオリンピックの代表選手派遣問題 ………………45
  (4) 統括団体の分裂 …………………………………………………46
  (5) 2003年夏季ユニバーシアード代表選手派遣問題 …………46
  (6) スポーツ仲裁の申立て …………………………………………46
  (7) アテネオリンピックの代表選手派遣問題 …………………47
  (8) 2005年夏季ユニバーシアード・東アジア大会の代表選手派遣問題 ……………………………………………………………48
 3 スポーツ仲裁機構の仲裁判断 ………………………………48
  (1) 2件の仲裁判断 …………………………………………………48
  (2) 熊本県協会所属の選手の試合参加無期限停止 ……………49
  (3) 若いスポーツ選手のスポーツ権を侵害 ……………………49
  (4) ガバナンスが行われていない団体 …………………………49

4　補助金不正受給問題等 ……………………………………50
　　　(1)　勧告処分 …………………………………………………50
　　　(2)　第三者特別調査委員会の指摘 ………………………50
　　5　問題の所在 ……………………………………………………50
　　　(1)　問題の根源 ………………………………………………51
　　　(2)　定款・規則等の整備と開示 …………………………51
　　　(3)　会計業務の重要性 ……………………………………51
　　　(4)　選考基準・処分規定の整備と開示 …………………52

Ⅶ　全日本スキー連盟〜内部対立とガバナンス ……53

　　1　事案の概要 ……………………………………………………53
　　2　問題点──役員改選をめぐる紛争 ……………………53
　　　(1)　2008年の役員選任 ………………………………………53
　　　(2)　2010年の役員選任 ………………………………………54
　　3　これまでの対応 ……………………………………………54
　　　(1)　2008年の役員選任 ………………………………………54
　　　(2)　2010年の役員選任 ………………………………………55
　　　(3)　その後 ……………………………………………………55
　　4　今後の課題 ……………………………………………………56

Ⅷ　日本アイスホッケー連盟〜内部対立とガバナンス ……………………………………………………57

　　1　アイスホッケーの歴史 ……………………………………57
　　2　オリンピックへの出場 ……………………………………57
　　3　強化本部長の解任・常務理事の降格 …………………58
　　　(1)　強化本部長の解任と常務理事の降格 ………………58
　　　(2)　解任理由の説明 ………………………………………58

7

目次

　　(3)　解任理由は正当か ……………………………………… 58
　4　理事・会長の選任と内閣府の勧告 ………………………… 59
　　(1)　理事の選挙 ………………………………………………… 59
　　(2)　対立の激化 ………………………………………………… 59
　　(3)　内閣府の勧告 ……………………………………………… 59
　5　法的手続 …………………………………………………………… 59
　6　問題の所在 ………………………………………………………… 60
　　(1)　内紛からみえるもの ……………………………………… 60
　　(2)　役員推薦委員会のあり方 ………………………………… 60
　　(3)　自治的紛争解決能力の欠如 ……………………………… 61
　　(4)　スポンサーの存在 ………………………………………… 61

IX　日本高等学校野球連盟〜特待生問題とガバナンス …… 62

　1　高校野球の特待生問題の事案の概要 ……………………… 62
　2　高校野球特待生問題が生じ、当初の対応が批判された原因 ……… 65
　　(1)　制度の定期的な見直しを怠ったこと ……………………… 65
　　(2)　広範な違反行為に対して個別違反行為の対応をしたこと …… 66
　3　日本高野連のその後の対応 …………………………………… 67
　4　今後の課題 ………………………………………………………… 69

X　日本野球機構〜不祥事とガバナンス …………………… 71

　1　日本プロ野球の創設から現在まで …………………………… 71
　2　事案の概要 ………………………………………………………… 71
　　(1)　江川事件 …………………………………………………… 72
　　　(A)　1973年、1977年の二度のドラフト会議 ……………… 72
　　　(B)　空白の一日 ……………………………………………… 72

　　　　(C) 1978年のドラフト会議 …………………………………72
　　　　(D) コミッショナーの強い要望 ……………………………73
　　　　(E) まとめ ……………………………………………………73
　　(2) 一場事件 ……………………………………………………73
　　(3) 統一球問題 …………………………………………………74
　　(4) 球界再編問題 ………………………………………………76
　3　問題点 …………………………………………………………77
　　(1) 組織の二重構造の問題 ……………………………………77
　　(2) コミッショナーの規定上の権限と実際の権限との相違 …78
　4　対応策（制裁・処分）…………………………………………78
　　(1) 江川事件 ……………………………………………………78
　　(2) 一場事件 ……………………………………………………79
　　(3) 統一球問題 …………………………………………………79
　　(4) 球界再編問題 ………………………………………………79
　5　今後の課題 ……………………………………………………80
　　(1) 二重構造を解消し、意思決定機関と責任の所在の明確化 …80
　　(2) プロ野球のルール等に関する規程類の整備 ……………80
　　(3) コミッショナーの権限強化と体制の整備 ………………80
　　(4) 司法的役割を果たす第三者機関の設置 …………………81

XI　日本プロサッカーリーグ（Jリーグ）〜我那覇事件とガバナンス ……………………………82

　1　事案の概要 ……………………………………………………82
　　(1) 事実関係の概要 ……………………………………………82
　　(2) 処分の経過 …………………………………………………83
　　(3) 処分後の経緯 ………………………………………………83
　　(4) 審理の経過 …………………………………………………83

(5)　CASの決定 …………………………………………………83
　2　問題点 ……………………………………………………………84
　　(1)　世界アンチ・ドーピング規程に定められた禁止行為の理解
　　　　が不十分であったこと …………………………………………84
　　(2)　十分な事情聴取を怠り事実認定を誤ったこと、これに基づ
　　　　いて誤った制裁処分を下すことを手続上是正し得なかったこと …85
　　　(A)　事実認定の誤り ……………………………………………85
　　　(B)　手続の誤り …………………………………………………86
　　(3)　適切な紛争解決ができなかったこと ………………………86
　　(4)　世界アンチ・ドーピング規程および日本アンチ・ドーピン
　　　　グ規程に準拠していなかったこと ……………………………87
　3　対　応 ……………………………………………………………88
　4　今後の課題 ………………………………………………………88

XII　日本相撲協会〜不祥事とガバナンス ……………………90

　1　事案の概要 ………………………………………………………90
　　(1)　日本相撲協会 …………………………………………………90
　　(2)　暴行問題 ………………………………………………………90
　　(3)　大麻使用問題 …………………………………………………90
　　(4)　野球賭博問題 …………………………………………………91
　　(5)　維持員席問題 …………………………………………………91
　　(6)　八百長問題 ……………………………………………………91
　2　問題点 ……………………………………………………………92
　　(1)　事件それぞれからみえる問題点 ……………………………92
　　　(A)　暴行事件 ……………………………………………………92
　　　(B)　大麻使用問題 ………………………………………………92
　　　(C)　野球賭博問題 ………………………………………………92

(D)　維持員席問題 …………………………………………………93
　　　(E)　八百長問題 ……………………………………………………93
　　(2)　協会の公益認定申請に至る経緯とその問題点 ……………………93
　3　対応策（公益認定新制度と協会の新体制・新制度）………………………94
　　(1)　評議員制度、理事会 ……………………………………………………95
　　(2)　年寄名跡の買取禁止とそれに代わる措置 ……………………………95
　　(3)　協会と年寄・部屋・力士との関係 ……………………………………96
　4　今後の課題（公益認定後の課題）……………………………………………96

グッドガバナンスの構築と実践

第1章　「グッドガバナンス」はなぜ必要か〜スポーツ団体の健全運営が問われる時代〜 ……98

　1　スポーツ団体の相次ぐ不祥事と世間からのバッシング ……………99
　　(1)　我が国のスポーツ団体不祥事の主な事例 ………………………99
　　　(A)　相撲協会 ……………………………………………………99
　　　(B)　全日本柔道連盟 ……………………………………………100
　　　(C)　全日本スキー連盟、日本アイスホッケー連盟、日本クレー射撃協会 …………………………………………………………100
　　　(D)　テコンドー統括団体 ………………………………………100
　　　(E)　補助金不正受給 ……………………………………………100
　　(2)　不祥事によりスポーツ団体が受けた具体的なマイナス例 ………100
　　　(A)　日本相撲協会 ………………………………………………101

目次

  (B) 全日本柔道連盟 ……………………………………………101
  (C) 内閣府からの勧告 ……………………………………………101
 2 スポーツ団体の不祥事はなぜ社会から厳しく批判されるのか …102
  (1) スポーツの商業化と社会的影響力、社会的責任の増大 ………102
  (2) 公益的側面 ……………………………………………………103
  (3) スポーツ団体の独占的体質、利害関係人軽視の姿勢等グッ
    ドガバナンスの要請に対する潜在的嫌悪感 ……………………104
 3 グッドガバナンスの実現をめぐる世界的な動き ………………104
  (1) 国際オリンピック委員会（IOC）……………………………105
  (2) 国際サッカー連盟（FIFA）…………………………………105
  (3) ヨーロッパ共同体（EU）……………………………………106
  (4) 米　国 …………………………………………………………107
  (5) 英　国 …………………………………………………………107
  (6) オーストラリア ………………………………………………108
  (7) カナダ …………………………………………………………108
  (8) オランダ ………………………………………………………108
  (9) ブラジル ………………………………………………………109
  (10) 国際連合グローバル・コンパクト（UNGC）………………110
  (11) ISO26000 ………………………………………………………110
 4 日本のスポーツ界における「グッドガバナンス」実現へのプ
  レッシャー ……………………………………………………………111
  (1) スポーツ基本法、スポーツ立国戦略 ………………………111
  (2) 「体罰問題」など2013年に相次いだ不祥事による関心の高
    まり ……………………………………………………………113
  (3) 企業社会における法化社会進展との関係（ガバナンス・コン
    プライアンスの流れ）――スポーツも法化社会と無縁ではない …114
 5 なぜ「グッドガバナンス」が必要か～スポーツ団体の「自治」

を守るために ··115
　(1)　不祥事が起こると「規制」の声が高まる〜「自治」を守る
　　　ための健全経営 ··115
　(2)　スポーツ団体は「独占事業」〜関係者に与える影響が大き
　　　いことを自覚する必要 ··115
　(3)　独善的決定をして利害関係人から争われるとよけいにコス
　　　トがかかる ··116
　(4)　紛争・不祥事によるイメージの低下 ···························117
　(5)　紛争・不祥事による競技力の低下（持続可能な競技レベル
　　　向上のために不可欠） ··117
　(6)　「お金もらっていない」は言い訳にならない！ ················117
6　自分のために、自分で考えてやる。それが「グッドガバナンス」···119
　(1)　体と同じで「健康だとハッピーになれる」という視点が重要 ···119
　(2)　「やらされる」ガバナンスは長続きしない（自らの特性に沿っ
　　　たガバナンスを） ··119
　(3)　基本精神を理解し、団体の特性に応じて自ら考えるガバナン
　　　スが重要 ··120
　(4)　大事なのは利害関係人からの信頼を得ること ···················120
7　「名選手」は必ずしも「名会長」ではない。しかしそうなる
　　方法もある ··122
8　コーポレートガバナンスとの相違点 ·····························123

第2章　スポーツガバナンス実践編・その1
──事前の防止策編〜紛争・不祥事が 起きない健全な組織運営のために何が必要か〜···124

1　なぜ、スポーツガバナンス（統治）が必要なのか ················124
　(1)　学校教育として普及した日本のスポーツ ·······················124

目次

  (2) スポーツ指導者の問題 ……………………………………………125
  (3) 部活動の弊害 ………………………………………………………125
  (4) 競技スポーツがもたらすもの ……………………………………126
 2 基本的心構えその1～利害関係人の意見の尊重と信頼関係の構築 ……………………………………………………………………127
  (1) 対等な人間関係が信頼関係を構築する …………………………127
  (2) 硬直化したスポーツ団体が問題となる …………………………127
  (3) 組織運営の専門家の協力を得ること ……………………………127
  (4) 問題意識の共有化を図る …………………………………………128
  (5) 社会の理解と支持を得ること ……………………………………129
 3 基本的心構えその2～自らの組織に合ったグッドガバナンスの確立 ……………………………………………………………………129
 4 具体的対策その1～組織としての目標の確立と明示 ………………130
 5 具体的対策その2～運営にあたって大切にすべき基本理念の確認 ……………………………………………………………………130
  (1) 民主的な運営 ………………………………………………………130
  (2) 基本的人権の尊重 …………………………………………………131
  (3) ルールに基づいた運営と手続的公正（法の支配）………………132
  (4) 透明性・アカウンタビリテイ（説明責任）………………………132
  (5) インテグリティ（暴力団排除等、暴力の根絶、セクハラ防止、アンチドーピング等）………………………………………133
  (6) 安全対策 ……………………………………………………………134
   (A) スポーツはなぜ社会に認知されているのか……………………134
   (B) スポーツをする権利 ……………………………………………135
   (C) スポーツ事故とスポーツ団体の責務 …………………………135
   (D) 医科学との連携の必要性 ………………………………………136
 6 具体的対策その3～組織構造・健全な分権 …………………………137

(1) 組織構造の基本 …………………………………………………137
　　(A) 効率性の追求がもたらす権限集中と独善的運営の危険 ……………137
　　(B) 権限分立がもたらすメリットおよびルールによる運営と法の
　　　　支配 ………………………………………………………………137
　　(C) 法人格の種類との関係（公益法人、一般法人、特殊法人その他）…138
　　(D) 競技団体の性格との関係（五輪競技か否か、統括団体か地方団
　　　　体か、プロかアマかなど）………………………………………143
　(2) 意思決定に関する制度設計（立法）………………………………143
　　(A) 基本原則としての民主制 ………………………………………143
　　(B) 誰に議決権をもたせるか～意思決定機関の種類と構成（各種
　　　　総会等）……………………………………………………………144
　　(C) 利害関係人の納得をつくり出すルールづくりの方策 ……………146
　(3) 業務執行に関する制度設計（行政）………………………………153
　　(A) 業務執行機関 ……………………………………………………153
　　(B) 業務執行機関の種類 ……………………………………………153
　　(C) 業務執行機関の構成 ……………………………………………156
　　(D) 業務執行機関の運営 ……………………………………………160
　　(E) 業務執行の補助機関 ……………………………………………162
　　(F) 監事および会計監査 ……………………………………………163
　　(G) 第三者機関 ………………………………………………………165
　(4) 紛争解決に関する制度設計（司法）………………………………165
　　(A) 紛争解決に関する原則 …………………………………………165
　　(B) 紛争解決手続を担う機関 ………………………………………168
　　(C) 紛争解決手続 ……………………………………………………180
　　(D) まとめ ……………………………………………………………184
7　具体的対策その4～情報公開＝アカウンタビリティ ………………185
　(1) 説明責任と透明性 …………………………………………………185

目　次

　　(2)　情報公開の基本的姿勢 ……………………………………186
　　(3)　スポーツ団体において開示されるべき情報 ……………187
　　(4)　開示すべきではない情報 …………………………………188
　　(5)　情報公開の方法 ……………………………………………188
　　　(A)　開示の範囲 ………………………………………………188
　　　(B)　開示の方法 ………………………………………………189
　　　(C)　広報担当職員の配置 ……………………………………189
　　(6)　不祥事が発生した場合の情報開示のあり方 ……………190
8　具体的対策その5～団体財務の制度設計＝運営費の提供者、
　収入の分配方法とパワーバランス ……………………………190
　　(1)　団体収益の構成 ……………………………………………190
　　(2)　大口資金提供者の発言権と健全な団体運営のあり方 …191
9　具体的対策その6～補足（文部科学省有識者会議における検
　討経緯・内容） …………………………………………………192
　　(1)　はじめに ……………………………………………………192
　　(2)　本協力者会議設置に至る経緯 ……………………………193
　　　(A)　文部科学大臣によるメッセージ ………………………193
　　　(B)　日本スポーツ法学会主催のシンポジウム ……………193
　　　(C)　超党派スポーツ議員連盟からの提言 …………………194
　　　(D)　独立行政法人日本スポーツ振興センター法の改正 …194
　　　(E)　本協力者会議の設置 ……………………………………194
　　(3)　本協力者会議における主要検討課題 ……………………195
　　　(A)　実施主体 …………………………………………………195
　　　(B)　第三者相談・調査委員会 ………………………………195
　　　(C)　相談・調査業務（本規程案13条・14条） ……………196
　　　(D)　利用対象者（本規程案2条1項2項） ………………196
　　　(E)　取り扱う事案（本規程案2条3項） …………………196

(F)　勧告等（本規程案16条） …………………………………197
　　(G)　不利益扱いの禁止（本規程案17条） …………………………197
　　(H)　調査結果等の公表（本規程案18条） …………………………197
　　(I)　料金および費用（本規程案19条） ……………………………198
　(4)　処分基準等作成WGにおける検討課題 ………………………198
10　グッドガバナンス自己評価チェックリスト ……………………199
　(1)　諸外国のチェックリスト例と自己評価 …………………………199
　　(A)　イギリス　Sports England（スポーツイングランド）Things to Think About（TTTA）"The TTTA self-help tool"（TTTA自己評価ツール） ………………………………………………199
　　(B)　イギリス　Sports and Recreation Alliance（スポーツアンドレクリエーションアライアンス・SRA）"Voluntary code of good governance"（グッドガバナンスのための自主基準） ………200
　　(C)　オーストラリア　Australian Sports Commission（オーストラリアスポーツコミッション）"Sports Governance Principles"（スポーツガバナンス原則） ………………………………………200
　　(D)　カナダ　Sport Research Intelligence sportive（スポーツリサーチインテリジェンススポーティブ・SIRC）"Principles ～ Pursuing Effective Governance in Canada's National Sport Community ～"（ガバナンス原則　カナダの国内統括スポーツ団体に必要なガバナンスの追求） ……………………………201
　　(E)　デンマーク　Action for Good Governance in International Sports Organisations（国際的スポーツにおけるグッドガバナンスに向けた活動組織・AGGIS）"Sports Governance Observer"（スポーツガバナンス評価基準） ……………………………201
　　(F)　EU　International Sport and Culture Association（国際スポーツ文化協会・ISCA）"Guidelines for Good Governance in

17

目次

　　　　Grassroots Sport"（草の根スポーツにおけるグッドガバナンスガイドライン）……………………………………………………202
　　　(G)　EU Sport For Good Governance（スポーツフォーグッドガバナンス）S4GG) Self EvaluationTool（自己評価ツール）…………202
　　　(H)　我が国における取組み　スポーツ仲裁機構"ガバナンスガイドブック"……………………………………………………202
　　(2)　実践チェックリスト例 ……………………………………203
　　(3)　サッカーのクラブライセンス制度 ………………………203
11　適切な人材をどう見つけるか、育てるか（研修）…………204
　　(1)　人材育成は組織が持続するための要 ……………………204
　　(2)　役員向け研修 ……………………………………………204
　　(3)　職員向け研修 ……………………………………………205
12　外部専門家の活用方法（経営、財務、法務、危機管理広報）……206
　　(1)　外部専門家を利用すべき場合 ……………………………206
　　(2)　外部専門家の確保の方法 …………………………………206
　　(3)　危機管理広報 ……………………………………………206
13　内部ルール、ガイドライン、ひな形、業務マニュアル等の作成方法 ……………………………………………………………207
14　国際統括競技団体（IF）など上位団体との関係でのガバナンス（上位団体から義務づけられるものとしてのガバナンス）………208
15　文科省など政府系機関の役割と団体自治 …………………209
16　要求されるガバナンス基準を遵守できない場合、評価が低い場合にどうするか ………………………………………………211

第3章　スポーツガバナンス実践編・その2
　　　　――不祥事・紛争対応編 ……………………………213

　1　不祥事・紛争の類型 …………………………………………213

(1)　犯罪・非違行為型 ……………………………………………213
　　　(A)　特　徴 …………………………………………………213
　　　(B)　具体例 …………………………………………………214
　(2)　定款・規則違反型 …………………………………………214
　　　(A)　特　徴 …………………………………………………214
　　　(B)　具体例 …………………………………………………214
　(3)　不正経理型 …………………………………………………215
　　　(A)　特　徴 …………………………………………………215
　　　(B)　具体例 …………………………………………………215
　(4)　事故発生型 …………………………………………………215
　　　(A)　特　徴 …………………………………………………216
　　　(B)　具体例 …………………………………………………216
　(5)　内部紛争型 …………………………………………………217
　　　(A)　特　徴 …………………………………………………217
　　　(B)　具体例 …………………………………………………217
　(6)　アンチ・ドーピング違反型 ………………………………217
　　　(A)　特　徴 …………………………………………………217
　　　(B)　具体例 …………………………………………………218
　(7)　インテグリティ（高潔性）侵害型 ………………………218
　　　(A)　特　徴 …………………………………………………218
　　　(B)　具体例 …………………………………………………218
　(8)　その他 ………………………………………………………219
　　　(A)　特　徴 …………………………………………………219
　　　(B)　具体例 …………………………………………………219
2　初期対応と危機管理広報の視点～問題から逃げずに取り組む
　ためのポイント～ ………………………………………………220
　(1)　不祥事・紛争の認識の端緒 ………………………………220

19

(2) 状況の把握と適切な情報開示 …………………………………221
　　　　(A) 初期対応——的確な状況把握 ……………………………221
　　　　(B) 適切な情報開示 …………………………………………222
　　(3) 適切な専門家・外部機関（文科省などを含む）との相談・
　　　　連携 ……………………………………………………………224
　3　原因・問題等の調査 ………………………………………………224
　　(1) 内部調査の限界と信頼性 …………………………………………224
　　(2) 第三者委員会の意義と役割 ………………………………………225
　　　　(A) 第三者委員会の意義 ……………………………………225
　　　　(B) 第三者委員会の役割 ……………………………………226
　　　　(C) 第三者委員会の設置・運用についての留意点 …………226
　4　どう終わらせるか ……………………………………………………227
　5　問題ある対応例 ………………………………………………………229
　　(1) 嘘をついた例・隠蔽した例 ………………………………………229
　　(2) マスコミに対する逆ギレ的コメントを発した例 ………………229
　　(3) 問題解決に正面から取り組まない例 ……………………………230
　　(4) 対応が遅いことで社会問題化した事例 …………………………232
　　(5) 第三者委員会に干渉した事例 ……………………………………232
　（別表）　第三者委員会一覧 ……………………………………………233

第4章　今後の課題 …………………………………………………237

　1　お金や人が少ない団体の運営をサポートする仕組みづくり ……237
　2　ガバナンスの基本が学べる仕組みづくり（ガイドライン、ツー
　　ルキット等） …………………………………………………………238
　3　他団体の良い事例などについて手軽に情報交換できるような
　　仕組みづくり …………………………………………………………239
　4　優秀な人材が団体に入ってこられるようにするための仕組み

づくり……………………………………………………………239
　5　外部の専門家に相談したり、紹介を受けられるための仕組み
　　　づくり……………………………………………………………240
　6　海外の国際競技団体との連絡、交渉、国際的なルールづくり
　　　への参加等をサポートするための仕組みづくり………………241
　7　スポーツのグローバル化と今後のガバナンスの方向性との関
　　　係で必要な人材…………………………………………………242
　8　開発法学の視点の応用……………………………………………244
　9　当事者意識をもった「自分の問題」としてのガバナンスを実
　　　現するための仕組みづくり……………………………………244
　10　年功序列ではない適材適所の人事を実現するための仕組みづ
　　　くり（能力評価の視点の導入・スポーツ界の先輩・後輩カルチャー
　　　からの脱却）……………………………………………………245
　11　改革に前向きな組織体質にするための方策……………………246
　12　組織としての大切なことの本質に目を向けるようにするため
　　　に（社会、メディアとの関係）…………………………………247

〔資料1〕　実践チェックリスト例…………………………………250
〔資料2〕　スポーツ団体処分手続モデル規程（試案）……………257

・あとがき………………………………………………………………268
・執筆者一覧……………………………………………………………269

21

第1部

事例にみるガバナンスの実情と課題

〔第1部〕 事例にみるガバナンスの実情と課題

国際サッカー連盟（FIFA）
～不正な利益供与疑惑とガバナンス

1　事案の概要

　2010年以来、FIFAに関しては多くの利益供与疑惑が報じられたが、その内容は、主に、①2018年と2022年のワールドカップ開催地決定投票をめぐる利益供与疑惑、②2011年のFIFA会長選の投票をめぐる利益供与疑惑、③FIFAのマーケティング・パートナーであった代理店ISLから当時のFIFA理事への利益供与疑惑（1989年から1999年にかけてのもの）の三つであった。これらを受け、多くのFIFAの理事（FIFA傘下の六つの地域連盟の各会長6名のうち4名を含む）が処分を受ける、あるいは辞任を余儀なくされた。

2　問題の原因

　FIFAはこれら疑惑の発覚以前から、透明性、グッドガバナンスに欠けるとの外部からの批判にさらされていた。2002年にソウルで行われたFIFA総会において、巨大な組織に発展したFIFAのガバナンス改革の必要性が議論されていたものの、その後も、明確な倫理規定の不存在や、その違反に対する手続の不備、厳格さの欠如などといった問題は解消されず、それらの点が、さまざまな利益供与疑惑が明るみになるにつれ、メディア等からの激しい批判にさらされることになった。

　特に、汚職疑惑が発覚した際の懲罰手続において、受け身的で不十分な調査しか行わないまま、比較的軽度の処分で済ませるといった恒常的問題が存在しており、その大きな要因は、懲罰手続のための調査、裁定機関の長が、独立の第三者でなかったこと、かかる機関の調査権限が不十分であったことにあった。

3　とられた対策——FIFA によるガバナンス改革

　これらスキャンダルの発覚後、多くの批判の中で行われた2011年6月のFIFA の会長選で、ゼップ・ブラッター会長が4期目の再選を果たしたが（対立候補であるモハメド・ビン・ハマム氏が疑惑を受けて失脚したため、対立候補のない信任投票によって再選された）、同会長は、再選後の会見で、一連のスキャンダル発覚を受け、FIFA の組織改革を行う旨を確約した。その後、同年10月の FIFA 理事会において、グッドガバナンス実現のための方策として、2013年6月の FIFA 総会までに行う「FIFA グッドガバナンスロードマップ」[1]に基づいて、以下の各機関の設置を行う旨が決議された。

1	組織改革の提言を行うための、以下の四つのタスクフォース
(ア)	規約改正タスクフォース
(イ)	倫理委員会タスクフォース
(ウ)	透明性とコンプライアンスタスクフォース
(エ)	フットボール2014タスクフォース
2	FIFA による組織改革の監視等を行う、独立ガバナンス委員会

　そして、2012年3月には、独立ガバナンス委員会による、「FIFA ガバナンス改革プロジェクト」の第一次報告書が公表された[2]。
　独立ガバナンス委員会・第一次報告書による主な提言内容を箇条書きで示すと以下のとおりである。

---

[1] 〈http://www.fifa.com/aboutfifa/organisation/footballgovernance/process/roadmap.html〉
[2] 〈http://www.fifa.com/mm/document/affederation/footballgovernance/01/60/85/44/first_report_by_igc_to_fifa_exco%5b2%5d.pdf〉

【司法機関改革／倫理委員会改革】
① 新倫理規定の制定（倫理委員会が職権で調査を開始できるようにすること、過去の行動についての調査を行う権限をもつこと、等を含む）
② 倫理委員会を、調査機関と裁定機関の二つに分け、各機関の代表および副代表を務める者は、それぞれ独立の第三者とすること、そして最初の代表および副代表は、独立ガバナンス委員会の選出によるものとすること
③ 倫理委員会にはその職務を果たすに十分な予算と人員が割かれるべきこと
④ 倫理委員会の事務局は、FIFA経営陣から独立の立場で職務を行うものとし、倫理委員会の2機関の各代表に直接の報告ができる立場とすること
⑤ 通報者の秘密保護が確保された内部通報制度の導入

【意思決定機関の改革】
① 監査・コンプライアンス委員会の設置
　ⓐ 委員会の代表および副代表を務める者は、それぞれ独立の第三者とし、最初の代表および副代表は、独立ガバナンス委員会の選出によるものとすること
　ⓑ 委員会にはその職務を果たすに十分な予算と人員が割かれるべきこと
　ⓒ 委員会は、コンプライアンスプログラムの作成とそれに基づく監視を行うこと。FIFAのコンプライアンス部は、委員会の代表に直接の報告ができる立場とすること、また委員会への内部通報制度が導入されるべきこと
　ⓓ 委員会は、FIFAの役員等（会長、理事、事務局長、常設委員会の独立委員）が受け取る報酬他あらゆる利益に関する方針を決定し、規則を制定すること
　ⓔ 上記役員報酬等は、FIFA総会ですべて個人別に開示されるべきこと
② 理事会改革
　ⓐ 監査・コンプライアンス委員会と、役員等選任委員会の各代表に、理事会出席の権限が与えられるべきこと
　ⓑ 役員の任期制限。具体的には
　　㋐ 会長・理事：2期合計8年（4年×2）

㋑　司法機関委員：1期6年
　　　㋒　常設委員会の委員長：1期8年
　　　㋓　期差任期制度の規約への明示と、役員の弾劾手続の導入
　③　コンプライアンスプログラムの作成（利益相反、贈答品等利益供与のガイドライン、内部通報制度の導入等を含む）

【財務管理改革】
①　開発委員会の設置
　ⓐ　あらゆる開発計画への資金使用（これにはFIFA傘下の各連盟、各国協会へのFinancial Assistance Programme（FAP）と呼ばれる資金分配が含まれる）は、開発委員会の許可を得ること。すべての資金の使用は厳しい監査のもとに行われ、また公開されること
　ⓑ　ワールドカップの開催地の決定にあたっては、高潔性、公平公正の理念のもとに行われるべき旨を規約に規定すること。そして招致活動のルールを含め、その決定手続に関する規則を作成し、独立ガバナンス委員会のチェックを受けること
　ⓒ　放送権、マーケティング、ライセンス、興行、スポンサー等あらゆる商業的契約の締結に関しての、透明かつ客観的基準に基づいた入札手続の規則を定め、独立ガバナンス委員会のチェックを受けること
　ⓓ　FIFA傘下の各地域連盟、各国協会の財務状況の管理・監査に関する規約の作成

【役員等推薦委員会の設置】
①　会長、役員、常設委員会の独立の委員、主要な従業員の適格性審査のために役員等推薦委員会を設置すること
②　委員会の代表および副代表を務める者は、それぞれ独立の第三者とし、最初の代表および副代表は、独立ガバナンス委員会の選出によるものとすること
③　委員会にはその職務を果たすに十分な予算と人員が割かれるべきこと

4　改革の結果と残された課題

前述のように「FIFAグッドガバナンスロードマップ」は、必要なガバナ

ンス改革を2013年6月のFIFA総会までに行う旨の計画であり、実際にも、上記の独立ガバナンス委員会の提言に従って、多くの改革が当該FIFA総会までの間に行われた。

　ただし、行われなかった改革案もあり、その代表的な例が、役員の任期制限である。これについては、2014年の総会への継続審議となった。この任期制限を採択しなかったことについては、外部からの批判も多く、とりわけ役員の年齢制限（定年制）を導入しなかったこととも相まって、ブラッター会長（4期目の再選時にすでに77歳）が5期目の再選に向けて出馬の意向をもっていることとの兼ね合いではないかと推測する者もいる。

　また、役員報酬等を個人別に公開するという提言も採用されず、監査・コンプライアンス委員会と役員等推薦委員会の各代表の理事会への出席権についても、部分的にしか認められないなど、課題が残されている。

　なお2013年6月のFIFA総会では、初の女性理事が選出された。

（山崎卓也）

Ⅱ 日本オリンピック委員会〜国庫補助金等の不正受給とガバナンス

1 事案の概要

(1) 端緒

　2012年1月、新聞報道を契機に、公益財団法人日本オリンピック委員会（JOC）は、JOCの強化事業に基づき、スポーツ団体が設置した専任コーチ等に支払われた謝金（国庫補助金3分の2）および独立行政法人日本スポーツ振興センター（JSC）が実施するスポーツ振興投票くじ（いわゆる「サッカーくじ」）を財源とする助成金を得てJSCマネジメント機能強化事業従事者に支払われた謝金（JSC助成金4分の3）について、スポーツ団体が不適切な処理をしている可能性があることを把握した。

(2) 第三者特別調査委員会による調査

　JOCは、速やかに、弁護士、会計士等外部の有識者からなる第三者特別調査委員会（以下、「第三者委員会」という）を設置し、第三者委員会に対し、次の行為の事実関係等について、調査等を委嘱した。その結果、不適切な取扱いを行っているスポーツ団体が多数あったことが判明した。

① 2006年度から2010年度までの間のJOC専任コーチ等設置事業に基づく謝金の支払いと寄付に関する問題（以下、「JOC謝金問題」という）

② 2009年度および2010年度のJSCマネジメント機能強化事業に基づく謝金の支払いと寄付に関する問題（以下、「JSC謝金問題」という）

　具体的な問題点は次項で詳述するが、上記謝金はいずれもスポーツ団体が一定額を負担することが前提になっているところ、謝金を受領した個人からスポーツ団体が自己負担分相当額の寄付を受けることによって、スポーツ団体が自己負担分を回避していたのではないか、という問題である。

2 本件の問題点

(1) JOC謝金問題

　JOCは、オリンピックに向けた各スポーツ団体のために、強化事業の一環として、コーチ強化事業を行っている。この事業は、スポーツ団体がJOCに専任コーチや専任メディカルスタッフ等を推薦し、JOCが審査のうえ、専任コーチ・専任メディカルスタッフ等の設置をするものである。専任コーチ・専任メディカルスタッフ等が設置された場合、JOCから当該専任コーチ・専任メディカルスタッフ等に直接謝金が支払われる。謝金の額は、年間360万円から924万円である。

　この謝金の源泉は、次頁〈図〉のとおり、国（文部科学省）からJOCに支給される民間スポーツ振興費等補助金（国庫補助金）である。謝金は、全額を国庫補助金で賄われるものではなく、謝金の3分の1をスポーツ団体がJOCに支払うことを条件とされていた。

　本件で問題とされたのは、かかる謝金を受領した専任コーチ等が、当該スポーツ団体が負担すべき謝金の3分の1ないしこれに近い金額を、当該スポーツ団体に寄付をしていたことである。このような寄付は、本来、スポーツ団体が負担すべき謝金の3分の1の支払いを回避するものであり、これを当該スポーツ団体やJOCが認識して行っていたとすれば、国庫補助金を源泉とする謝金の不正受給にあたるのではないかが問題となった。

(2) JSC謝金問題

　JSCは、独立行政法人として、スポーツ振興投票くじを実施しているが、かかる収益を財源とするスポーツ振興くじ助成をJOCおよびJOC加盟団体に対して行っている。かかる助成の一環として、JSCは、2009年度より、スポーツ団体の外部から専門的な知識かつ経験を有する者をスポーツ団体に設置して組織のマネジメント機能の強化を図るマネジメント機能強化事業に対して助成金の交付を開始した。マネジメント機能強化事業に従事する者は、

スポーツ団体の申請に基づき、**JOC**の意見を聴き、**JSC**が審査して決定する。

　マネジメント機能強化事業従事者が設置された場合、〈図〉のとおり、スポーツ団体が当該マネジメント機能強化事業従事者に直接謝金を支払うことになるが、当該スポーツ団体は、JSCから謝金の4分の3（最大年額924万円）の助成金の支給を受けられる。謝金の4分の1は、当該スポーツ団体の自己負担であることがJSCの助成金支給の前提となっていた。

　本件で問題とされたのは、かかる謝金を受領したマネジメント機能強化事業従事者が、当該スポーツ団体が負担すべき謝金の4分の1ないしこれに近い金額を、当該スポーツ団体に寄付をしていたことである。このような寄付

〈図〉　スポーツ振興のための事業に対する国の補助等

出典：会計検査院「平成23年度決算検査報告」

は、本来、スポーツ団体が負担すべき謝金の4分の1の支払いを回避するものであり、これを当該スポーツ団体が認識して行っていたとすれば、サッカーくじの収益金を源泉とする助成金から支出される謝金の不正受給にあたるのではないかが問題となった。また、かかる不正受給がJOCの理事の指南によってなされた疑いがあったため、JOCが組織としてかかる問題を認識していたとすればJOCの責任も問題となりうるものであった。

(3) 関係者と問題点

本件は、謝金と寄付に関与した個人、スポーツ団体およびJOCにおいて問題が生じうる。

(A) 寄付をした個人

受領した謝金は当該個人の財産であり、当該個人が自由に処分できる。当時、JOCないしJSCの規則等において、個人がスポーツ団体に寄付すること、寄付の原資に謝金をあてることが禁じられていなかった。したがって、寄付をした個人には不正受給の問題は生じない。

(B) スポーツ団体

JOCの謝金もJSCの謝金も、それぞれJOCやJSCが決めたルールに則って支給されている。上記にみたように、いずれの謝金もスポーツ団体が一定額の負担をすることがルールとなっていた。しかるに、スポーツ団体が、謝金を受領した個人から当該スポーツ団体が負担すべき金員相当の寄付を受けることは、こうしたルールを回避するものであり、ガバナンスの観点から、不適切な扱いといえる。

(C) JOC

JOCは、JOCの謝金について、JOCが定めた謝金支給のルールに則って支給すべきところ、スポーツ団体が自己負担分を回避するようなルール違反があれば、これを放置すべきではない。

また、JSCの謝金については、JOCの事業ではないが、マネジメント機能強化事業従事者の決定にあたり、意見を述べる立場にあり、オリンピック憲

章が定めるオリンピズムの根本原則である「普遍的基本的倫理的諸原則」および「フェアプレーの精神」から、スポーツ団体が自己負担分を回避するようなルール違反があれば、これを放置すべきではない。

JOCがかかるルール違反を放置するとすれば、JOCにおいても、ガバナンス上の問題があるものといわざるを得ない。

(4) 第三者委員会の調査結果

第三者委員会の調査結果の概要は次のとおりである（要旨は末尾別表参照）。

① 第三者委員会は、上記の期間にJOC専任コーチ等やJSCマネジメント機能強化事業従事者を設置した35スポーツ団体に対し、アンケート調査を実施した。その結果、14スポーツ団体において、JOC謝金を受領した個人からスポーツ団体に寄付が行われていること、3スポーツ団体において、JSC謝金を受領した個人からスポーツ団体に寄付が行われていることが判明した。特に、このうち1スポーツ団体については、寄付された金員を会長が個人的に管理していた可能性が高いと認定されている。

② 第三者委員会は、14スポーツ団体（JSC謝金関係の3スポーツ団体を含む）のうち寄付が稀少であった3スポーツ団体を除く11スポーツ団体およびJOCの関係者から事情徴収を実施したところ、JOC謝金問題については10スポーツ団体において、JSC謝金問題については3スポーツ団体において問題があったと認定した。具体的には、謝金を受領した個人から当該スポーツ団体への寄付は、当該スポーツ団体が本来負担すべき金員の支払を回避する目的（「負担回避目的の寄付」）で行われていたと認定した。

③ さらに、第三者委員会は、JOCについても、上記の謝金と寄付の仕組みの態様を認識し、抜本的な対策を講じずに、これを黙認してきたと指摘した。

(5) 本件問題が生じた原因

第三者委員会の調査によれば、上記のとおり多数のスポーツ団体で、負担

〔第1部〕 事例にみるガバナンスの実情と課題

回避目的の寄付が行われた原因として、①スポーツ団体の経済的基盤の脆弱性、②謝金支給制度のアンバランスが指摘されている。

　本件で問題ありと指摘されたスポーツ団体の多くは、経済的基盤が脆弱であり、問題となった寄付以外にも、遠征費用や合宿費用などを選手や専任コーチ等に負担させていた。このため、謝金制度の趣旨には合致しないことは認識しながら、スポーツ団体の運営を援助するために、寄付が行われていたのである。

　また、多くのスポーツ団体においてコーチ等は、無償ないしごく低廉な謝金で活動をしているのが実態である。JOCの謝金制度もJSCの謝金制度も、いわゆるボランティアで活動していたコーチ等から選ばれた一部の者に多額の謝金を支払う制度になっていた。こうして謝金を受け取ったコーチ等は、他のコーチ等とバランスを欠くと感じ、心理的葛藤が生じ、スポーツ団体の財政事情と相まって、謝金から寄付を行っていたことが認められた。

　こうした問題は、最近になって生じたものではない。負担回避目的の寄付が慣例化していたスポーツ団体も複数認められたように、スポーツ団体の財政基盤の脆弱性は長年にわたって放置されてきたのである。2001年にスポーツ振興基本計画が策定された以降も、かかる問題が改善されることはなかった。

　不適切な寄付と知りつつ改善してこなかったスポーツ団体自身の責任でもあるが、上記のとおり、その原因は一スポーツ団体の事情にとどまるものではなく、経済的基盤の脆弱な多くのスポーツ団体に共通するものであり、長年にわたる懸案事項であった。こうした懸案事項について、スポーツ団体の指導的立場にあり、かつ国庫補助金を適切に配分する立場にあったJOCが、長年、この問題の改善を怠ってきたことは、大きな責任が認められるところである。

3 どのような対策がとられたか

(1) 第三者委員会の提言

第三者委員会は、本件問題が生じた原因を踏まえて、大要、次のとおり提言を行った。

① 謝金受領者からスポーツ団体に対する寄付について、厳しいガイドライン等を設けるべきである。

② スポーツ団体における会計処理を明確にし、JOCのスポーツ団体に対する会計監査を充実させるべきである。

③ 国庫補助金との関係では、解釈上、JOCが自己負担部分3分の1を負担すればよく、競技団体に転嫁する必要はない。JOCの自己財源であるマーケティングの収益等で正面からまかなう努力を強める必要がある。

④ 専任コーチ制度の謝金は、稼働日数や指導実態に応じたきめ細かな給付額を決定すべきである。

⑤ 専任コーチ制度を含めた、日本の競技スポーツ環境に対する抜本的な改革が必要である。

(2) JOCのとった対策

上記の提言を踏まえて、JOCは、次の対策を講じた。

① 専任コーチ等の寄付禁止

　専任コーチ等設置要項において、専任コーチ等の委嘱期間および委嘱期間終了後3年間、スポーツ団体は、当該専任コーチ等から寄付(金銭以外の物品を含む。配偶者等を通じた寄付を含む)を受領してはならないことを明確にした。

　上記に違反した場合、1年から5年以内の間で相当と認められる期間、専任コーチ等を設置できないとの制裁を設けた。

② 不正受給防止のためのガイドラインの策定

　各スポーツ団体に補助金の管理責任者を置き、責任を明確にすること

〔第1部〕 事例にみるガバナンスの実情と課題

などを盛り込んだ不正受給防止のためのガイドラインを策定した。

③　加盟団体規程に基づく調査権

　本件問題後に生じた全日本柔道連盟の暴力問題も相まって、JOCは加盟団体に対し、加盟団体の事業の適正な運営を確保するために、加盟団体の事務所へ立ち入り、帳簿等の資料を閲覧・謄写し、役職員等へ質問ができる旨を明記した。

(3)　JSCのとった対応

　JSCにおいては、平成25年度からマネジメント強化事業の助成金制度を廃止した。

(4)　補助金・助成金の返納

　会計検査院は、2011年度の決算検査において、本件問題を検査した。その結果、JOC謝金問題については、テコンドー協会を除く問題のあった9スポーツ団体より負担回避目的の寄付に関する国庫補助金約7758万円をJOCから国に返還させた。テコンドー協会については、JOCにおいて引き続き調査をしたうえで、必要な措置を講ずることとされた。その後、JOCの調査チームによる調査の結果、2007年〜2011年度の間に専任コーチが受けた謝金約5393万円のうち会長が2938万円を直接徴収しており、コーチがテコンドー協会へ寄付した金員を合わせた約3648万円を目的外使用と認定し、JOCはテコンドー協会にその返還を求める勧告処分を行った。

　JSC謝金問題については、問題のあった3スポーツ団体からJSCに助成金826万円を返還させた。

　なお、会計検査院の検査によれば、上記のほかに、JOCの強化合宿事業等やJSCの日常スポーツ活動助成金等においてスポーツ団体による不適切な経理があった旨報告がなされた。

4　残された課題

　本件問題について、JOCにおいては、謝金受領者からスポーツ団体が寄付

を受けることを禁止し、補助金の管理責任者を置くなど不正受給防止のためのガイドラインを策定した。また、JSCのマネジメント強化事業従事者に対する助成制度は廃止された。これにより、本件で問題になった負担回避目的の寄付という不適切な行為はなくなるであろう。

しかし、本件における抜本的な問題であるスポーツ団体の財政基盤の脆弱性については、未だ解決が図られていない。この点、JOCにおいて、2014年度より、経済的基盤の脆弱な団体を救済すべく、スポーツ団体の自己負担分をJOCにおいて肩代わりすることを検討中とのことであるが、そのためには、1億6000万円超の財源を確保する必要がある、とのことである。

これが実現すれば、JOCの専任コーチ等への謝金制度に関する補助金問題について、一応の解決になるであろう。

しかし、これはスポーツ団体の経済的基盤の脆弱性の一部を補完するに過ぎない。第三者委員会の報告によれば、新しい公益法人制度により、事務的な経費や会計処理の費用などこれまでにない出費がかさみ、赤字に苦しんでいるスポーツ団体が少なからず存在する。また、会計検査院の検査結果によれば、不適切な経理は、専任コーチ等の謝金に関するものだけではないことが明らかである。

スポーツ団体の財政基盤の脆弱性の問題について、抜本的な改革を講じなければ、別の形で、本件問題のような不適切な会計処理が生じる可能性がある。そのためには、まず、補助金等資金の流れが明確になるようスポーツ団体の会計制度を整備する必要がある。そのうえで、会計制度をはじめグッドガバナンスの確立に必要な要求を満たした程度に応じて補助金の額を決定し、これをスポーツ団体に支給するような制度とすることが考えられる。

（大橋卓生）

〔第1部〕 事例にみるガバナンスの実情と課題

（別表） 第三者委員会の調査結果概要
◇ JOC 謝金問題

❖問題なしと判断された団体	
財団法人日本テニス協会	一部の専任コーチ等から寄付はあったが、寄付が少額である等負担回避目的があったとは認められなかった。
社団法人日本ウエイトリフティング協会	
財団法人日本自転車競技連盟	
財団法人日本アイスホッケー連盟	一部の専任コーチからの寄付はあったが、調査対象期間中の謝金との関連性がなく、負担回避目的があったとは認められなかった。
❖問題があったと判断された団体	
公益社団法人日本カヌー連盟	専任コーチ等がスポーツ団体負担部分相当額を寄付することについて、負担回避目的があったが、スポーツ団体の関与は受動的であり、かつ寄付の件数が少なかった。
財団法人全日本柔道連盟	
社団法人日本ホッケー協会	専任コーチ等がスポーツ団体負担部分相当額を寄付することについて、スポーツ団体側に明確な負担回避目的があったが、寄付の件数が少なかった。
社団法人日本ボート協会	
財団法人日本水泳連盟	専任コーチ等がスポーツ団体負担部分相当額を寄付することについて、負担回避目的があり、寄付の件数が相当数に上っていた。
財団法人日本セーリング連盟	専任コーチ等が競技団体負担部分を寄付することについて負担回避目的があり、これが競技団体内の慣習に至っていた。
社団法人日本近代五種・バイアスロン連合*	
日本ボブスレー・リュージュ連盟	
社団法人日本カーリング協会	
社団法人全日本テコンドー協会	後述のとおり。

※団体名はいずれも平成23年3月31日当時のものである。
＊社団法人日本近代五種・バイアスロン連合は、現在、公益社団法人日本近代五種協会、一般社団法人日本バイアスロン連盟に分かれている。

◇ **JSC 謝金問題**

❖問題なしと判断された団体	
社団法人日本ボート協会	寄付が少額で、マネジメント強化事業従事者が自発的に行ったものであり、負担回避目的があったとは認められない。
❖問題ありと判断された団体	
財団法人日本セーリング連盟	スポーツ団体負担部分と同額の寄付が行われており、マネジメント機能強化事業従事者は、同連盟でJOC専任コーチ等からのスポーツ団体負担部分の寄付が慣習化していた事実を十分知っており、自らもそのような慣習に従って寄付を行っており、負担回避目的が認められる。
社団法人日本カーリング協会	スポーツ団体負担部分を大幅に超える額の寄付が行われており、スポーツ団体側からマネジメント機能強化事業従事者に対し、競技団体負担部分にとどまらず、それを大幅に超える額の寄付を求め、マネジメント強化事業従事者がこれにやむなく応じていたと認められ、負担回避目的を伴った寄付の範疇を超え、強制の契機がうかがわれる。
社団法人全日本テコンドー協会	後述のとおり。

※団体名はいずれも平成23年3月31日当時のものである。

◇ **社団法人全日本テコンドー協会について**
(1) JOC 謝金問題
  ●断定はできないが、テコンドー協会会長は、専任コーチに支給された謝金の中

から、競技団体負担分を大幅に超える金額を預かって自己で管理していた可能性が高い。仮にそれが事実であれば、専任コーチに支払われた謝金の大半が会長の手に渡っていること、これを会長がテコンドー協会の簿外で処理している可能性があること等の問題を含んでおり、不当なものであるにとどまらず、不正というべき可能性が極めて高い。

(2) JSC 謝金問題
- 寄付が行われた時点では、テコンドー協会会長とJOC元事務局長の間で、負担回避目的があったと強く疑われる。
- 疑念を生じさせるような行為を、JOC元事務局長がJOC在籍中に行ったことは、不適切なものであったといわざるを得ない。
- マネジメントディレクターに対する報酬相当の活動がなかったとまではいえない。
- テコンドー協会会長による謝金の扱いについて、JOCが組織として助言したり許容したりしていたことまでは認められない。

(3) 付　言
- 当委員会の調査は、任意の協力を前提として行われ、かつ時間的にも短期間という制約の下に行われたものであって、調査には限界があったことを否定できない。
- テコンドー協会における謝金プール問題に関しては、今後、さらに十分な調査が行われ、真相が解明されることを期待する。

◇ **JOCの責任**
- 専任コーチ等による競技団体への寄付の事実を認識しながら、その対策を怠り、放置したことにより、結果としてこれを黙認していた。
- マネジメント機能強化事業従事者からの寄付が行われたことも、JOCが専任コーチ等による寄付を黙認していたことが背景にある。
- JOCに組織としての責任が認められる（特に強化部、総務部）。

Ⅲ 国民体育大会〜参加資格違反事案と国体におけるガバナンス

1 事案の概要（山口県代表国体選手参加資格違反事案）

⑴ 国民体育大会とは何か

　公益財団法人日本体育協会（以下、「日体協」という）が各都道府県で開催してきた国民体育大会（以下、「国体」という）は、第二次世界大戦直後の日本スポーツの再建を目指し、1946年京阪地区の第1回大会以来、国民の心身の健全な発達、明るく豊かな国民生活の形成、活力ある社会の実現を求め、アマチュアスポーツの振興を図るべく計画し長年実施されてきたもので、規模・実施方法とも国内最高・最大の国民的なスポーツ行事である。

　国体の特徴は1961年からは、旧スポーツ振興法（以下、「振興法」という。なお現在はスポーツ基本法（以下、「基本法」という）に改正された）に定める重要行事の一つとして、毎年「都道府県対抗、各都道府県の順次持ち回り形式」で夏季と冬季に、日体協・文部科学省・開催地の各都道府県の三者共催で行われ、すでに各都道府県の担当開催は二巡目[1]になってきている。

　天皇皇后両陛下を開催都道府県の開会式に招き、国内最大のスポーツ行事として、国体は開催の約5年前から開催都道府県を内定しつつ、選手の強化育成とスポーツ施設を拡充準備し、現在は、夏秋期の「本大会」での正式競技（38〜40競技）と「冬季大会」での正式競技（3競技）が近県の協力を得て地元競技場で繰り広げられ開催されてきた。

　国体は都道府県知事を先頭に地方行政と開催都道府県民が一丸となって、

---

[1] 東京都開催の2013年第68回東京国体は3回目である。東京五輪招致を意識して、名乗りを上げていた。

全国各地から集まる選手団を郷土の雰囲気で温かく迎え、多数のスポーツ・ボランティアとして支え、開会式でのマスゲーム等とともに楽しむ国民スポーツの祭典といえる。

　大会役員・参加選手は、約3万名弱に及び選手は郷土の代表として成年男女種目・青少年種目で、参加得点・競技得点により天皇杯・皇后杯の獲得を争う都道府県対抗形式により実施され、ドーピング検査も2003年の静岡国体から導入実施されてきている。

　国体の法的根拠として、国体について定めた旧来の振興法6条と新規の基本法26条との骨格は、変わらない。国の補助を定める基本法33条1項1号には振興法の用語と異なり「国民体育大会の実施及び運営に要する経費」と文言を変更したが、現場に対応して補助の金額は文部科学大臣が定めるもので実施・運営経費の補助を明確にしたものである。

(2)　いわゆる「渡り鳥選手」問題についての第三者委員会への諮問

　持ち回りの形式で開催都道府県が毎年変わる国体において、開催都道府県の国体強化策に絡んで、開催地が変わる度に所属の都道府県競技連盟および代表県を開催地に移して出場する有力選手が存在するといわれてきた。そもそも地元代表選手はその都道府県に生活の基盤を置き、住民登録し、かつ生活していなければならないはずである。しかるに国体優勝への点数稼ぎを目的として、いわばプロ的に採用される選手を、必要悪・一時的な強化策としていわゆる「渡り鳥選手」として採用していたが、これは「開催都道府県の勝利至上主義」の象徴で、参加資格ルール違反ではないかと指摘されていた。

　公益財団法人山口県体育協会（以下、「山口県体協」という）が2011年開催予定の第66回山口国体に向けて計画的・組織的な強化事業の一環で、山口県のスポーツ振興に寄与することを目的に「山口県内に在住し、スポーツ指導を行う」という「指導者スキルアップ事業業務委託契約」（以下、「委託契約」という）を山口県体育協会加盟の各競技団体と成年選手とが締結していた。

　2010年8月中旬頃、山口県議会議員および山口県庁担当の記者から、日体

協に参加資格の考え方や解釈について質問があった。さらに、同月末に、記者は特定の選手名をあげて、山口県に居住実態がない旨の疑義について日体協に取材した。

同年9月に、日体協が指摘された選手に関する調査を行ったところ、「居住地」の参加資格を満たすか否か非常に疑わしい実態が判明した。また委託契約を締結している複数の選手に同様の疑義が生じていることが判明した。

山口県体協が強化策の一環として委託契約を行っており、参加資格に疑義のある選手が多数にのぼり、大規模な事案となることが予想された。日体協は、文部科学省競技スポーツ課の助言を得て、第三者委員会を立ち上げる方針のもと、山口県体協に参加資格に関する疑義について尋ねたところ、山口県体協は、参加資格に違反しないと考えている旨回答を寄せた。

日体協は、国体運営の適正性・透明性を確保するために、同年9月14日、公平かつ公正な判断を担保すべく専門家としての学識経験をもつ有識者たる7名の弁護士委員から成る「国体参加資格に関する第三者委員会（聴聞会）を緊急設置し、第65回国体における本件選手らの参加資格の違反に対する判断および処分案並びに国体参加資格等に関する提言を諮問した[2]。

2　原因と問題点の指摘（第三者委員会からの答申）

(1)　第三者委員会の指摘した原因背景

第三者委員会は、2010年開催の第65回千葉国体出場の山口県所属選手団の

2　「国体山口選手参加資格問題、知事『慣例的ルールで獲得』
　日本体育協会が、第65回国民体育大会『ゆめ半島千葉国体』に山口県からエントリーした成年選手が県内に住民登録しただけで居住実態がない可能性があると外部から指摘を受け、参加資格を全国的に調査する第三者委員会を立ち上げた問題について、県体育協会の会長を務める二井関成知事は15日の定例会見で、『住所について解釈の違いから出てきた問題』との認識を示した。二井知事は県選手について、『これまでの国体と同じように、ほかの開催県や先催県の事例、中央競技団体の意見などを参考にしながら選手の確保に務めてきた。慣例的なルールの中で選手を獲得してきた』と強調し、獲得方法に問題はないとの見解を示した」（2010年9月16日付け山口新聞）。

〔第1部〕 事例にみるガバナンスの実情と課題

中で「居住地を示す現住所、勤務地」の参加資格に疑義を呈された多数の成年選手につき、選手個人の名誉に十分な配慮をしつつ、公平かつ公正な判断を示し、処分案を国体委員会に答申すべく審査をなした。関係者への諸々の照会や事情の聴取、選手本人への照会、関係中央競技団体からの事情の聴取を含め、15回にわたる聴聞期日および調査期日を重ね、平成23年2月17日、陸上、水泳、スキーなど7競技の35選手が参加資格違反だったとする処分案を、国体委員会に答申した。第三者委員会は日体協に対し、山口県体協と県内各競技団体に強い反省と再発防止を求め、山口県体協を厳重注意処分、該当した選手が獲得した得点を差し引き、全都道府県の成績を見直しを求める内容であった。また、国体への参加が望まれるものの、活動拠点が年間を通して海外や国内の特定の地に置くことが常態化しているトップアスリートの参加資格について、再考を求める提言をもなした。

　この問題の背景には、国体が都道府県対抗形式で実施され、開催都道府県の総合優勝が当然視される中で、勝つためにはルール違反のいわゆる渡り鳥選手を採用しても構わない等の雰囲気が醸成され、総合優勝に向けて開催地の地方自治体および体育協会関係者に対する有形無形の強い圧力の存在があった。

(2)　法解釈を越えた独自のスポーツルール解釈

　具体的な事実として、山口県体協は、指導者スキルアップ事業の対象選手のうち山口県外に活動拠点を有する選手について、「日常生活」に関するスポーツルールの解釈として、住民票の存する山口県内に生活の根拠があるとしたうえで、各競技団体が委託契約に基づいて県外の練習拠点に派遣していると解釈し、山口県内での生活実態が短いものであっても法的な解釈たる「日常生活」の要件を満たすものと考えて、選手の参加資格を判断した。さらに、勤務地で参加した選手に関し、競技団体の委託業務を「勤務」とし、他県における技術習得や情報収集をフィードバックする地である山口県を「主たる勤務実態を有する会社等の所在地」と位置づけるスポーツルール解釈を

22

していた。

　山口県の一部の選手には、競技団体役員の自宅を選手の住民票上の住所として形式的要件を備えさせ、他方、実質的要件である日常生活の実態をほとんど考慮しないという事例も存在していた。

　しかし、参加資格に関するこれらの解釈は、日体協および国体委員会におけるこれまでの考え方やスポーツルール解釈とは明らかに異なっていた。

　さらに、山口県体協は、事前に日体協に対してこのスポーツルール解釈が適切か否か、あえて一切問い合わせをしなかった。

　山口県体協の主張は、指導者スキルアップ事業の対象となった選手の国体参加資格の判断にあたっては、先催県等に調査をし、競技団体関係者等から意見を聞いたと述べた。しかし、第三者委員会が山口県体協を除く46都道府県体育協会に対してアンケート調査を行ったところ、山口県体協以外に「日常生活」および「主たる勤務実態」に関して山口県体協と同様の解釈をとるものはなく、山口県と同様の解釈に基づいて競技力を確保・向上するための措置をとっていると回答したものもなかった。

　山口県体協の判断は、独自のスポーツツール解釈で、「日常生活」および「主たる勤務実態」の通常一般の用語方法に照らしても、かつ法的解釈として通常認められる範囲を越えていた。

(3)　山口県体育協会に対する厳重注意処分

　第三者委員会は、参加資格違反案件に関し、山口県体協には注意義務違反があり、しかも、その程度は重大であると認められ、重過失があったものと判断した。そして、37名という大量の参加資格違反を生み出す結果を生じさせたことに鑑み、国民体育大会における違反に対する処分に関する規程5条に基づき、厳重注意処分とし、同規程に基づき、参加資格違反の認められた選手にかかる山口県の成績を抹消し、全都道府県の全成績を見直すこととするのが相当と判断したのである。

　本事案は日体協により答申を尊重し適切に対処されたが、将来にわたる魅

力あふれる国民スポーツ発展のために、基本法に基づき国体改革は着実に進められるべきである[3]。

3　対応と対策（国民体育大会活性化への展望）

(1)　国体への批判

　国民スポーツが多様化する中、全国区的な人気の衰退とともに、国体開催を大義名分に規模を肥大化させて、地方に公共事業の予算を確保し、県内のスポーツ施設を新規に増設する景気浮揚策は時代遅れ、持ち回り開催方式も一巡し、マンネリだとの批判の声が常になされる。

　とりわけ国体の問題点として、開催都道府県の開会式も華美に流れず、経費の削減を唱いつつ、選手強化策が成功したとの言い分があるかもしれないが、都道府県の人口からして選手層の薄い開催県であっても、終わってみれば得点争いで開催県が天皇杯（総合優勝）・皇后杯（女子優勝）を獲得することである。1964年第19回新潟国体以降、2002年第57回高知国体を除いて、毎年国体の開催都道府県が総合優勝を遂げている。

　開催県が常に優勝するのは、勝負の行方が競技前にわかることを意味し、対等・公平に正々堂々と勝負する競技スポーツの常識に明らかに反し、いわば勝利至上主義、あまりにも地元有利で、国内最高のスポーツを競うという

---

[3]　「体協、山口以外の都道府県も調査　国体の参加資格違反で
　　日本体協は24日、臨時国体委員会を開き、昨年の第65回千葉国体などに出場した山口県の35選手に参加資格違反があったとする第三者委員会の答申を承認し、ほかの都道府県にも同様の違反がなかったか調査することを決めた。千葉国体と1、2月に開催された冬季国体に出場した全選手について、居住地や勤務先の実態を調べる。
　　違反のあった35選手に対しては、答申通り個人は処分せず、山口県の得点だけを削除。第65回大会の山口県は男女総合が13位から16位、女子総合は15位から17位となる。
　　明確な基準がなかった参加資格の規定には、第三者委が示した『対象期間の半数を超えて、住民票がある都道府県で生活の実態があること』などを盛り込む。
　　第三者委は(1)開催都道府県が総合優勝する慣行を是正する(2)トップアスリートの参加を促進するための新たな資格を設ける—と提言した。泉正文国体委員長は『各団体の意見を聞いて、前向きに検討していく』と述べた」（2011年2月24日付け福井新聞）。

より、単に過剰なお祭り騒ぎの要素がすぎるとの批判が強い。

そこで年数を重ねるごとに大会規模が肥大化することを防ぎ、国体行事がお祭り的に華美となることを防ぎ、各競技の参加人数が増えることを防ぎ、開催を主催する都道府県の人的物的・財政負担を軽減するべきだと多くの国民の声が高まった。

問題解決のために、国内最大・最高の総合競技大会を目指し、国体改革の柱をたて「国体改革 2003」方針が出され「大会運営の簡素・効率化」さらには「大会の充実・活性化」が図られた。

参加人員の見直しでは、2008年度の第63回大会までに平均15％削減が実施されている。現在、本大会は38～40競技2万2500名程度、冬季3競技3500名程度の参加で、競技種目の見直し、少年少女選手の養成強化や成年女子の活躍する場を広げようと、国民のスポーツ振興に沿って改善が進められてきている。

(2) 国体改革の方向性

日体協内に設置された2013年度・2014年度の国体委員会の委員は、スポーツ競技団体からの代表者・各都道府県の代表者・学識経験者30名に、文科省競技スポーツ課からのオブザーバーを加え31名で構成され、国体委員会の会議はマスコミ各社が傍聴するなか開催される。

2013年の第68回国体開催は東京都だった。調布市の「味の素スタジアム」をメイン会場に23区・多摩地区・伊豆諸島・小笠原諸島で、正式競技・公開競技・国体恒例行事を開催した。2013年9月7日、リオデジャネイロのIOC総会で2020年東京オリンピック・パラリンピック開催が決まり、お祭りの先駆けとして地方自治体たる東京都はオリンピック雰囲気を盛り立てた。

いま国体改革は「21世紀の国体像～国体ムーブメントの推進～」(以下、「21世紀国体像」という)とうたい、少子高齢社会を迎え変化する日本の社会情勢に対応してスポーツ立国日本の中心的役割を担おうとしている。国民的文化としてのスポーツは、文部科学省が旗を振り、競技スポーツの強化を日本オ

リンピック委員会（JOC）が担い、生涯スポーツの普及を日体協が担う。

この「21世紀国体像」は、次の三つの方向性をめざす。

① 国体を通した地域の活性化

② 国体を通したスポーツ文化の浸透

③ 国体を通したアスリートの発掘・育成・強化

簡単にいうと、①の趣旨は、インフラ整備を含めた地域経済発展の契機にする。②の趣旨は基本法・スポーツ基本計画・スポーツ宣言日本などスポーツの基盤をつくる法制度や宣言を活かし、スポーツを地域の文化としていく。③の趣旨は、特にジュニア層の育成に力を注ぐため中学生以下の若年層まで対象を広げアスリートの発掘・育成・強化を進める。サッカーのクラブチーム化が変化を与えたとしても、やはり日本の若年層のスポーツは学校の部活動が中心となってきた。部活動の良い面を活かしつつ国際社会のエージグループとのすり合わせを進める。

4　改革の結果と残された課題

2013年第68回東京国体から監督の公認スポーツ指導者資格が義務づけられた。スポーツ選手からスポーツ指導者に、さらに国体監督は公認スポーツ資格保持者のみがなれるという組織の新たなルール化を進めている。

しかし、残念ながら「都道府県の順位を決める表彰制度」の変更はできず、残された課題となった。現行の競技得点方式での表彰制度では事実上の慣行として開催県が常に優勝する実態を改革できない、と国体委員会内に「国体活性化プロジェクトチーム」が立ち上がり、熱心な討議を続けたが成案にならなかった。プロジェクトチームは中央競技団体・各都道府県の意見聴取をなしたが、各県の勝利至上主義への改革意識より、ソフトよりハード面のスポーツ施設の拡充と建替予算を求める保守的な意見が多数を占めたのである。

基本法の前文に「地域におけるスポーツを推進する中から優れたスポーツ選手が育まれ、そのスポーツ選手が地域におけるスポーツの推進に寄与する

ことは、スポーツに係る多様な主体の連携と協働による我が国のスポーツの発展を支える好循環をもたらすものである」と規定されている趣旨を活かすことが、今後の国体の役割となろう。鶏が先か、卵が先かスポーツ振興政策で常に議論となるが、国体出場選手を世界のトップアスリートへ育成することは、当該スポーツ選手を郷土の誇りとして地域スポーツを発展させる現場の好循環を創る。

都市開催ながら各国を背負って競うオリンピックは4年に一度の世界的なイベントで、一過性の祭りといえる。国民のスポーツ文化として、長年続いてきた国体実績を2020年東京オリンピック・パラリンピック後に続く日本独自の遺産として、100年先を見据えていかに残すか、現代スポーツの国民的な求心力として改革できるかが、さらなる課題となる。

まさに2020年東京オリンピック・パラリンピック開催を追い風に、前述の「21世紀国体像」の三つの方向性を目指し、国体改革を継続的に進めることが、基本法の定める、すべての人にスポーツを楽しむ権利を保障する「スポーツ権」を具体化することに連なり、真の国体改革の使命となろう。

（菅原哲朗）

〔第1部〕 事例にみるガバナンスの実情と課題

Ⅳ 全日本柔道連盟
～暴力・暴言事案とガバナンス

1　事案の概要

(1) 公益財団法人全日本柔道連盟

　公益財団法人全日本柔道連盟（以下、「全柔連」という）は、1949年に創立され、同年公益財団法人日本体育協会に加盟、1952年に国際柔道連盟(IJF)に加盟、1988年に法人化し、翌1989年に公益財団法人日本オリンピック委員会（JOC）に加盟し、現在に至っている。

(2) 暴力・暴言問題

　ロンドン・オリンピック終了後、選手からの告発があったにもかかわらず、対応が不十分であったことにより、女子の国際強化選手15名がマスコミに告発したことで、最終的に全柔連会長の退任にまで至った事件である。

　具体的には、ロンドン・オリンピック終了後の2012年9月、監督およびコーチによる暴力・暴言についての選手の告発に対し、全柔連内部では不十分な聴取りしかなされなかったことから、同年11月、国際強化選手15名によるJOCへの直訴文が提出された。JOCは全柔連に対して対応を指示したが、2013年1月、全柔連は監督らを戒告処分にするのみで再発防止手続等の具体的な対応を行わなかった。その後、マスコミが暴力的指導について一斉に報道したが、全柔連は監督らの続投を表明した。そこで、JOCは緊急調査対策プロジェクトチーム（以下、「調査PT」という）の立上げを表明した。すると一転して全柔連は監督の続投を撤回し、監督は辞任、全柔連もこれを受理した。

　同年2月14日に第三者委員会が発足し、同年3月12日に報告書を提出して改革案を答申した。なお、組織の改革についての答申では、全柔連のガバナ

28

ンス強化のために女性の理事や監督の登用などが記載されている。

　同年3月19日、JOCも調査PTの報告を受けて全柔連に対し交付金停止処分と13項目の改善勧告と報告要求を行った。

　その後も全柔連では会長の続投をめぐって混乱が生じていたが、同年7月23日、内閣府の公益認定等委員会の要請で稲田行政改革大臣より全柔連の上村会長に対し、組織の抜本的な刷新を求める是正勧告がなされた。その後も上村会長は、即時の辞任を拒むような発言を繰り返していたが、同年8月21日、上村会長を含む理事23人が辞任することとなった。

(3) 補助金不正受給問題

　2013年3月18日、全柔連に属する指導者らが、独立行政法人日本スポーツ振興センター（JSC）から「指導者スポーツ活動助成金」の不正受給をしていたことが発覚した。

　これを受けて全柔連は、同年3月26日の臨時理事会によってJSC助成金問題についての第三者委員会を組織した。

　第三者委員会は同年4月に中間報告を提出したが、全柔連からは第三者委員会に対し、3回にわたり中間報告の見直しを求める「要望書」や「上申書」が提出された（なお、これらの文書は理事会の審議を経ていないまま専務理事名や事務局長名で提出されていた）。これに対し第三者委員会の山内委員長は、「大変遺憾で、全柔連のガバナンスにおける大きな問題だ」と指摘している。全柔連は、中間報告について、内閣府公益認定等委員会に対しても「違和感がある」とする報告書を提出し、公益認定等委員会から「真摯な姿勢がない」と批判されている。

　第三者委員会からは、同年6月21日付で最終報告書が提出されたが、そこでは、現場の声が上部に届かないというガバナンスの問題が本件の原因になっていると指摘されている。

　そして、同年8月9日、JSCより全柔連に対し、助成金6055万円の返還命令がなされ、全柔連はこれを返還することとした。

(4) セクハラ問題

2013年5月、東京都柔道連盟（以下、「都柔連」という）のF会長（全柔連理事）について、2011年11月に女性選手に対してのわいせつ行為があったことが発覚した。

これを受けてF会長は都柔連会長および全柔連理事を辞任した。なお、この件についても、発覚前から女性選手による被害の申告はあったものの、内部においてこの問題を大きくとらえることがなされず、いわば放置されてきたというガバナンス上の問題も明らかになっている。

2　問題点

(1)　全柔連におけるガバナンス体制未構築

本件の一連の不祥事は、女子の国際強化選手というトップアスリートに対して暴力的な指導が行われていたという点でセンセーショナルであった。全柔連ないし柔道界では、暴力的体質が根強いことが明らかとなり、また、その後の対応において、全柔連の対応の遅さ、ないし対応を行わないことに対して批判が集まり、全柔連のガバナンスが極めて脆弱であることも明らかとなった。このような全柔連の体質については下記のようにまとめることができる。

① 風通しが悪く、不満や納得できないことがあっても、そのことをはっきりと口に出して言えない風潮

② 上命下服・上意下達・男尊女卑の歴史が根深く残っており、特に怪しまれずに時を重ねた経緯

③ 現役時代に成績をあげた者、とりわけ重量級でのオリンピックメダリストが幅を効かし、選手として強いことが、指導者として、また組織運営者としても優れているとの感覚

④ 金銭面では、特に補助金問題にみられたごとく、大雑把でどんぶり勘定的処理がなされていたと考えられ、会計的感覚に乏しかったと思われ

ること
⑤　単一的思考の集合体であること。ある意味イエスマンのみでの構成で
あった事実

　これらの体質およびそれに基づく今回の一連の不祥事については、下記のような歴史および体質を原因として考えることができる。

(2)　柔道の軍国主義との結びつき（暴力的体質）

　これら全柔連における暴力的体質は全柔連ないし柔道の歴史から考えることができる。

　すなわち、柔道は、柔術をもとに嘉納治五郎が講道館柔道を創設したことに始まるものとされているが、その後戦時教育に利用され国防能力向上のために利用されることとなった。そこで、戦時教育および軍事教練において柔道が利用され、柔道においてスポーツと異なる暴力容認体質が植え付けられることとなった。

　戦後も、柔道界においては、勝利至上主義や暴力容認体質は引き継がれることになったが、国際強化選手に対してまで暴力が行われていたのは衝撃的であった。

(3)　非民主的体制、講道館との関係（ガバナンスの未整備）——全柔連の評議員および理事の体制

　全柔連では、評議員は全国のブロックを代表する地域代表ら53名で評議員会が構成され、実質的な議論などがなされる組織とはいえなかった。また、理事についても、講道館館長を兼任する会長によるワンマンに近い体制が敷かれていた。理事らについても、柔道で成績を上げた者が就いており、外部有識者が入って意見を述べられる体制ではなかった。

　全柔連は、現在柔道における国内統括競技団体（NF）であるが、日本において柔道の段位を認定するのは講道館であり、全柔連も講道館ビルの中に入居している。そして、嘉納履正講道館3代目館長が全柔連初代会長であり、以後嘉納行光講道館4代目館長が全柔連2代目会長に、嘉納家以外から初め

て選ばれた上村春樹講道館第5代館長が全柔連3代目会長となっていた。

このように、従前の全柔連は、組織が実効化せず、講道館との関係などガバナンス体制が整備されているとはいえず、旧態依然とした慣行や慣習がまかりとおる組織であった。

3　対応策

(1)　暴力問題に対する対応

2013年3月12日の暴力問題についての第三者委員会の最終報告書を受けて、全柔連は「改革・改善実効プロジェクト」を立ち上げ、「暴力の根絶」プロジェクトを設置した。

「暴力の根絶」プロジェクトでは、通報窓口を設置するとともに、同年8月14日「暴力根絶宣言」を行った。

そして「暴力の根絶」プロジェクト会議を開催するとともに、さらに暴力発生時の処分に関するワーキンググループを設置し、暴力の根絶のための方策や暴力発生時の対処などについて検討を継続した。そこでは、暴力について強い態度で挑むこととされ、たとえ軽微な暴行事案であってもすべて処分するとされている。

さらにこれに関連し、全柔連では2008年より検討されてきた指導者資格について、2014年1月17日、「公益柔道指導者資格制度」を完全実施することとした。

(2)　組織の問題に対する対応

(A)　旧体制の刷新

2013年8月21日、上村会長ら23名の理事と3名の監事が辞任し、同時に臨時評議員会にて29名の理事・監事が選任され、宗岡新会長をはじめとした新体制が発足した。新体制では女性理事4名および外部理事6名、そして女性監事が加わった。

(B)　新体制における改革

新体制では、従前の「改革・改善実効プロジェクト」に代わり改革委員会を設置し、理事と評議員の定年制や評議員の定数削減、評議員会における女性枠、外部有識者枠の設置などを提案した。

　これを受けて新体制は2014年1月31日、同年2月1日から発足する新しい評議員会の概要を発表した。そこでは、評議員の定数がほぼ半減されて30名とされた。そこでは学識経験者枠として女性棋士ら女性4名および元財務官僚や警察庁OBなど10名が、女性枠として元五輪銀メダリストの溝口紀子氏を含む3名が選ばれた。

4　今後の課題

(1)　評議員の実効化

　従前、全柔連の評議員会は全国から選ばれた地域代表を中心に、内部の評議員で占められていたうえに、定数が53名と多く、理事・監事の選任・解任権があるものの、実効化しなかった。そこで、前述のとおりの大幅な刷新がなされた。そして、従前の地域代表的な要素については、「全国代表者会議」が新設され、地方と全柔連との意見交換が図られることとなった。

　これは、ガバナンス上は大きな進展であり、今後新しい評議員会による実質的な議論がなされ、実効化するかが注目される。

(2)　理事会等の実効化

　従前、全柔連の理事会は講道館の館長を兼ねる会長によるワンマンに近い体制が敷かれ、理事会において実質的な議論がなされていたとはいえない状態であった。また、暴力的体質・勝利至上主義・男尊女卑的性格など旧態依然とした柔道界独自の論理によって成り立つ組織であった。

　これに対し、宗岡新体制は、前述のとおり女性理事や外部理事などが積極的に登用され、外形的にこのようなガバナンス上の問題を改善している。そして、新体制では前述のとおりガバナンスに関する新たな施策がとられているが、実質的にこれまでの旧態依然とした体質を改革できるか、また後述す

33

るような外部的要素による影響を受けないよう、改革が継続していくかが注目される。

(3) 講道館・IJFとの関係

上村体制が刷新されても上村氏は講道館の館長の地位は辞任していない。また、全柔連は未だ講道館に入居している。講道館も外部理事を登用するなど組織の刷新を図ってはいるものの、講道館ないしその館長である上村氏の影響力が未だ全柔連に及んでいるとみる向きもあり、全柔連の内部が刷新しても全面的には刷新していないのではないかとの疑念を抱かせる。

さらに、改革を志す人物に対する反動とみられる行動も散見されるところである。のみならず、講道館とIJFはそれぞれ段位認定機関として存在しており、全柔連と講道館および全柔連とIJFとの関係は未だ整理されていない。

このことは、全柔連自身が真に改革を果たそうとしてもそれを阻害する可能性のある要因として残存している問題であり、今回の一連の不祥事を機に解決されることが望まれる。

【参考文献】

溝口紀子『性と柔〜女子柔道史から問う〜』（河出ブックス）

（辻口信良・堀田裕二）

【資料】 声明文

> 皆様へ
>
> 　この度、私たち15名の行動により、皆様をお騒がせする結果となっておりますこと、また2020年東京オリンピック招致活動に少なからず影響を生じさせておりますこと、先ず以て、お詫び申し上げます。
> 　私たちが、JOCに対して園田前監督の暴力行為やハラスメントの被害実態を告発した経過について、述べさせていただきます。
> 　私たちは、これまで全日本柔道連盟（全柔連）の一員として、所属先の学校や企業における指導のもと、全柔連をはじめ柔道関係者の皆様の支援を頂きながら、柔道を続けてきました。このような立場にありながら、私たちが

全柔連やJOCに対して訴え出ざるを得なくなったのは、憧れであったナショナルチームの状況への失望と怒りが原因でした。

　指導の名の下に、又は指導とは程遠い形で、園田前監督によって行われた暴力行為やハラスメントにより、私たちは心身ともに深く傷つきました。人としての誇りを汚されたことに対し、ある者は涙し、ある者は疲れ果て、又チームメイトが苦しむ姿を見せつけられることで、監督の存在に怯えながら試合や練習をする自分の存在に気づきました。代表選手・強化選手としての責任を果たさなければという思いと、各所属先などで培ってきた柔道精神からは大きくかけ離れた現実との間で、自問自答を繰り返し、悩み続けてきました。

　ロンドン五輪の代表選手発表に象徴されるように、互いにライバルとして切磋琢磨し励まし合ってきた選手相互間の敬意と尊厳をあえて踏みにじるような連盟役員や強化体制陣の方針にも、失望し強く憤りを感じました。

　今回の行動をとるにあたっても、大きな苦悩と恐怖がありました。私たちが訴え出ることで、お世話になった所属先や恩師、その他関係の皆様方、家族にも多大な影響が出るのではないか、今後、自分たちは柔道選手としての道を奪われてしまうのではないか、私たちが愛し人生を賭けてきた柔道そのものが大きなダメージを受け、壊れてしまうのではないかと、何度も深く悩み続けてきました。

　決死の思いで、未来の代表選手・強化選手や、未来の女子柔道のために立ち上がった後、その苦しみは更に深まりました。私たちの声は全柔連の内部では聞き入れられることなく封殺されました。その後、JOCに駆け込む形で告発するに至りましたが、学校内での体罰問題が社会問題となる中、依然、私たちの声は十分には拾い上げられることはありませんでした。一連の報道で、ようやく皆様にご理解を頂き事態が動くに至ったのです。

　このような経過を経て、前監督は責任を取って辞任されました。

　前監督による暴力行為やハラスメントは、決して許されるものではありません。私たちは、柔道をはじめとする全てのスポーツにおいて、暴力やハラスメントが入り込むことに、断固として反対します。

　しかし、一連の前監督の行為を含め、なぜ指導を受ける私たち選手が傷付き、苦悩する状況が続いたのか、なぜ指導者側に選手の声が届かなかったの

か、選手、監督・コーチ、役員間でのコミュニケーションや信頼関係が決定的に崩壊していた原因と責任が問われなければならないと考えています。前強化委員会委員長をはじめとする強化体制やその他連盟の組織体制の問題点が明らかにされないまま、ひとり前監督の責任という形を以て、今回の問題解決が図られることは、決して私たちの真意ではありません。

　今後行われる調査では、私たち選手のみならず、コーチ陣の先生方の苦悩の声も丁寧に聞き取って頂きたいと思います。暴力や体罰の防止は勿論のこと、世界の頂点を目指す競技者にとって、またスポーツを楽しみ、愛する者にとって、苦しみや悩みの声を安心して届けられる体制や仕組み作りに活かして頂けることを心から強く望んでいます。

　競技者が、安心して競技に打ち込める環境が整備されてこそ、真の意味でスポーツ精神が社会に理解され、2020年のオリンピックを開くに相応しいスポーツ文化が根付いた日本になるものと信じています。

　2013年（平成25年）2月4日

　　公益財団法人全日本柔道連盟女子ナショナルチーム国際強化選手15名

V　日本クレー射撃協会
〜内部対立とガバナンス

1　事案の概要

　社団法人日本クレー射撃協会（以下、「本協会」という）は、1949年に大日本射撃協会の改組により設立され、1951年に国際射撃連盟（ISSF）に加盟、1978年に文部省（当時）より法人認可を受けた我が国のクレー射撃を統括する国内統括競技団体（NF）である。

　本協会は、公益財団法人日本オリンピック委員会（JOC）、公益財団法人日本体育協会（以下、「日体協」という）等に加盟し、1956年開催のメルボルンオリンピック以降の各オリンピック大会、1951年の広島大会以降の各国民体育大会に選手を参加させてきている。

　本協会には各都道府県のクレー射撃協会が加盟し、加盟団体の代表者が本協会の正会員となり、正会員と学識経験者の中から細則に定めた方法に従って理事および監事の役員が選出され、理事の互選によって会長、副会長、専務理事、常務理事が選出されることとされている。

　本協会では、協会資金の支出等をめぐって内部での対立が続いており、役員人事等に関する対立等、協会内の運営が混乱を極めている。

2　問題点

(1)　副会長による不明朗な資金管理

　2006年2月、本協会の副会長が、自らが会長を務める一般社団法人神奈川県クレー射撃協会の口座から本協会の口座に500万円を送金し、さらにそれを本協会口座から引き出した後、同年5月まで現金で保管していたとされている。同年5月にこの事実が本協会内で発覚すると、同副会長は500万円を

本協会口座に返金したとのことであるが、本協会の理事3名が東京地方検察庁に業務上横領の疑いで同副会長を告発した。告発は東京地方検察庁に受理されなかったものの、同副会長が500万円の保管の目的等について明確な説明をしないとして正会員から反発を受けた。

　神奈川県クレー射撃協会の口座から本協会への500万円の送金は「貸付」として処理されているとのことであり、その目的は同副会長によれば「年度末の協会資金の不足を補うため」とのことであったが、翌日には同副会長が本協会口座から引き出して5月まで現金で保管していたとのことである。

　このほかに同副会長については、理事会および総会の決議を経ることなく、本協会名義の預金口座を開設し、本協会の基本口座で管理されている本協会の基本財産の一部を移動したとされていることも正会員から批判された。公益法人である本協会においては、基本財産は確実に維持されなければならず、本協会の定款44条においては、「この法人の資産は、会長が管理し、基本財産のうち現金は、理事会の議決を経て定期預金とする等、確実な方法により会長が保管する」と定められ、同定款45条においても「基本財産は、譲渡し、交換し、担保に供し、又は、運用財産に繰り入れてはならない。ただし、この法人の事業執行上やむを得ない理由があるときは、理事会及び総会の議決を経、かつ、文部大臣の承認を受けて、その一部に限り、これらの処分をすることができる」とされている。同副会長が、何らの手続を経ることなく、同副会長の判断で基本財産の一部を保管中の口座から別口座に移動したとするならば、これは定款に違反する可能性があるといわざるを得ない。

　さらに同副会長をめぐっては、2006年5月28日開催の理事会における発言も批判されている。同副会長は、理事会において、ISSFのメンバーが来日した際に接待し、その経費として約500万円を協会資金から支出したことを問題とされた際、国際大会での特別出場枠である「ワイルドカード」を獲得するために接待したと発言したとされている。ワイルドカードがISSF役員への接待や賄賂によって左右されるはずのものではないが、同副会長はワイル

ドカードを「裏口入学」と表現したうえで、自らがISSF役員を接待した結果ワイルドカードを獲得できたと説明したとされている。

(2) 決算案の否決

同副会長をめぐる本協会資金の不明朗な支出等の問題に端を発し、2006年5月28日開催の本協会の通常総会においては、2005年度の決算案等が各都道府県協会の代表者である47名の正会員のうち約30名の反対により否決された。このため、本協会は決算が承認されず、事業計画書も文部科学省に提出できないという異常事態が生じた。

本協会の定款33条においては、「事業計画及び収支予算についての事項」、「事業報告及び収支決算についての事項」は総会の決議事項とされているが、これが否決されたため本協会の運営に大きな支障が生じることとなった。

同総会では、不明朗な予算執行等を明らかにするための正会員で構成される調査委員会も設置され、事実関係の調査が行われた。調査委員会の調査結果は、定款違反や倫理規定違反の事実を指摘するものであり、本協会の役員らに対して自浄能力の発揮を期待するものであったが、麻生太郎会長がこの調査結果に対する反論の形で正会員47名に対して文書を送付し、その中で「調査委員会による報告書の意図するところを、会長はとうてい理解することも承認することもできないばかりか、加えて、これを日本クレー射撃協会に対する不信任、また、挑戦として受け止めざるを得ません」と主張したため、本協会内での対立が深刻化し、協会運営がさらに混乱するに至った。

その後も協会内の対立は解消せず、2006年9月23日には臨時総会が開催されたが、ここでも2005年度の決算案は否決され、文部科学省に対する各種書面提出や報告がなされない状態が続いたため、2007年4月には同省が行政指導を行っている。

(3) 権力抗争

不明朗な資金管理の問題に端を発した本協会の内部対立は、問題を指摘された副会長とそれを擁護する麻生会長ら執行部と、同副会長の行為に反発す

る正会員らとの権力抗争の図式を形成するに至った。

　2006年5月に発覚した同副会長の本協会口座からの500万円の引出しと保管について、理事3名がこれを東京地方検察庁に業務上横領の疑いで告発したが、これに対して執行部が理事を倫理規定違反として正会員資格を停止したため、理事は正会員の地位確認請求訴訟を提起するに至った。

　また、各都道府県協会代表である正会員47名のうち30名が、麻生会長に対して会長の辞任を要求したが、執行部側は反執行部派の11名の正会員を2年間の資格停止処分としたため、11名の正会員は2007年3月に地位保全を求めて東京地方裁判所に申立てを行っている。

　2009年3月29日開催の本協会総会では、理事改選期にあったため理事選任議案が諮られる予定であったが、麻生会長の再選が否決されると考えた執行部側の意を受けて議長が理事選任議案を諮らずに閉会としたため、これに反発した反対派が自分たちだけで総会を続行し、新理事を選任して新執行部を立ち上げるに至った。しかし、旧執行部側がこの総会決議について決議不存在確認請求訴訟を提起し、2011年4月には東京地方裁判所が決議不存在を確認する判決を、同年11月には東京高等裁判所も同旨の判決を言い渡し、その後新執行部が最高裁判所への上告を取り下げたため、2012年4月には新執行部の選任決議の不存在が確定した。

　その後も本協会内の内紛は続き、2012年5月には新旧執行部の理事の間での暴力事件が発生し、警視庁への告訴、損害賠償請求訴訟にも発展している。また、日体協は2012年9月に本協会に対して組織運営の改善を求める勧告処分を通知し、これを受けて本協会は財政再建や民主的運営のための手続改正を盛り込んだ改善計画書を提出するに至っている。

3　これまでの対応

　本協会は、2006年5月の総会における決算案否決で問題が表面化して以降、すでに7年にわたり内紛状態が継続してきており、この間には複数の訴訟も

提起されている。

　監督官庁である文部科学省から各種議事録や報告書等の未提出により行政指導を受けたほか、JOCからは資格停止処分とされ、2009年4月以降補助金支給も停止されている（2013年6月からは選手強化に使われる補助金に限り支給が再開されている）。さらに日体協からは組織運営の改善を求める勧告処分を受け、改善計画書の提出を求められた。

　また、内紛により本協会として選手派遣を決定できないため、JOCが特例として選手個人への強化費、遠征費の支給を行い、ロンドンオリンピックへも特例として選手個人の派遣を決定している。

　さらに、本協会は不明朗な資金管理が行われてきただけでなく、すでに公益法人として確保することが必要な基本財産が約4000万円も取り崩されており、これについて無許可で基本財産を取り崩したとして2009年3月29日の総会で選任されたものの後に選任決議の不存在が訴訟で確定した反執行部派の会長ら10名を除名処分とした。基本財産の欠損については、改善計画書では加盟する各都道府県協会に対してそれぞれ100万円ずつの寄付を求めて基本財産を補塡することとしたが、十分に寄付が集まらないため現理事が約1000万円を負担することで基本財産の欠損を補塡した。

4　今後の課題

　上記のような本協会の組織運営に関する機能不全がなぜこのように深刻化したか、そこには複数の原因を見て取ることができるが、次の各視点が欠如していたと考えられる。

(1)　民主的かつ公正な組織運営を図るという意識の欠如

　本協会においては、定款に民主的な理事および役員の選出方法が定められているにもかかわらず、執行部による強引な総会運営で理事選任議案を議題として上程せずに閉会したり、反対派だけによる強引な決議で理事を選任するなど、自らの意図する結果を得るためには手段を選ばないという恣意的か

つ強引な組織運営が行われてきたといえる。その結果、組織運営が混乱をきわめ、JOCからの補助金支給の停止、選手派遣ができないなど協会本来の機能も果たせない事態に至り、選手をはじめすべての関係者が不利益を被っている。本協会の役員らは、本協会が国内のクレー射撃の統括団体として、すべての選手および関係者を含む公益を図る団体であることを十分に自覚し、公益の担い手として一部の個人的意図の実現に拘泥することなく、手続に従った民主的かつ公正な組織運営を行うという意識をもつことが不可欠である。

(2) **透明性を確保した会計ルールの欠如**

国内のクレー射撃を統括する公益性の高い団体としては、決して不正を許さない会計ルールの構築が必須である。一部役員の独断で団体資金の移動や支出が安易にできるということは、役員の恣意的な運用を許すばかりでなく、延いては不正流用を許す温床ともなりかねない。本協会においては、一部役員の独断での資金移動や支出が行われた結果、組織運営の混乱を招き、さらには基本財産の欠損という団体としての基盤を揺るがしかねない事態にも至っている。たとえ会長や役員であろうとも、預金引出、経費支出、口座開設等の行為を安易にできるとすることなく、個々の資金移動についても個別に民主的チェックが機能するようなルールの構築が不可欠である。

(3) **第三者による事実調査とその尊重の欠如**

不正の疑惑や不公正な運営が指摘され、問題となった場合には、事実を調査して解明し、その原因を分析する作業が不可欠である。疑惑を指摘されている当事者や、団体内部に対立がある場合の対立当事者が調査を実施したとしても、調査結果の正確性や信用性が担保されているとはいい難い。事実調査と原因分析は、利害関係のない中立公正な第三者機関により実施することが必要である。本協会においては、調査委員会が設置されたものの、その構成は正会員という当事者で構成されていたために、結果的に対立当事者間の抗争の具として用いられたにすぎず、かえって対立が激化したという事情も

見受けられる。中立かつ公正な第三者機関による調査を実施し、その調査結果をすべての関係者が尊重するという姿勢が問題解決には不可欠である。

(4) **処分を行う際の公正かつ適正な手続の欠如**

　本協会の内紛激化の過程においては、執行部による反執行部に対する倫理規定違反を理由とする正会員資格の停止という処分が抗争の手段として利用され、それにより内紛がさらに激化したという事情が見受けられる。本来、会員に対する処分は、団体の健全な運営および発展と、選手をはじめとする関係者の共同の利益のために利用されなければならず、決して一部の者の利益を図るために恣意的に利用されてはならない。そのためには公正かつ適正な手続による事実の認定と、相当な処分の選択がなされなければならず、これらが制度的に担保された処分手続を構築することが不可欠である。

（川添　丈）

[第1部] 事例にみるガバナンスの実情と課題

Ⅵ テコンドー～スポーツ団体の対立・不祥事とガバナンス

1　テコンドーとは

　テコンドー（跆拳道＝たいけんどう）は、韓国が国技とする格闘技である。「跆」は、踏む・跳ぶ・蹴る等の足技、「拳」は突く・叩く・受ける等の手技を意味し、「道」は武道を意味する。

　テコンドーには、伝統としての武道とスポーツの二つの側面があり、伝統としての武道を重んじる国際テコンドー連盟（International Taekwon-Do Federation, ITF）とスポーツとしての競技性を重視する世界テコンドー連盟（World Taekwondo Federation, WTF）がある。

　ITFとWTFは、級位・段位等のシステム、技、型、試合ルール等が異なっており、韓国以外の国のテコンドーもいずれかにルーツをもちながらも、独自に派生した団体や教室が多く存在している。

　日本においても、WTF加盟の公益社団法人全日本テコンドー協会（AJTA）が存在するほかに、ITF系列の団体から派生・独立した団体が存在する。

2　オリンピック等への代表選手の派遣

(1)　オリンピック競技への採用

　テコンドー競技は、ソウルオリンピック（1988年）とバルセロナオリンピック（1992年）において公開競技として実施され、シドニーオリンピック（2000年）より正式種目として実施されている。ソウルに本部をおくWTFが、国際オリンピック委員会（IOC）の国際統括競技団体（IF）メンバーで、オリンピックのテコンドー競技の開催を担っている。

　日本においては、オリンピック競技としてのテコンドーは、現在、全日本

テコンドー協会が公益財団法人日本オリンピック委員会（JOC）に加盟する競技団体となっている。

日本のテコンドーの団体は、前述のとおり、テコンドーの普及当初より多数の団体が存在していたことにその理由があるのか定かではないが、対立があり、個々の団体内部においても、派閥の対立や分裂騒ぎを起こしている。その結果、後述のとおり、アジア大会、オリンピック大会などへの代表の派遣をめぐり、選手を派遣することができないという事態を何度も招来している。

(2) IOCと競技団体との関係

オリンピックを主催するIOCは、IOCに加盟する各国の国内オリンピック委員会（NOC、日本においてはJOC）を統括するとともに、オリンピックに参加する国際統括競技団体（IF）を事実上統括する関係にある。「事実上統括」というのは、IFは国際統括競技団体として、独立した統括競技団体であるが、オリンピックに参加するにあたり、競技種目およびルールの内容に関し、IOCの意向を尊重しなければならない関係にあるからである。

そして、IOCの傘下にある各NOCに所属する各国の統括競技団体（NF）が代表として認めた選手・役員がオリンピックに参加することができる関係になる。

JOCは、オリンピック競技大会への選手派遣事業のほかに、オリンピック競技大会に準ずる国際総合競技大会への選手派遣事業、並びにオリンピックムーブメントの推進を目的とした事業を行っており、アジアオリンピック評議会（OCA）が主催するアジア大会、国際大学スポーツ連盟（Federation Internationale du Sport Universitaire, FISU）が主催する学生の国際競技大会であるユニバーシアードへの選手派遣事業を行っている。

(3) シドニーオリンピックの代表選手派遣問題

テコンドーが正式競技となったシドニーオリンピック（2000年）に参加するため、日本のテコンドーの主要4団体は日本テコンドー連盟として、大同団

〔第1部〕 事例にみるガバナンスの実情と課題

結し、JOC の準加盟団体となり、代表選手2名の出場枠を獲得したが、1999年10月、理事長と対立した理事が「理事長不信任案」を可決したとして、同一名称の団体の本部を設置するという騒動がおきた。

準加盟団体の分裂により、JOC が準加盟を取り消すと、オリンピックに代表を派遣することができなくなる事態となるため、分裂をしていた当事者が分裂を回避する合意書を JOC に提出したことにより、日本の代表選手はオリンピックに参加することができた。なお、2000年シドニーオリンピックに出場した女子67キロ級の岡本依子は銅メダルを獲得している。

(4) 統括団体の分裂

JOC は、準加盟団体である日本テコンドー連盟が分裂状態となり、国内唯一の統括団体となっていないとして、2002年10月の釜山アジア大会への選手派遣を見送り、2002年12月、日本テコンドー連盟（以下、「連盟」という）の資格の適否について検討するとした。

2002年12月に、従来の統轄団体を発展的解消する形で新たに「日本テコンドー連合」（以下、「連合」という）が設立され、正常化するとみられたが、2003年5月にいたり、第3の団体「全日本テコンドー協会」（以下、「協会」という）が設立された。

(5) 2003年夏季ユニバーシアード代表選手派遣問題

2003年5月、JOC は、韓国・大邱（テグ）で同年8月に開かれる2003年夏季ユニバーシアードにテコンドーの選手を派遣することに決め、統括団体が分裂している連合と連盟の2団体に計18名の推薦選手名簿の提出を求め、JOC の主導によりシドニー五輪代表で、世界選手権やワールドカップなどで銅メダルを獲得している67キロ級の選手1名とコーチ1名を派遣することに決めた。

(6) スポーツ仲裁の申立て

JOC は、当初、予定していたコーチから就任の打診に対し承諾の回答がなかったため、連合推薦の役員を選任したが、代表とした選手が連合を脱退し、

協会に加入したことが判明したため、協会所属のコーチを追加し、選手1名、役員2名を派遣することにした。

　JOCの上記選考に異議があるとして、テコンドーの五輪代表歴がある指導者が、JOCを相手として、日本スポーツ仲裁機構に仲裁申立てをした。仲裁申立ての内容は、選手の選考に異議があるというより、協会側のコーチを選考したことを主として問題としたもので、テコンドーの国内統括団体の分裂問題を背景とするものであった。

　準加盟団体としての連盟が正常に機能していなかったが、JOCは、連日厳しい練習に耐えオリンピック等国際大会を目指している選手の立場を配慮し、分裂した両団体が派閥を超えて希望すればJOC主導で選手をユニバーシアードに派遣することを決断し、連盟および連合の両団体に対して、テコンドー競技に派遣する代表選手の候補名簿の提出を求め、関係者協議のうえ、大会に派遣する代表選手（1名）および役員（2名）を決定したことについて、仲裁人はJOCの決定を是として、仲裁の申立てを棄却した（JSAA-AP-2003-002号事案）。

(7)　アテネオリンピックの代表選手派遣問題

　2004年8月のアテネオリンピックにおけるテコンドーの選手派遣に関し、JOCは、分裂している協会と連合の2団体に対し、2004年3月31日までに、両団体が統一しなければ、選手を派遣しないと理事会で決めていたにもかかわらず、方針を変更して、出場枠を獲得していた選手について、「国内オリンピック委員会が個人の資格で参加させることができる」とするオリンピック憲章細則を適用して個人の資格で参加させるという特例措置をとった。

　「国内競技団体が存在しない場合は、国内オリンピック委員会が個人の資格で参加させることができる」とする細則は、戦争等により国内競技団体が存在しない場合の特例であることからその適用に疑問があり、また、JOCは、同細則を適用するには「2団体が解散すれば可能」と見解を示していたもので、上記のJOCの方針変更は一貫性がなく、理事会の決定を幹部会で変更し

たことも手続的に問題であった。さらに、JOCの方針変更には、文部科学省や政治家の意向が働いたのではないかとの批判もなされている。

(8) 2005年夏季ユニバーシアード・東アジア大会の代表選手派遣問題

JOCは、2005年3月31日、国内の統括団体が分裂しているテコンドーについて、夏季ユニバーシアード大会（8月、トルコ・イズミル）、東アジア大会（10月下旬〜11月初旬、中国・マカオ）の両大会に同競技の選手を派遣しない方針を固めた。

同年5月25日、文部科学省は、協会から申請を受けていた社団法人化を許可した。文部科学省は「競技人口の約9割が全日本協会の会員であることなどから全国的な広がりを持つ団体と判断した」と許可理由を説明し、「通常は申請から許可まで2〜3週間かかる」という審査期間が、わずか10日間だったことについて「ユニバーシアード夏季大会の選手派遣があり、JOCから急いでほしいと相談があった」と特別扱いを認めている。

文部科学省が協会に社団法人格を認可したことを踏まえ、JOCは同年6月23日、方針を変更し、「今後も国内唯一の統括団体となるよう努力する」などの条件を付けて、正加盟に準ずる承認団体として加盟を認め、夏季ユニバーシアード大会と東アジア大会へ派遣することを決めた

3　スポーツ仲裁機構の仲裁判断

(1) 2件の仲裁判断

スポーツ仲裁機構が扱ったテコンドーに関する仲裁判断は2件（2003年と2013年）あるが[1]、いずれも、テコンドーの競技団体のガバナンス体制が未熟であったことを露呈した事件であった。

---

[1] 2014年4月25日にも仲裁判断がなされたことで（JSAA-AP-2014-003号事案）、仲裁判断は合計3件となっている。

1件目は、上記2の(6)記載の事件で、テコンドーの国内統括団体の分裂問題を背景としたものであった。2件目は次の事件である。

(2) 熊本県協会所属の選手の試合参加無期限停止

2013年3月24日、協会は、熊本県テコンドー協会（以下、「県協会」という）の会長が、協会を通して韓国国技院に昇段申請をするとした理事会決議に反して、直接昇段申請をしたことなどを理由に、県協会会長を除名処分にするとともに、同年6月29日、社員総会において、県協会が正常に機能していないことを理由として、県協会所属の選手について、試合参加を無期限停止とするとの決定を行った。当該選手から、日本スポーツ仲裁機構に対し、協会の同決定を取り消すことを内容とする申立てがなされ、同年7月15日、同申立ては認められた。（JSAA-AP-2013-004号事案）

当該選手のほかに、熊本の28名の選手が無期限停止とされていたが、同年7月27日、協会は同月28日の全日本ジュニア選手権（松本市）に全29選手が出場することを認めた。

(3) 若いスポーツ選手のスポーツ権を侵害

上記事件も、テコンドーのスポーツ団体内部の長年の対立が背景にあり、仲裁判断は、スポーツ団体は、「競技者に自己とは無関係な理由による、合理的な理由を欠いた不利益を与えないような形で競技会を運営する義務を負う」として、多数の若い選手のスポーツをする権利を侵害していると協会の対応を厳しく糾弾した。

(4) ガバナンスが行われていない団体

上記仲裁審理において、選手の試合参加を無期限停止を決議したとする社員総会（以下、「本件社員総会」という）の議事録が作成されておらず、証拠として提出されなかっただけではなく、協会の定款には、社員総会で決議すべき事項として、協会主催の競技会の運営に関する事項や法人の業務執行に関する事項は定められていないことが明らかになり、スポーツ団体として、必要最低限なガバナンスが行われていなかったことが露呈した。

49

4　補助金不正受給問題等

(1)　勧告処分

2011年に発覚した多数のスポーツ団体による国の補助金不正受給の問題は、スポーツ団体のガバナンスに関する認識の欠如を示すものであった。

国庫補助で専任コーチに支払われる報酬について、専任コーチへの謝金を全日本協会へ還流させての目的外使用は、他のスポーツ団体でも発覚し、指導処分を受けているが、協会の場合は、使途の記録がない簿外処理をしている点など、悪質であるとして、他のスポーツ団体より重い勧告処分を受けている。

(2)　第三者特別調査委員会の指摘

JOCが設置した第三者特別調査委員会は、2012年3月26日、複数のスポーツ団体で助成金の不適切な扱いがあったとされる問題に関し、報告書を公表した。

問題となったのは国庫補助で報酬が支払われる専任コーチ制度と、サッカーくじ（toto）を財源とする日本スポーツ振興センターの助成事業「マネジメント機能強化事業」において、報酬を受けた個人が一部を寄付として所属団体に還流させるなどしていたことである。上記報告書では、専任コーチを置いた10団体と、totoの助成を受けた3団体に問題があるとしたが、特にテコンドーについては専任コーチからの還流で「不当なものであるにとどまらず、不正というべき可能性が極めて高い」と指摘した。

5　問題の所在

以下の問題は、スポーツ団体のガバナンスにとって、基礎的なもので、共通の課題であるが、テコンドーにおいては、その不備が目立っていたといえる。

(1) 問題の根源

スポーツ団体の不祥事は、テコンドー以外にも見受けられるが、テコンドーの場合は、前述のとおり、同種の問題を繰り返しており、ガバナンス上、極めて問題であるといわざるを得ない。

オリンピックやアジア大会などに代表選手を派遣するという大義名分のもとに、十分な組織的な検討を行わずに統括団体を設立したために、組織として、民主的に運営をするという意識が希薄なことが問題の根源である。

また、JOCが、選手を救済するという大義のもとに、便宜的な手続により、代表選手を選考したり、派遣することを繰り返したことが、スポーツ団体の甘えを許し、ガバナンスのない状況をつくってしまった遠因となっている。

(2) 定款・規則等の整備と開示

スポーツ団体は、多数の者がかかわる団体である以上、定款・規則等を整備し、これを遵守することが重要であるにもかかわらず、定款・規則に定めのない運営を行っている。定款・規則等を、民主的な手続に従い定め、定めた定款・規則等は、ホームページ等に掲示してすべてのステークホルダーに開示し、総会や理事会の議事に関しては議事録として記録に残すことは、組織として当然のことであるが、このような当然のことも行われていなかった。

(3) 会計業務の重要性

スポーツ団体は、選手の登録費や公的資金、さらにはスポンサー等の支援等により、運営を行っているのであるから、会計の業務は重要である。会計の仕事は、入金管理、決算、税務など、高い事務処理能力と会計（簿記）の専門知識が不可欠である。また、スポーツ団体の財務内容を分析することにより、スポーツ団体の課題を知ることができる。公認会計士、税理士等の専門家の参画・協力を得て、適正な会計処理を行うことは、不祥事を防止するだけではなく、スポーツ団体のあり方、方向性を考えていくうえで、重要である。

〔第1部〕　事例にみるガバナンスの実情と課題

(4)　選考基準・処分規定の整備と開示

　代表選手の決定、選手の資格停止等、選手にとって重要な事項に関しては、選考基準や処分規定をあらかじめ開示し、公平に適用する体制を整える必要がある。

追記：全日本テコンドー協会は、内閣府（公益認定等委員会）から、2013年12月には、資格停止処分にした正会員に議決権を与えなかったことについて、2014年4月には、公益目的事業を適正に実施しうる経理的基礎を有していないことについて、と二度にわたり勧告を受けている。

（白井久明）

Ⅶ 全日本スキー連盟
〜内部対立とガバナンス

1　事案の概要

　公益財団法人全日本スキー連盟（以下、「スキー連盟」という）は日本におけるスキーをはじめとした、スノースポーツの統括団体として1925年に設立された。スキーのジャンプ、クロスカントリー、アルペンといった種目だけでなくスノーボードについても統括している団体である。

　スキー連盟では2008年および2010年に行われた次期役員の選出をめぐって対立が続き、紛争は法廷にまで持ち込まれた。また、日本スポーツ振興センターによる助成金について不正受給の問題も発覚している。

2　問題点──役員改選をめぐる紛争

(1)　2008年の役員選任

　スキー連盟の規約では、新会長をはじめとする次期役員候補者の選出に際しては、役員選出委員会で次期役員候補者が選出され、評議員会に推挙し、評議員会の承認を得て決定されるとされていた。

　2008年の役員選出委員会では、次期会長候補者として2名の候補者を一本化できずにいたが、最終的にはO候補者を役員選出委員会で推挙するとの決定がなされた。しかし、同決定に際しては委任状による出席者の取扱いを認めるのか否かについて争いがあった。

　推挙を受けた評議員会では、委任状による代理出席を認めないままなされた役員選出委員会の次期役員候補者の推挙は無効であるとして、役員選出委員会による推挙はないものされるとの判断のもと、役員選出委員会が新役員候補者を推挙しない以上、独自に新役員を選出しうるとの判断から、役員選

出委員会で推挙されたO候補者とは別のI候補者（前会長）を新会長として再任した。

これに対し、評議員会で決定承認された新会長に反対する反対派理事が、役員選出委員会の推挙に基づかない評議員会の決定は無効であるとして争い、選任されたI会長をはじめとする新理事らの地位不存在の確認を求め、裁判で争われた。

紛争の背景には、会長については次期会長から70歳定年制が適用されることとされていたが、「特に必要な者」と認められれば就任を認めるとの例外規定の取扱いも問題となっていた（評議員会で再任されたI新会長は定年を超えた年齢であった）。

(2) 2010年の役員選任

2010年7月24日、役員選出委員会で推挙されたC新会長候補者案について、評議員会で審議されたところ、同改選案について評議員会で承認を得られず否決される事態を生じた。

同年10月3日に開催された臨時評議員会でも同じ人事案の採決を行ったが否決された。

同月17日に役員選出委員会が開催されたが、候補者を選べず、事前に立候補を届けていた者とは別のS候補者について評議員会で採決を行い、賛成多数で選任された。

この決定に対し、同年12月、一部の評議員から役員選出委員会の推挙なしに評議員会で行ったS新会長らの決定は無効であるとして、従前と同様にS新会長ら新理事の地位不存在の確認を求め裁判で争われた。

3 これまでの対応

(1) 2008年の役員選任

2008年の選任をめぐって、一部理事からなされたI会長を含む新理事についての地位不存在確認訴訟について、東京地方裁判所は2010年1月27日に、

反対派理事の訴えを認め、I新会長らが新理事の地位ないことを認める判断を下した（東京地裁平成22年1月27日判決・公刊物未登載）。役員選出委員会での代理出席を認めない規定がある以上、委任状を提出しただけで役員選出委員会に出席していない委員を欠席扱いとしてなされた決議は有効であるとの判断であった。

スキー連盟はこの1審判決を不服として控訴したが、同年6月に、評議員会が選出したI新会長ら理事4名が辞任することなどを条件に和解が成立した。

(2) 2010年の役員選任

2010年の選任をめぐって一部評議員からなされたS新会長を含む新理事についての地位不存在確認訴訟について、1審の東京地方裁判所は、2011年8月31日、評議員会には役員選出委員会の推挙なしに独自に会長を選ぶ権限がないとしてS新会長らの選任を無効とする判決を下した（東京地判平成23年8月31日判決・判例タイムズ1368号228頁）。

この判断に対し、スキー連盟は控訴したところ、東京高等裁判所は2012年2月9日、新会長らの選任を無効とした1審判決を取り消し、S新会長らの選任を有効とするスキー連盟側逆転勝訴の判断を下した（東京高裁平成24年2月9日判決・LLI/DB判例秘書登載）。役員選出委員会が候補者を推挙できない特段の事情がある場合は、評議員会が直接新会長を選任できると判断。役員選出委員会が内部的な対立から円滑な審議ができず、十分に機能しない状態が続いており、例外を認めるべき特段の事情が存したと判断した。

東京高等裁判所の判断については最高裁判所へ上告されたが、同年7月18日付けで上告棄却の決定がなされスキー連盟側の勝訴が確定した。

(3) その後

2012年7月の評議員会ではS会長を再任する決議なされた。また、過去二度役員改選での混乱の原因となった役員選出委員会は6月に廃止され、評議員会が直接選出するように変更された。

4　今後の課題

　役員選任をめぐる長期間にわたる紛争は、最高裁判所の上告棄却による新役員選任確定と、それに続いてなされた役員選出委員会の廃止によって一応の収束をみた。しかし、内部の対立が解消したかどうかは定かではない。

　定年制の導入を含め、多数の会員を擁する以上、意思決定に際し、多様な意見を生じることは当然ありうることである。特に人事関係をめぐっては時として鋭い対立を生じることは避けられない。

　そのような場合であっても、公正な決定がなされるように、公正公平な選出手続をどのようにするのか、委任状の効力といった手続を含めあらかじめ規程上明確にしておくとともに、争いや疑義が生じた場合にも民主的に解決する手段をあらかじめ講じておくことが不可欠である。

　スキーの競技人口が減少し、スキー場閉鎖の報が続く中、スキー連盟の果たすべき役割は重要であり、グッドガバナンスに関して真摯な取組みが求められるところである。

（桂　充弘）

VIII 日本アイスホッケー連盟 ～内部対立とガバナンス

1 アイスホッケーの歴史

アイスホッケーの起源についてはいろいろな説があるが、現在の形態のアイスホッケーは、1877年、カナダの大学生が、フィールドホッケーとラグビーを組み合わせた氷上の競技ルールを考案したといわれており、発足当時は9人制であったが、その後のルールの改正により現在の6人制となった。

アイスホッケーは、北米を代表するウィンタースポーツであるが、1908年に、国際アイスホッケー連盟が設立され、現在では、60数カ国が加盟しており、世界的なスポーツ競技となっている。

日本では、1915年、平沼亮三がアイスホッケーの防具を輸入し、諏訪湖でプレーをしたことに始まり、その後、学生を中心として、競技会が開催されるようになった。

アイスホッケーは、「大日本スケート競技連盟」（1946年に「日本スケート連盟」と改称）の傘下にあったが、札幌オリンピックが開催された1972年に、日本スケート連盟（現在は公益財団法人）から独立し、日本アイスホッケー連盟を創立し、1977年に財団法人化している（2011年に公益財団法人）。

2 オリンピックへの出場

オリンピック冬季競技種目としては、男子は1924年シャモニー大会より実施され、女子アイスホッケーは1998年長野大会に初めて実施され、日本の女子は開催国枠で出場した。

日本女子代表は、2013年2月、予選を勝ち抜き、2014年ソチ冬季五輪への出場権を獲得し、「スマイル・ジャパン」という愛称とともに世間の注目を集

〔第1部〕　事例にみるガバナンスの実情と課題

めた。

3　強化本部長の解任・常務理事の降格

(1)　強化本部長の解任と常務理事の降格

　日本アイスホッケー連盟は、ソチ冬季五輪を半年後に控えた2013年7月、臨時理事会を開いて、強化本部長を務めていた坂井常務理事に同連盟への背信行為があったとして、強化本部長を解任し、常務理事から理事に降格した。

　新聞報道によれば、同年9月の役員改選で、退任する奥住会長の後任に、坂井理事が立候補し、交流サイトのフェイスブックで、連盟の運営を批判する投稿をしていることが問題視されたほか、女子日本代表のコーチ人事など強化方針をめぐり、坂井理事に独断との批判が集まったためとしている。

　しかし、坂井理事のフェイスブックの記事には、会長に立候補したこと、連盟の運営、選手の強化策などに関する意見・抱負が掲載されている程度で、格別、連盟に対する背信行為といえるようなものは見当たらなかった。

(2)　解任理由の説明

　2013年8月24日、奥住会長は、一部の評議員から坂井理事の復帰の要望書が出されたことから、坂井理事の解任・降格に関し、評議員に対し、緊急の説明会を開催し、解任理由を説明した。

　解任理由は、①独断で女子のGKコーチを入れ替えた、②同年6月のU－20の海外遠征を直前に中止した、③報奨金を選手に出さなかった、④高須クリニックからの1億円寄付を拒否した、⑤本年度の中期計画を提出しなかった、⑥フェイスブックに連盟批判を投稿したことの6項目であった。

(3)　解任理由は正当か

　これらの解任理由についての詳細は報道されていないので不明であるが、高須クリニックの寄付に関しては、奥住会長自身が1億円の小切手を持参した高須氏に対し受領を断ったという記事が掲載されていることや、フェイスブックの記事の内容は、上記のとおり、理事・会長に立候補するにあたって

の抱負を述べることは当然のことであり、連盟の運営等に関し、批判をすること自体、格別問題とされる理由はなく、奥住会長側の主張に無理があったといわざるを得ない。

4　理事・会長の選任と内閣府の勧告

(1)　理事の選挙

2013年9月28日、新理事を選任する評議員会が開催されたが、奥住会長が推薦した理事候補10名中6名が落選し、会議の冒頭で緊急提出された評議員推薦理事候補が8名中5名が当選した。奥住会長側が会長、専務理事就任予定者としていた理事候補は落選し、坂井理事は選任された。その結果、評議員会後に、会長と役員を選出する予定であった理事会は中止となった。

(2)　対立の激化

評議員会で選任された新理事は、2013年10月、塗師会長代行を選出したのに対し、同年11月奥住会長は、同年9月の評議員会において、役員推薦委員会を経ていない新理事を選任したのは違法であると異議を述べ、法廷闘争も辞さないとした。

(3)　内閣府の勧告

これに対し、内紛について報告を提出させた内閣府の公益認定等委員会は、2013年11月19日、役員改選をめぐり内紛状態が続いている日本アイスホッケー連盟に対し、運営正常化を勧告し、新体制側と対立している旧体制側に運営から退くことを求めた。この勧告により、同年12月7日、新体制側は、就任を承諾した新理事による理事会を開催し、金子精司理事を新会長に選任したことにより、アイスホッケー連盟の内紛は一応収束したようである。

5　法的手続

旧体制側は、2013年9月28日開催された評議員会において、一部の評議員による評議員提案権の行使に基づいて選任された理事5名および監事1名に

対し、職務執行停止の仮処分を申し立てたが、却下処分となり確定している。また、仮処分とは、別に、評議員会決議無効確認等を内容とする訴訟を提起し、現在も係属している。

6　問題の所在

(1)　内紛からみえるもの

　日本アイスホッケー連盟の運営方法、強化体制に対する意見・提言は、旧体制側にとっては、批判＝「背信行為」であり、強化本部長の解任、常務理事の降格＝「懲罰」は当然とする論理が垣間みえ、上下関係等の世界で、自由な意見の表明を封じてきたスポーツ団体のいわゆる体育会的体質の表れととらえることができるし、会長に立候補をするにあたり、SNSにより所信を表明するということがごく当たり前の世代が登場してきたともいえ、スポーツ団体のガバナンスの今後のあり方を示唆している。

　ただし、この内紛が人事抗争を契機とした、一過性のできごとなのか、将来のことを踏まえてのことなのかは、新体制側のこれからの対応を注視していく必要がある。

(2)　役員推薦委員会のあり方

　財団法人の理事は、評議員会が選任するが、その前提として、役員の推薦委員会の推薦が必要とする団体が存在する。評議員に誰をどのように選任するかという問題と、さらに、役員の推薦委員会の構成によっては、従来の体制側による恣意的な役員の選任に利用されてしまうという弊害がある。

　裁判で、会長の理事選任手続の有効性が争われたスキー連盟の東京高等裁判所平成24年2月9日判決（**LLI/DB**判例秘書登載）は、「役員選出委員会における候補者の推挙という手続を期待できない特段の事情があったとして、評議委員会が、候補者を直接推挙し、選任するとの決議に基づいてした選任を有効」としているが、「特段の事情」がいかなる場合をいい、本件の場合にも該当するのかも問題となる。

(3) 自治的紛争解決能力の欠如

競技団体の不祥事・内紛に関し、内閣府の公益認定等委員会から勧告を受けた競技団体は、全日本柔道連盟に次いで、2例目である。

全柔連も、アイスホッケー連盟も、内閣府の勧告により、流れが変わり、一気に収束の方向に向かったということは、これを是とする意見もあるが、スポーツ団体の内紛・不祥事が国の介入によってしか解決できないということは、スポーツ団体や関連第三者機関が、自治的に、紛争を解決する手段をもっていないことにある。

訴訟では時間も費用もかかるので、**ADR**（Alternative Dispute Resolution＝裁判外紛争解決手続）による解決が望まれる。

(4) スポンサーの存在

本件の問題は、競技団体に、1億円の提供を申し出ているスポンサーの存在である。マイナー競技ではなくても、1億円は魅力的な金額であるが、現金もしくは小切手で、選手に渡すというスポンサー代表者のスタンドプレーがしばしば報道され、旧体制側も、このスポンサーの存在を盾にしている節がある。

幸い、スマイル・ジャパンの活躍、人気により、スポンサーがほかにも登場してきたことにより、特定のスポンサーの過度な介入が妨げられたが、スポンサーを獲得するにあたってのガイドライン策定の必要性がある。

（白井久明）

〔第1部〕 事例にみるガバナンスの実情と課題

IX 日本高等学校野球連盟 〜特待生問題とガバナンス

1 高校野球の特待生問題の事案の概要

　西武ライオンズは、2007年3月9日、当時の大学生と社会人野球選手に対し不正な金銭供与があったことを公表した。西武ライオンズが設置した調査委員会は、同年4月4日、中間報告で、1987年の球団創立から2005年6月の倫理行動宣言までの27年間で高校・大学・社会人野球の監督等延べ170名（内高校生76名）に最高1000万円の現金や商品券を渡していた事実を発表した。

　日本学生野球憲章（当時）13条1項は、「選手又は部員は、いかなる名義によるものであっても、他から選手又は部員であることを理由として支給され又は貸与されるものと認められる学費、生活費その他の金品を受けることができない」と定めており、野球部員であることを理由とする経済的援助を受けることは日本学生野球憲章違反であった。学ぶ意欲がありながら経済的な事情から高校進学が困難な生徒に対する奨学金は認めるも、学費免除を理由に有力選手を集めることは許さないという制度であった。

　財団法人日本高等学校野球連盟（以下、「日本高野連」という。現在は公益財団法人）は、専修大北上高校における野球部員の金銭授受の実態を調査したところ、同校は、2007年4月12日授業料免除等特待生制度の存在を認めた。日本高野連は、同年4月24日、独自に全国調査を実施したところ、同年5月2日までに加盟校4167校の内約1割にあたる376校で野球部員であることを理由として学校が選手に入学金や学費免除などの特典を与えていたことがわかった。

　日本高野連は、これらの「野球特待生制度」実施校および野球部に対して、
　① 野球特待生制度の実施校を公表、

62

② 野球特待生制度としての奨学金等の解約措置をとること、
③ 野球特待生制度実施校は、申告時をもって責任教師（野球部長）を退任させ、代替の責任教師を委嘱、所属連盟に届け出ること、
④ 野球特待生制度実施校野球部の対外試合禁止措置はとらないが、野球特待生制度に基づき経済的利益を得た選手は、本来日本学生野球憲章13条違反として大会参加資格がないとみなされるところ、学校長の指導措置により5月3日以降、同月末までの対外試合参加を差し止める、
⑤ 野球特待生制度実施校野球部責任教師は、引責辞任とし、別途日本学生野球協会審査室の審議を経て有期の謹慎処分とする、

などの措置を発表した。

違反校が当初の予想を超えて広がりを示したため、関係者からは、日本高野連は野球特待生制度の存在を知っていながら適切な措置を講じてこなかったとの批判が渦巻いた。「息子は声がかかったいくつかの高校から選んで特待で入学したが、特待が憲章違反とは知らなかった。無知だったのが悪いのか。処分されるべきは特待禁止を徹底してこなかった高野連だ」（高校球児の親）。さらに、この措置が講じられたのは、2007年の各地区の春季大会期間であったため、春季大会は、チームとしての参加の辞退、特待生以外のメンバーでの出場など混乱を極めた。山梨県では、準々決勝で対戦するはずだった日本航空高校と東海大甲府高校がいずれも辞退して、準々決勝が不成立。このため、市川高校が準決勝の対戦相手不存在で不戦勝で決勝進出。山梨学院大学付属高校が準々決勝辞退のため、同校に3回戦で敗れた甲府城西高校が復活して準々決勝に進出という混乱となった。

さらに、日本高野連の処分内容の「野球部責任教師を退任させ」、「引責辞任」という表現に厳しい批判が集まった。この表現は、所属連盟に登録された責任教師（野球部長）が謹慎処分を受けると、その学校が引き続き大会に参加するためには、別の教員をあらためて責任教師として登録変更することを説明したものであった。しかし、不正確な表現であるため、当該校が謹慎

〔第1部〕　事例にみるガバナンスの実情と課題

処分を受けた当該責任教師を交代させた後の処遇については、当該学校長の専決事項であるにもかかわらず、日本高野連が教師としての退任、辞任を指示しているかのように受け取られ、批判を受けた。

日本高野連の野球特待生制度実施校に対する措置に対し、私学関係者から「スポーツ特待生制度は私学の特色のひとつであり、これを制限するのは私学の経営に係わることで外部の団体から制限されるのは不当である」、「他のスポーツは認めているのに野球だけがダメだというのは不公平である」、「日本学生野球憲章13条は時代遅れで見直すべきである」などと反発があった。

日本高野連は、2007年5月11日には、

① 野球特待生制度で学校からの奨学金の受給ができずに、転退学を余儀なくされる生徒については、奨学金の継続受給を認め、

② 野球特待生制度実施校の責任教師（野球部長）の処遇についても、5月末までを自主的な謹慎期間とし、6月以降は復帰することを容認した。

日本高野連の上記対応は、「朝令暮改」とさらなる批判を招いた。衆議院の教育再生特別委員会や文教科学委員会でも文部科学大臣に対し、この問題に関し質疑が行われるという波紋を広げ、自民党文部科学部会（吉村剛太郎会長）と文教制度調査会（河村建夫会長）では、同年5月31日に高校野球特待生制度問題小委員会（塩谷立委員長）を立ち上げ、同年6月21日までに4回の会合を開き、関係団体からの事情聴取を行い、日本学生野球憲章の見直しや、全国高等学校体育連盟の中に高校野球連盟を入れるべきだと、組織自体の体質改善を迫る意見があった。

このような、さまざまな議論が起こる中、日本高野連は、当初は、同連盟内に「特待生問題私学検討部会」を設置して解決を目指したが（第1回会合5月25日）、野球特待生制度についてのさまざまな意見が交錯し、早期の意見とりまとめは困難であった。

2　高校野球特待生問題が生じ、当初の対応が批判された原因

(1)　制度の定期的な見直しを怠ったこと

　日本における野球は、1872年（明治5年）に明治政府のお雇い教師、ホーレス・ウイルソンによって現在の東京大学の前身・第1大学区第一番中学の生徒に紹介されたのが始まりとされている。着任したウイルソンは、受け持った学生たちの体格が貧弱で、顔色も悪かったことから、「まず戸外に出て身体を鍛えろ」とベースボールを学生に教えた。

　ベースボールは、順次旧制高校や各地の中学校の生徒たちの間に「野球」として広まり、夢中になる学生の姿を見て、1911（明治44）年、朝日新聞社が、「野球害毒論」キャンペーンを展開し、当時第一高等学校校長だった新渡戸稲造らも、野球は学生たちにとって学業の妨げになるなどと有害論を主張した。一方、早稲田大学の初代野球部長となった安部磯雄らは、野球を通じて立派な青少年を育成することができると擁護論を展開した。

　昭和初期、再び学生野球の行き過ぎが懸念され、ついに政府が規制に乗り出し、1932（昭和7）年文部省訓令として「野球統制令」が発布された。その中で、「選手ハ選手タルノ故ヲ以テ学校マタハ学校ヲ背景トスル団体等ヨリ学費其ノ他生活費ヲ受クルヲ得ザルコト」、「野球ニ優秀ナルノ故ヲ以テ入学ノ便ヲ与ヘ又ハ学費其ノ他ノ生活費ヲ受クルガ如キコトヲ条件トシテ入学ヲ勧誘セザルコト」と規定された。

　1946（昭和21）年12月、文部省に代わる学生野球の指導、監督機関として日本学生野球協会（現在は公益財団法人）が設立され、野球統制令は、1947（昭和22）年5月、廃止された。日本学生野球協会は、1949（昭和24）年1月、学生野球基準要項を改正、学生野球憲章を制定した。日本学生野球憲章（当時）13条1項は、学生野球の加熱を防止する目的で、上記野球統制令の規定を踏襲したものであった。

〔第1部〕 事例にみるガバナンスの実情と課題

　2007年に至っても、日本学生野球憲章13条1項は、75年前の1932（昭和7）年の野球統制令の規定のままであった。

　この間に、野球以外でのスポーツにおいては、特待生制度が広範に存在するようになり、高校運動部活動の活躍で、学校名を普及させ、生徒を広く募集するという私学の経営戦略の一部として特待生制度が使われるようになった。

　日本高野連は、西武球団の裏金問題が発覚するまでの間に、野球特待生制度が水面下で存在している疑いをもつことは可能であり、日本学生野球憲章13条違反の実態がここまで広範になる前に調査をし、是正させること、あるいは、一定の条件下での野球特待生制度を容認することは可能であった。しかるに、日本高野連は、日本学生野球憲章13条違反行為に対する適切な対応を怠ったのが今回の問題の原因である。

　「あってはならない」が、時を経ることで「あり得ない」になってしまった失敗である。福島の原発事故、公益財団法人日本相撲協会の八百長問題とも共通するガバナンス上の問題が原因であった。

(2)　広範な違反行為に対して個別違反行為の対応をしたこと

　日本高野連の対応は、憲章違反行為に対する対応としては原則的なものであった。しかし、春季大会期間中であるにもかかわらず、憲章違反行為が加盟校の1割という広範に及び、原則的対応をすることでさまざまな混乱が予想され、野球特待生制度に基づく奨学金の支給が停止をされると在学を継続することが困難となる生徒が生じる可能性があるという重大な結果を招くことなどに対する配慮は十分ではなかった。

　日本高野連は、当初の処分内容に対する批判が強かったため、当初の処分を公表した2007年5月3日の1週間後の5月11日には、処分内容を変更せざるを得なかった。

　日本高野連の対応は、平時であれば、原則的対応であったが、春季大会開催期間中、大量違反行為、在学が継続できるかという重大な結果をもたらす

66

可能性という点について十分な配慮がなされておらず、ガバナンス上の問題が原因であった。

3　日本高野連のその後の対応

　テレビ、週刊誌、一部の新聞は、2007年5月中旬には、「他の競技は認めているのになぜ野球だけを締め付ける」、「今まで放置してきたくせに」と日本高野連バッシングで横並びの状態となった。

　このような状況下では、日本高野連が自主的にいかに正しい解決案を提起しても、「お手盛り」との批判を受け、社会的な支持を得られなかった。

　日本高野連は、同年6月22日には、外部有識者による解決を図ることを発表した。堀田力氏を座長とする15名の「高校野球特待生問題有識者会議」は、7月9日に第1回会合を開催し、検討を開始した。日本高野連が第三者委員会を設置し、解決案の提起を委託したことは、正しい対応だった。

　不祥事があった場合に、当該団体が自ら改善策を示しその内容が本当に正しい場合であっても、内部だけの検討であることを理由として、「お手盛り」として不十分と評価されてしまうリスクがある。マスメディアが日本高野連批判で横並びの状態では、お手盛り批判は避けられない。そこで、第三者委員会に調査・改善策の提言を委ねるということは、本来自らやるべきことを第三者委員会に代行してもらい、その客観的な立場からの答申を受けてそれを実行することで、正しい対応であってもお手盛りと批判され否定されることを予防することに意味がある。

　有識者会議は公開で開催された。第2回会合（同年7月29日）では、私学側の野球特待生制度を容認する要請の発言がある一方で、中学関係者からは、特待生入学を仲介するブローカーが存在する実態、高校への斡旋後高額な謝礼を選手の親に要求する監督が存在する実態、義務教育である中学校にも特待生が存在する事実が報告され、野球特待生制度の問題点が整理されだした。有識者会議の審議が公開されて適宜情報発信がなされる中で、野球特待生制

度をめぐる議論は、当初の日本高野連に対する一方的な非難から、学校における部活動として何が必要なのかという冷静な議論に変化していった。

有識者会議は、審議を重ね、全国アンケートも実施したうえで第6回会合（同年10月11日）で答申をまとめた。答申の骨子は、条件付きで野球特待生制度を容認するものであり、条件としては、①制度の概要を事前に定めて公表すること、②特待生の人数は各学年5名以下とすること、③けが等により野球の能力について特待生の条件を満たさなくなった場合の救済措置、④国外からの特待生に対し、日本語の学習など教育上の配慮などであった。

答申は、「1 特待生のあり方は、他のスポーツ特待生のあり方と同じであることが望まれるので、全国高等学校体育連盟などとの検討を継続して共通のルールを定めるよう真摯に努力されたい。2 日本学生野球憲章全般の見直し作業が必要と考える。3 高野連のあり方については、会員との意思疎通が不十分な点が見受けられたので、この点を含め、検討されたい」などの意見が付加された。

日本高野連は、11月30日、全国理事会および評議員会を開催し、有識者会議の答申に基づき、「高校野球特待生制度に関する取り扱いについて」を決定した。「日本高野連が認める野球特待生制度は、(1)入学金、授業料の免除とし、遠征費や寮費などは対象としない。(2)各学年5人以下が目安。(3)学業が一般生徒と同水準であり、生活態度がほかの生徒の模範となる。(4)入学に当たっては中学校長の推薦が必要。の4点を条件とし、制度を採用する加盟校には以上の条件を募集要項などで一般に公開することを義務づける」という内容であり、3年間を試行期間とし、その間に制度に関する実態調査を行い、2012年度の新入生募集までに高校野球の特待生制度について最終結論を出すこととなった。

有識者会議は、日本学生野球憲章全般の見直し作業が必要とも答申した。日本学生野球協会は、有識者会議の答申を受けて、2008年から日本学生野球憲章の改正に着手した。日本学生野球憲章検討委員会は、第1次案、第2次

案がそれぞれ提示され全国規模の討議の後、2010年2月24日の日本学生野球協会評議員会において改正が実現している。

3年間の試行期間後、2013年では、特待生のある学校数は461校と1.2倍に増加したが、特待生の総数は1988人と4分の1に減少し、試行期間経過後も上記基準で野球特待生制度を維持することとなった。野球特待生制度の勝利至上主義、私学経営の道具となるなどの行き過ぎの弊害をコントロールしながら、野球特待生制度を条件付きで正式に導入することに成功した。

4　今後の課題

有識者会議は、財団法人全国高等学校体育連盟（以下、「高体連」という。現在は公益財団法人）との間で統一的な対応も求めた。しかし、野球以外の高校での競技を統括する高体連は、2008年3月3日、特待生制度問題に関する次のような見解を発表した。

「3　特待生制度に関する本連盟の具体的な考え方
(1)　入学金・授業料の減免、具体的な待遇や募集人員等については、各学校の経営・運営に関する事柄であり、本連盟が関与するべきことではない。
(2)　高等学校が特待生を募集する場合は、内容を事前に開示し広く周知に努めるべきである。また、中学校が推薦入学制度に基づいて生徒を推薦する場合は、公の規則に従って取り扱われるべきである。
(3)　中学生が高等学校を選択する際に、いわゆるブローカーが介在し、金品の授受があったり、特定の者が不当な利益を得たりする等、生徒の健全育成を阻害するようなことがあってはならない。
4　特待生の大会参加について
　　本連盟は、全国高校総体を主催するにあたり、大会の目的、趣旨に基づいた参加資格を定めており、当面は特待生の大会参加について制限はしないものとする」。

基本的な立場は、日本高野連とほぼ同一であるが、高体連は、以下のとおり、基本的には各学校の判断に委ねている点で日本高野連とは異なる対応となっている（前記見解）。

　「本連盟は、高等学校に係る体育・スポーツ活動の振興を図り、もって高等学校生徒の健全な発達を図ることを目的とする法人（寄付行為第3条）であり、この目的達成のために、全国高等学校総合体育大会（以下「全国高校総体」という）の開催をはじめとする各種事業を行う（寄付行為第4条）。特待生制度を設けるか否か、また、その内容等については、各学校の設置者や学校長等（以下「設置者等」という）の判断に委ねるべきものであり、これに対して本連盟が言及できるものではないと考える。したがって、特待生が受ける金銭面での支援が公表している制度から逸脱したり、学校選択に際して第三者が介入するなどして金銭等の授受があるような場合等、適正な特待生制度の範疇を超えると思われる行為については、設置者等が自主的に規制すべきである」。

　高体連は、各競技団体高校専門部の連合体としての性格であるため、各競技団体高校専門部の対応が異なる場合には、統一的な方針を示しにくい組織である点は考慮されなければならない。

　このような状況から、有識者会議は、すべての競技におけるスポーツ特待生の統一的対応を提言しているが、高校野球以外の競技団体は、特待生制度の弊害をどのように改善するかの取組みは学校任せとなっている。

　同様の問題は、部活動における指導者・部員の暴力問題でも指摘できる。日本高野連は、指導者・部員の暴力については一切許さないという立場を明らかにして、学校任せにせず、競技団体としても毅然とした対応をし、積極的暴力の根絶をめざしている。しかし、バスケットボールなどの一部の競技を除けば、競技団体高校専門部の多くは、部活動中の暴力事件については、競技団体として対応することなく、学校の判断に委ねている。学校とともに競技団体が部活動における暴力問題を根絶するための対策を強化することが望まれる。

（望月浩一郎）

X 日本野球機構〜不祥事とガバナンス

1 日本プロ野球の創設から現在まで

　日本にプロ野球が誕生したのは、1936年2月5日に日本職業野球連盟が設立され、7球団にてスタートしたときからである。その後、第二次世界大戦で中断したが、1946年3月23日にペナントレースが再開された。

　1948年には、日本職業野球連盟に代わり、社団法人日本野球機構(以下、「野球機構」という。現在は一般社団法人)が設立された。1949年に2リーグに分裂し、1951年6月21日に日本プロフェッショナル野球協約(以下、「野球協約」という)が制定され、日本プロフェッショナル野球組織(以下、「野球組織」という)が設立された。1965年には、野球機構は野球組織を内部組織とした。そして、野球機構が野球試合の編成等を行い、野球組織が運営などにあたるとされているが、両者の関係は明瞭ではない。2008年からは、公益法人改革3法による組織改革に伴い、両リーグの会長職は廃止され、野球組織のコミッショナー事務局、セリーグ事務局、パリーグ事務局はコミッショナー事務局に統合され、プロ野球の事業遂行に関する権限がコミッショナーに集中されることになった。

2 事案の概要

　プロ野球における不祥事としては、有名なものは、契約に関するものとして1リーグ時代の「別所事件」、プロ・アマの対立となった「柳川事件」、暴行事件として「横浜スタジアム審判集団暴行事件」、「ガルベス事件」などがある。1997年の脱税事件では、19人の選手が関与し、うち10人の選手が起訴されている。また、1969年から1971年にかけて発覚した選手による八百長事

71

件「黒い霧事件」では、19人の選手が野球連盟から処分を受け、うち7名が永久追放処分を受けている。

(1) 江川事件

(A) 1973年、1977年の二度のドラフト会議

作新学院のエースであった江川卓投手[1]（以下、「江川」という）は、1973年（高校3年時）のドラフト会議で阪急ブレーブス（現オリックス・バファローズ）が1位指名をしたが入団を拒否し、法政大学へ進学した。1977年（大学4年時）のドラフト会議ではクラウンライターライオンズ（現埼玉西武ライオンズ。以下、「西武」という）が1位指名したが入団を拒否し、作新学院職員の身分でアメリカへ野球留学した。

(B) 空白の一日

1978年ドラフト会議の前日の11月21日に、読売ジャイアンツ（以下、「巨人」という）は江川と入団契約を締結した。巨人は「ドラフト会議の前日は自由の身であり、ドラフト対象外であるので契約は可能」との解釈によるものであった。当時の野球協約では、ドラフト会議で交渉権を得た球団が指名選手と交渉できるのは、翌年のドラフト会議の前々日までとされていた（野球協約138条）。この規定は、ドラフト会議の準備のためとアクシデントによる支障を避けるために1日の閉鎖日を設けたものである。これは制度の盲点を突く脱法行為であり、鈴木龍二セントラルリーグ会長は巨人との契約を無効とする裁定を下した。

(C) 1978年のドラフト会議

巨人は、11月22日のドラフト会議をボイコットし、江川は4球団が指名し、抽選で交渉権は阪神タイガース（以下、「阪神」という）が獲得した。巨人は金子鋭コミッショナーに12球団が出席していないドラフト会議は無効であり、

---

[1] 江川卓投手　作新学院高校、通算完全試合2回、ノーヒットノーラン9回等、怪物といわれた。法政大学、1年生からエース、通算47勝、完封数17（リーグ記録）通算奪三振数443個。

阪神に交渉権はないと提訴するとともに、「江川との契約を認めないと野球機構を脱退し、新リーグをつくる」と機構側に圧力をかけたのである。また、東京地方裁判所に江川の巨人選手としての地位保全の仮処分を申し立てた。

(D) コミッショナーの強い要望

金子コミッショナーは、巨人の提訴は却下したが、野球組織実行委員会（以下、「実行委員会」という）において「江川を一度阪神に入団させ、直後に巨人の選手とトレードを行い、江川を巨人に入団させる」という強い要望を提示した。阪神もこれを受け入れ、1979年1月31日、巨人と阪神は、阪神が江川と契約し、同日中に巨人の小林繁投手[2]（以下、「小林」という）との交換トレードをすると発表した。

しかし、2月8日の実行委員会でこのトレードの協約違反が問題となり、交換トレードは白紙に戻し、小林は金銭トレード（巨人が江川の契約金を支払う方法による）で阪神に移籍し、江川は開幕日の4月7日に移籍とされた。

(E) まとめ

巨人の手段を選ばない野球協約（ドラフト制度）を無視した暴挙であるが、結局、結果的にはこれが通ってしまうというガバナンス以前のまさにプロ野球界を象徴する事件である。

同様の事件として1970年の荒川事件がある。

(2) 一場事件

プロ野球の複数球団がドラフト自由枠での獲得を目指していた明治大学公式野球部の一場靖弘投手（以下、「一場」という）に対し、日本学生野球憲章に違反して[3]現金を渡していた事件である。かねてから、有力アマチュア選手の獲得をめぐって裏金の存在がとりざたされていたがこれを裏づけた事件

---

[2] 小林は、阪神移籍1年目に巨人戦8連勝を含めて22勝と活躍し、沢村賞、最多勝利投手賞を獲得した。

[3] 23条2項「部員、親権者またはその代理人は、プロ野球団体と選手契約または雇用契約などを将来締結することを条件として金品および経済的利益を受けてはならない」。

である。

① 巨人は、2004年8月13日、2003年12月から7カ月間、明治大学の一場に、食事代、交通費、小遣いなどの名目で数回にわたり総額約200万円の現金を渡していたことを明らかにした。そして、土井誠社長、三山秀昭球団代表をはじめ幹部4人を解任し、渡邉恒雄オーナー、堀川吉則会長の引責辞任を発表した。

これを受けて、一場と別所隆彦野球部総監督は、金銭授受を認め、一場が8月14日に退部届けを提出し、別所も8月16日に監督辞任を表明した。

② また、横浜ベイスターズ(現横浜DeNAベイスターズ。以下、「横浜」という)が2003年12月から2004年5月までの間に総額約60万円を一場に渡していたこと、阪神も2003年12月から2004年3月までの間に総額約25万円を渡していたことが発覚した。

その結果、横浜の砂原幸雄オーナーおよび阪神の久万俊二郎オーナーがオーナーを辞任したが、事実を否定していた阪神の野崎勝義社長は球団幹部に降格しただけであった。

この事件も一部球団の有力選手獲得へ向けての手段を選ばないものであるが、資金の提供を受けてしまう選手側の意識の欠如も厳しく非難されなければならない。

同種事件として、2007年に発覚した西武による早稲田大学の選手と東京ガスの選手に対する金銭授与事件がある。

(3) 統一球問題

2011年・2012年のプロ野球試合使用球(以下、「統一球」という)と2013年使用の統一球の仕様が異なり、2013年の統一球のほうが2012年の統一球に比べ飛ぶボールに変更されていた事件である。

① 統一球は、2010年までは、4社のボールが使用されていた。球団ごとに異なるボールが使用されていることに対する批判や、ワールド・ベー

スボール・クラシック（WBC）など国際試合で使用されるボールに近づけるため、2010年1月19日の実行委員会では、ボールの規格を統一するため2011年以降の公式球をミズノ社製のボールに統一した（プロ野球試合球に関する規則（2011年2月改正））。
② 2012年10月27日の12球団代表者会議において下田邦夫野球機構事務局長から統一球変更の提案がなされた。同事務局長は、秘密裏に仕様変更したい考えであった。その後、仕様変更が行われ、2013年3月29日の公式戦以降、全試合で新仕様の統一球が使用された（第三者調査・検証委員会の調査報告書による）。
③ シーズン開幕後、選手からボールが前年より飛ぶとの声が上がり、マスコミもこれを報道するようになった。2013年6月11日の日本プロ野球選手会（以下、「選手会」という）との事務折衝の折、下田事務局長は、終了後の記者会見で、「仕様を変更したこと」を認め、加藤良三コミッショナーと相談して進めたと説明した（同報告書）。この点につき、加藤コミッショナーは否定しているが、同報告書では、「加藤コミッショナーが仕様変更の事実を知っていたとまでは認定することができないにしても、下田事務局長から何らかの報告を受けた可能性や、仕様変更（の可能性）について認識した疑いが完全に解消されたともいえない状況にある」、「……加藤コミッショナーが下田事務局長らの行動に疑問を持たなかったとすれば、加藤コミッショナーにはこの点で重大な職務怠慢があり、仕様変更を認識していた場合に比肩すべき責任を免れないと言わざるを得ない」と厳しく糾弾している。

旧統一球の変更は、選手や一部球団を除く多くの球団からの希望であったことから、それ自体は問題ではない。選手やファンを無視し、統一球の変更を公表しなかったことが、まさにガバナンスの問題である。ましてや野球機構事務局が「ボールは変更していない」と虚偽の事実を回答したことは、強く非難されるべきである。

〔第1部〕 事例にみるガバナンスの実情と課題

(4) 球界再編問題

　2004年、オリックスブルーウェーブ(以下、「オリックス」という)と近鉄バファローズ(以下、「近鉄」という)の合併問題に端を発し、水面下では一部の有力球団を中心に8ないし10球団による1リーグ制への動きもとりざたされたが、最終的には、オリックスと近鉄が合併し、2005年からパシフィック・リーグに東北楽天ゴールデンイーグルス(以下、「楽天」という)が新規参入することで決着がついた。この間、選手会の古田敦也会長がオーナーとの協議を求めたのに対し、巨人の渡邉恒雄オーナーが「無礼なことをいうな。たかが選手が」と発言、拒否したことは、まさにプロ野球界の実情を物語っている。この問題をめぐっては、選手会がプロ野球史上初のストライキを実行したことが、世間の耳目を集め、ファン、政財界、労働界を巻き込む問題に発展した。
　2013年、球団創設9年目で楽天がリーグ優勝を果たし、日本シリーズを制覇したことは、感慨深いものがある。
　① 2004年7月5日、12球団代表者会議(野球協約上の位置づけは不明)で承認され、同年8月10日、オリックスと近鉄が合併合意書に調印した。
　② 同月27日、選手会は野球機構に対し、合併を行わないよう求める仮処分を東京地方裁判所に申し立てた。同年9月3日、東京地方裁判所は「すでに両球団の合併は12球団代表者会議で承認されている。特別委員会での議決に諮る事項ではない」として申立てを却下した。同月6日、東京高等裁判所は選手会の即時抗告を棄却した。
　③ 同月6日の実行委員会、同月8日のオーナー会議は、いずれも合併を承認した。
　④ 同月9日・10日、球団側と選手会との間で団体交渉が行われた。同月16日・17日、あらためて団体交渉が行われたが、「合併凍結」「新球団の参入」につき、合意に至らず交渉は決裂した。
　⑤ これを受け選手会は、同月18日・19日、プロ野球初の公式戦ストライ

キを決行した。
⑥ 同月23日・24日、三度目の団体交渉の結果、球団側と選手会との間で、2005年はセントラル・リーグとパシフィック・リーグで12球団にすること、そのために新規球団の参加を受け入れること等を骨子とする合意が成立し、球界再編問題は、一応の決着を見た。
⑦ 同年11月2日の実行委員会・オーナー会議で楽天が新規参入が承認された。

球団再編問題は、各球団の経営危機という深刻な背景に根差しているものではあるが、選手会によるストにまで発展した一連の騒動は、巨人の渡邉オーナーの前記発言が象徴するように、選手は勿論、ファンまでも無視した野球機構の意思決定や責任の所在の不明確さなどガバナンスの欠如によるものである。

3 問題点

(1) 組織の二重構造の問題

野球機構は、理事会の下に「事業遂行に必要な専門的事項を処理する」ための野球組織を設けている（定款12条1項）。野球機構と野球組織との間の規定上の上下関係からいえば、本来は業務遂行上の最終的な決定権限は、野球機構理事会にある。しかし、野球機構の実際の運用における意思決定は、実行委員会とオーナー会議の二つの機関でなされており、野球機構は、その報告や承認についてはもちろん、まったく、関与していない。

野球組織においては、実行委員会は、各球団のオーナーで構成されるオーナー会議の「指示・監督を受ける」とされていることから、オーナー会議が実行委員会の上部にある最高意思決定機関として位置づけられている。そして、オーナー会議の決議は出席全員の4分の3以上の同意を要するとなっていること、実際の運用では、全員一致をもってなされていることから、各球団の利害対立がそのまま反映され、各球団の利害を超えたリーグ全体の制度

〔第1部〕 事例にみるガバナンスの実情と課題

改革などの決定が困難となっている（決められない組織といわれている）。また、不正行為に対する適正かつ強力な制裁を科すことができず、あいまいな玉虫色の解決しかできていないのが現状である。しかも、制裁が不十分であることから、球団が自己の利益のためにルールを無視することも少なくない。江川事件をはじめいずれも納得のいく制裁と解決はなされていない（江川事件、一場事件）。

　このように、両組織の二重構造に起因して、誰が業務執行権限者であり、意思決定者であるのか明確でなく、責任主体が不明確であることなど、まさに構造的にガバナンスが欠如しているといえる（統一球問題、球界再編問題）。

(2)　コミッショナーの規定上の権限と実際の権限との相違

　野球協約では、コミッショナーという機関が設置されており（コミッショナーは、野球機構の代表である）、その権限として「野球組織を代表し、オーナー会議、実行委員会、両連盟の理事会において決定された事項を執行する」、「コミッショナーが下す指令、裁定、裁決及び制裁は、最終決定であって、この組織に属するすべての団体及び関係する個人は、これに従う」と規定している（野球協約8条1項・3項）。また、「関係各団体がこの協約に規定する制限又は禁止条項に違反した場合、調査委員会の調査結果に基づき、裁決し、制裁を科する」と規定している（同協約9条3項）。規定の文言上からは、強大かつ最終的な権限が付与されているといえるが、実務上は、野球機構の意思決定に関与できる立場にはなく、司法機関として機能しているともいえず、実質的には権限のない名誉職的な機関でしかない。統一球問題では、第三者委員会から「コミッショナーが、その職責を十分に果たしていれば発生しなかったものであり、その責任は重大であると言わざるを得ない」と指摘されている（江川事件、一場事件、統一球問題）。

4　対応策（制裁・処分）

(1)　江川事件

金子コミッショナーが強権発動の責任をとり辞任し、また巨人は、実行委員会において謝罪し、江川を公式戦開幕から2カ月間出動を自粛させた。しかし、対応はこれのみで、何ら不正防止の対応策はとられなかった。

(2) 一場事件

野球機構は、2005年に野球協約133条の4の特例として新人選手選択会議規約により、2005～2006年のドラフト会議は、自由獲得枠の名称を希望入団枠と変更したうえで枠を2から1に減らすという妥協的な対応をした（ただし、高校生は除く）。結局、2007年に前記と同種の西武ライオンズ事件が発生し、やむなく希望枠制度が廃止された。

根来泰周コミッショナーは、「事態には厳正に対処するが、過去に遡及しての調査は各球団の自浄能力に委ねる」と本事件の真相究明には消極的な対応をし、また、財団法人日本学生野球協会（現在は公益財団法人）も2004年8月16日「当該選手は野球部退部によって連盟の傘下からはずれているので、学生野球憲章に基づく処分はしない」と発表した。結局、根来コミッショナーの巨人に対する処分は、「戒告と、現金500万円または同額の野球用具を野球育成団体に寄付するよう命じる」という軽いものであった。

(3) 統一球問題

野球機構に「統一球問題における有識者による第三者調査・検証委員会」が設置され、2013年9月27日に調査報告書が提出された。

野球機構は、同年10月25日、下田事務局長を停職3カ月、事務局次長に降格、井原敦事務局次長と平田稔総務部長には厳重注意処分を下した。なお、新事務局長は、井原事務局次長が就任したが、10月25日で辞任した加藤コミショナーは、辞任でけじめが付いているとして処分はされなかった。

(4) 球界再編問題

2004年9月23日、野球機構と選手会との合意により改革構造協議会が設置されたが、選手会から提案された「日本プロ野球構造改革案」も放置されたままで、同協議会はまったく機能していない。

〔第 1 部〕 事例にみるガバナンスの実情と課題

　根来コミッショナーは、2007年9月17日に辞意を表明したが、後に辞意を撤回し、後任のコミッショナーが選任された2009年までコミッショナー代行として業務を続行した。

5　今後の課題

　プロ野球では、先に掲げた不祥事だけでなく数多くの不公正、不祥事が取り沙汰され、また、ドラフト、フリーエージェント[4]（FA）、ポスティング制度等々、さまざまな問題が生じているにもかかわらず、何ら適切な対応はなされていない。このように、野球機構に自浄能力が期待できない現状では、抜本的改革によるガバナンス体制の充実・強化が必要である。

(1)　二重構造を解消し、意思決定機関と責任の所在の明確化

　野球組織の実行委員会が、野球機構の理事会に優先するかのような実態を見直し、野球組織それ自体を、理事会の従たる存在として、専門的な事項の検討の場として位置づけることが必要である。また、オーナー会議が最高の意思決定機関と位置づけられている実態についても、あくまで決定権が理事会に存するということを徹底する必要上、オーナー会議が決定権を有するかのような野球協約上の規定についても廃止する必要があろう。また、理事会や実行委員会の決議要件を緩和して各球団の利害が対立するような場合にも意思決定をしやすくし、決められる組織にするべきである（同報告書）。

(2)　プロ野球のルール等に関する規程類の整備

　プロ野球に共通な事項については、野球機構で規則等を制定、整備し、各リーグに関する事項については、リーグの申し合わせ事項等を定めて運用すべきである（同報告書）。

(3)　コミッショナーの権限強化と体制の整備

4　FAとは、一定の条件（出場登録日数）のもとにいずれの球団とも選手契約を締結することができる選手をいう。国内FAと海外FAがある。

野球協約では、コミッショナーは、執行機関と司法機関を兼ねている制度となっているが、執行機関に限定すべきである。そして、コミッショナーに野球協約8条の規定どおりの権限に基づき名実ともに業務執行の責任をもたせた独立の機関としての体制を実現すべきである。

(4) 司法的役割を果たす第三者機関の設置

　野球協約、諸規程を整備して、不公正や不祥事に対する罰則等の制裁を明確にし、独立性、公平性を担保した司法的役割を果たす第三者機関を設置し、各球団の不正行為に対しても強い制裁を科すことができるようにすべきである。

〔参考文献〕

　日本スポーツ法学会「プロスポーツの法的環境」日本スポーツ法学会年報第14号

　山崎卓也「日本におけるプロスポーツ法の現状と問題点」日本スポーツ法学会年報第14号

（酒井俊皓）

〔第1部〕 事例にみるガバナンスの実情と課題

XI 日本プロサッカーリーグ（Jリーグ）～我那覇事件とガバナンス

1 事案の概要

　本件は、社団法人日本プロサッカーリーグ（Jリーグ。現在は公益社団法人）の川崎フロンターレに所属していた（本件当時）我那覇和樹選手が、2007年4月に体調不良のためチームドクターから点滴治療を受けたところ、これをドーピング違反であるとしてJリーグから6試合の出場停止の処分を受けたことに対し、我那覇選手がこの処分の有効性を争ってスイス・ローザンヌのスポーツ仲裁裁判所（CAS）に仲裁を申し立て、審理の結果、処分が取り消されたというものである。

(1) 事実関係の概要

　2007年4月23日、我那覇選手は、風邪による下痢と食欲不振でまったく食事ができなかったにもかかわらず、体調不調をおしてチーム練習に加わった。練習後、我那覇選手は、全身倦怠感を強く感じ、クラブハウス内にあるクリニックでチームドクターの診察を受けた。我那覇選手は、受診時には、食事も水分の摂取もできないと説明し、体温は38.5度あった。チームドクターは、我那覇選手の症状のうち、特に脱水に対しては緊急の治療が必要と診断して、生理食塩水の点滴を開始した。我那覇選手が食事を十分とれていなかったことを考慮して、2本目の点滴には、ビタミンB1を加えた。約30分をかけて200mℓの点滴が完了した時点で、我那覇選手の症状が少し改善し、何とか水を飲める状態になったので、チームドクターは、我那覇選手の症状が改善したことを慎重に確認したうえで治療を終了した。「サッカーヘルスメイト」（診療録）には、上記の経過が記録されていた。

(2) 処分の経過

Ｊリーグは、2007年5月1日、ドーピング・コントロール委員会を開催し、我那覇選手、チームドクター、チーム社長から事情聴取を行った。そして、Ｊリーグは、同月7日にアンチ・ドーピング特別委員会を開催し、我那覇選手が受けた治療行為を、世界アンチ・ドーピング規程で禁止されている「正当な医療行為でない点滴」と判断し、フロンターレおよび我那覇選手をドーピング違反として制裁することを決定した。Ｊリーグは、報道関係者に対し、2007年5月8日、フロンターレおよび我那覇選手に対する制裁を公表した。

(3) 処分後の経緯

Ｊリーグの処分に対し、Ｊリーグのチームドクター全員が一致して疑問を示し、2007年11月には、チームドクターが日本スポーツ仲裁機構（JSAA）に対して、Ｊリーグの処分は誤りであると主張して、仲裁の申立てをしたが、Ｊリーグは、チームドクターは処分の当事者ではないという理由で仲裁同意を拒絶した。我那覇選手は、チームドクターのJSAAへの仲裁申立てをＪリーグが拒絶したため、自ら第三者の判断を求めることを決意し、Ｊリーグに対しJSAAの仲裁に同意をすることを求めたが、ＪリーグがJSAAの仲裁を拒絶しCASの仲裁に応じる姿勢を示したため、我那覇選手は、CASに仲裁を申し立てた。

(4) 審理の経過

CASでは、我那覇選手が受けた点滴治療につき、我那覇選手側は、風邪による下痢等の症状に対する医療目的での行為であり、現場の医師が医療上の必要性ありと判断したと主張した。これに対し、Ｊリーグは、医療目的での行為であったか否か、医療上本当に必要であったか否かは第三者が判断しなければならないと主張した。そして、審理のため、我那覇選手と4名の医師が証言をした。

(5) CASの決定

CASは、2008年5月27日、Ｊリーグが我那覇選手に対してなした出場停止

処分を取り消すとともに、Jリーグに対し、2万米ドルを我那覇選手に支払うことを命ずる決定を下した。

2　問題点

(1)　世界アンチ・ドーピング規程に定められた禁止行為の理解が不十分であったこと

　本件治療行為が行われた2007年4月の時点では、Jリーグにおいてどのような行為がドーピング違反に当たるかについては、Jリーグのドーピング禁止規程2条1項において、世界アンチ・ドーピング規程によることが定められていた。そして、世界アンチ・ドーピング規程の2006年版の禁止リストでは、「静脈内注入は、正当かつ緊急な医療行為である場合を除き、禁止される」と定められていた。ところが、2007年版の禁止リストでは、「静脈内注入は、正当な医療行為である場合を除き、禁止される」と改訂され、「acute（緊急の）」の文言が削除されていた。禁止リストには、主要変更部分の一覧が添付されており、「acute（緊急の）」の文言が削除された理由について、「治療目的のための正当な静脈内注入は、現場の医療行為を行う医師の判断に任せられるべきである」との旨が記載されていた。

　2007年版の世界アンチ・ドーピング規程の禁止リストは、2007年1月1日から適用されるものであり、Jリーグのドーピング禁止規程2条2項は、「WADA（世界アンチ・ドーピング機構）及びFIFA（国際サッカー連盟）が世界アンチ・ドーピング規程を変更した場合は、自動的に変更されるものとする」と定めていた。本件治療行為が行われたのは、2007年4月である。したがって、本件治療行為には、2007年の禁止リストが適用されるのであるから、処置にあたったチームドクター（医師である）が必要と判断して行った本件の点滴行為は、正当な医療行為として、禁止行為に該当しないことが明らかであった。

　それにもかかわらず、Jリーグは、その適用を誤り、これをドーピング違

反と判断し、我那覇選手を処分した。世界アンチ・ドーピング規程は、たびたび改正されており、Ｊリーグとしては、同規程の改正を正確に把握して、何がドーピング違反に当たるかを十分理解し、そのうえで、ドーピング違反の認定判断をすべきものであった。しかし、Ｊリーグは、各チームに対し、本件の前には禁止リストの変更を告知しておらず、かえって、静脈内注入は原則禁止とする旨の誤った告知を行い、本件についても誤ったルールを適用してしまった。CAS の審査においても、Ｊリーグは、本件点滴が医療目的での行為であったか否か、医療上本当に必要であったか否かは第三者が判断しなければならないと主張しているが、2007年版の禁止リストでは、現場の医師の判断に任されると改訂されていたことに照らすと、このような主張が誤りであったことは明らかであり、Ｊリーグが規程を誤って理解していたことがこの主張にも現れている（なお、静脈内注入については、2008年版でさらに改訂され、事後的に TUE（治療目的使用申請）を行うことを義務づけることとされている）。

(2) 十分な事情聴取を怠り事実認定を誤ったこと、これに基づいて誤った制裁処分を下すことを手続上是正し得なかったこと

CAS の裁定に明確に示されているとおり、本件は、そもそもいかなる制裁も科されるべき事案でなく、ドーピング違反であったかどうかを判断する必要もない事案であった。しかし、Ｊリーグは、ドーピング違反を認定し、我那覇選手に制裁処分を下している。すなわち、Ｊリーグは、その処分に至る過程において、十分な事情聴取を怠り、また、誤った制裁処分を下すことを手続上是正し得なかった。

(A) 事実認定の誤り

そもそも、本件の治療経過はサッカーヘルスメイト（診療録）に記録されていたのであって、これを調べることによって、本件の事実経過を相当程度知りうるものであった。しかし、Ｊリーグドーピング・コントロール委員会が行った事情聴取の際には、サッカーヘルスメイトを調べることはなかった

〔第1部〕　事例にみるガバナンスの実情と課題

(ドーピング・コントロール委員会が「サッカーヘルスメイト」の提出を求めたのは、本件処分がなされた後の5月16日であった)。医師であるチームドクターが記録した診療録を、その治療行為の正当性を判断する際に何ら調査しなかったということであり、これでは十分な事実調査がなされたとはいい難い。

　(B)　**手続の誤り**

　処分がなされるに至った手続についても、以下の誤りを指摘しうる。

　まず、最終的にドーピング違反であるか否かおよび処罰内容を決定するアンチ・ドーピング特別委員会が、最終処分を決定する前には、処分対象者には、弁明の機会を与えなければならないと定められていたにもかかわらず、我那覇選手には弁明の機会があること自体が知らされていなかった。仮に、ドーピング・コントロール委員会とは異なる機会で弁明が行われていたら、より早く事実認定の誤りに気づき、誤った処分を未然に防止できた可能性があった。

　また、Jリーグは、2007年5月8日、フロンターレおよび我那覇選手に対する制裁を公表したが、我那覇選手に対しては、制裁の種類および内容を記載した書面は送付されなかった(Jリーグは、フロンターレに対してのみ、2007年5月10日に書面をファクシミリで送信しているが、これには、Jリーグがフロンターレに対して我那覇選手にこの通知を伝えるよう指示する文言はなく、また、Jリーグがフロンターレに対して別途そのような指示をしたこともなかった)。しかし、そもそも、本件のような制裁処分は、当事者に通知されて初めて効力を発するものであるが、Jリーグは、制裁処分をするにあたって、このような基本的知識を十分に有していなかった。

　(3)　**適切な紛争解決ができなかったこと**

　本件では、我那覇選手はJSAAにおける仲裁を希望していたが、Jリーグがこれを拒否したため、CASにおける仲裁を受けることとなった。ところが、CASにおける審理にあたり、我那覇選手側がJリーグに対して日本において日本語による審理を行うことを提案したにもかかわらず、Jリーグは日本で

の審理には応じたが日本語での審理は拒絶したため、日本において英語による審理が行われることとなった。このため、翻訳費用がかさみ、我那覇選手に多額の負担が発生することとなった。これは、日本におけるドーピング違反をめぐる紛争解決手続としては、まったく不合理である。

　もとより、2000年に千葉すず選手が日本水泳連盟を相手にCASで争った事件を契機として、我が国にJSAAが設立されることになったが、それにもかかわらず、Ｊリーグは、JSAAにおける仲裁を拒否し、そのために、日本人の競技者と日本の団体との間の争いがCASに係属することとなり、競技者側が多額の支出を強いられる事態を再び引き起こした。

　費用が高額化すれば、競技者側は、仲裁申立てを躊躇せざるを得ない。Ｊリーグは、JSAAという日本人の競技者と日本の団体との間の紛争を解決するにはもっとも合理的な紛争解決機関があったにもかかわらず、わざわざCASを選択したのであり、そのような態度は、競技者側に暗に仲裁申立てをあきらめろと迫っているに等しい（しかも、Ｊリーグは、CASにおける日本語による審理も拒否した）。このような事態は、紛争の適正な解決に努めたとはとうてい評し難い。

(4) 世界アンチ・ドーピング規程および日本アンチ・ドーピング規程に準拠していなかったこと

　前述したとおり、本件当時、Ｊリーグは、独自の「ドーピング禁止規程」を定めており、世界アンチ・ドーピング規程および日本アンチ・ドーピング規程に準拠していなかった。仮に、Ｊリーグがこれらの規程に準拠していた場合には、競技者はこれらの規程のもとでドーピング検査を受け、ドーピング違反に対しては規律パネルの裁定に従い、その裁定に不服があれば仲裁機関に上訴することになる（一般の競技者についてはJSAA、国際的レベルの競技者についてはCASとされている）。本件についてみると、これらの規程に従えば、ドーピング違反か否かを判断するのは、Ｊリーグではなく、日本ドーピング防止規律パネルとなったものであり、不十分な事実認定による判断の誤

〔第1部〕 事例にみるガバナンスの実情と課題

りは起こり得なかったと考えられる。また、仮にドーピング違反と判断された場合は、JSAA に上訴することができたわけであって、日本人の競技者に関するドーピングの紛争が CAS において英語で審理されるなどという不合理な事態はそもそも起こることがなかった。

このように、Ｊリーグがこれらの規程に準拠していれば、本件のような事態はそもそも発生しなかったわけであり、これらの規程に準拠していなかったことが、そもそもの事件の原因であったということができる。

3　対　応

Ｊリーグは、その後、Ｊリーグ独自のドーピング禁止規程を廃止し、現在では、公益財団法人日本サッカー協会のドーピング防止規程に従って、世界アンチ・ドーピング規程および日本アンチ・ドーピング規程に準拠してドーピング違反の認定および制裁、これに対する不服申立手続が行われることになった。このため、Ｊリーグ自身がドーピング違反にかかる事実認定や処分に関与することはなくなり、本件のような事案は発生しなくなっている。

なお、Ｊリーグは、本件事件後も、「チェアマンの下す決定はＪリーグにおいて最終のもの」であり、「チェアマンの決定を不服として裁判所その他の第三者に訴えることはできない」と定めた規約（Ｊリーグ規約159条）を維持しており、また、日本サッカー協会は、選手と協会との間の紛争解決機関として CAS のみを承認することとしている（JFA 基本規程236条）のであって、選手との紛争解決に JSAA が利用できない状況は、変わっていない。

4　今後の課題

本件について残された課題として、Ｊリーグにおいて、なぜ本件のような事態に至ったのかについての検証が行われておらず、このため、団体内部での責任追及が不十分なままにされていることを指摘できる。

すなわち、Ｊリーグは、CAS の裁定がなされたにもかかわらず、「CAS 裁

定では、ドーピング違反かどうかの判断が行われなかった。我那覇選手がドーピング違反であるとのＪリーグの判断が誤りであったわけではない」（2008年5月28日の記者会見）との見解を明らかにし、なおかつ、本件に関し、Ｊリーグのチェアマンは、チェアマン自身を譴責処分とすることによって、責任追及を終結させた。

　しかし、CAS裁定書は「（Ｊリーグ）Ａ氏が2007年1月の協議会でした説明は十分明確ではなかった。Ｊリーグは実体面についても手続面についても、正当な医療行為か否かを決める詳細な条件を明確にするための適切な措置を講じていなかった」（同裁定書48頁）と述べて、ドーピングに関する判断に至る過程でのＪリーグの瑕疵を指摘し、Ｊリーグの下した処分を取り消したうえで、かつ我那覇選手の弁護士費用の一部として2万米ドルを支払うよう異例の命令をしているのであって、Ｊリーグのドーピングに関する判断が誤っていたことは、CASの裁定上明らかというべきである。すでに述べたとおり、Ｊリーグはさまざまなミスを犯した結果、誤った判断をしてしまったのであり、そのために、我那覇選手に多大な経済的負担を負わせただけでなく（Ｊリーグにも、多大な経済的負担を負わせる結果となったことも明らかである）、Ｊリーグの判断に対する信頼を著しく低下させることとなった。本来であれば、Ｊリーグは、本件を検証し、なぜこのような誤った判断がなされたのか、なぜこれを是正し得なかったのかを明らかにして、理事を含めた責任の所在を明確にすべきであった。しかし、Ｊリーグは、チェアマンが自身に対して譴責処分を科すという極めて軽いしかも曖昧な制裁をすることによって、本件を終結させた。

　このような対応では、事件の再発は防止し得ないと考えられ、責任問題を曖昧にしたまま事件の幕引きを図ったと指摘されかねない。Ｊリーグのこのような対応は、団体のガバナンスとしては大きな問題を残したままになっているというべきである。

（伊東　卓）

〔第1部〕 事例にみるガバナンスの実情と課題

XII 日本相撲協会
～不祥事とガバナンス

1 事案の概要

(1) 日本相撲協会

日本相撲協会（以下、「協会」という）は、1925年設立の財団法人である。相撲が日本の国技であるということに鑑み、従前は文部科学省所管の特例財団法人とされてきた[1]。しかし、今般の公益法人改革において、特例財団法人も他の公益法人同様公益法人申請を行って新しい公益財団法人となることが要求された。しかし、その過程で、ガバナンスに関わる多数の不祥事が生じたため、公益認定申請までに困難を極めた[2]。

(2) 暴行問題

2007年6月、大相撲時津風部屋の17歳の少年（序ノ口力士）が、愛知県犬山市の宿舎で暴行を受け死亡した事件が発生した。

(3) 大麻使用問題

2008年8月、当時前頭筆頭であった幕内のロシア人力士若ノ鵬が、路上で落とした財布の中にあったロシア製のたばこに、大麻成分を含んだ植物片が入っていたとして、逮捕された。これを受けて、同年9月、協会の再発防止検討委員会は、日本アンチ・ドーピング機構のもと、抜き打ち検査による尿検査を行ったところ、ロシア人力士露鵬と白露山の2名の尿から陽性反応が

---

[1] 協会の寄附行為3条（目的）によれば、「この法人は、我が国固有の国技である相撲道を研究し、相撲の技術を練磨し、その指導普及を図るとともに、これに必要な施設を経営し、もって相撲道の維持発展と国民の心身の向上に寄与することを目的とする」とされている。この目的のために相撲教習所、国技館、相撲博物館の維持運営などをしているが、実際の主な事業は、年に6回開催される本場所と巡業の興行である。
[2] 2014年1月28日、日本相撲協会は、内閣府から公益財団法人の認定を受けた。

出た。

　さらに、2009年1月30日、日本人力士若麒麟も乾燥大麻16グラムを所持していたとして大麻取締法違反（所持）の現行犯で神奈川県警察に逮捕された。

(4)　野球賭博問題

　元大関琴光喜や、大嶽親方（元関脇貴闘力）など数十名に及ぶ力士や年寄などが野球賭博などの違法賭博に関与していたとされる問題。

　2010年5月、夏場所が開催されている最中に発売された週刊誌で、琴光喜が暴力団を胴元とするプロ野球を対象とした野球賭博に関与していたと報じられる。これを受け、協会は過去5年間にさかのぼって野球を含む違法賭博への関与を自己申告すれば、情状酌量をくんで厳重注意のみ、それ以降に発覚した場合は厳罰処分とするとしたところ、野球賭博に29名、賭け麻雀、ゴルフ、花札などの賭博に36名の計65名がかかわっていることが判明した（その後の警視庁の捜査で新たに関与した力士が発覚）。その後、文部科学省の求めに応じるかたちで、協会は一連の処分内容を判断するために外部の第三者による特別調査委員会を設置した。

　同年6月、特別調査委員会で協会に対して名古屋場所を開催するための条件を盛り込んだ勧告案がまとまり、協会に対して勧告、協会は翌日の臨時理事会と評議員会でほぼそれらを受け入れ、名古屋場所の開催を決めた。

(5)　維持員席問題

　夏場所において、暴力団関係者と暴力団組長が維持員席で観戦していたとされ、2010年7月、特別調査委員会のメンバーが手配した維持員席が暴力団に渡ったことが判明した。協会は、2010年9月以降暴力団等排除対策委員会を設置して議論を進め、2011年4月1日、「暴力団排除宣言」を出した。

(6)　八百長問題

　2011年2月2日、2010年7月に野球賭博問題での捜査で警視庁が押収した力士の携帯電話中のデータを調べていた過程で力士同士による八百長を疑わせる内容のメールの存在が判明したことがきっかけで発覚した問題。

同年2月6日、協会は臨時理事会を開き、2011年春場所の開催の中止を正式に決定、春巡業を含め、2011年の地方巡業をすべて中止し、夏場所については、「5月技量審査場所」として無料公開で開催した。

　同年3月、八百長問題の再発防止を目的として協会が設置した特別委員会（大相撲新生委員会）が開催され、八百長に対する懲罰の厳格化や、研修制度の導入など6項目が盛り込まれた再発防止案がまとめられた。

　その後協会は、臨時理事会および評議員会において、大相撲新生委員会からの提言をもとに、支度部屋への携帯電話の持ち込み禁止等の再発防止策を行った。

2　問題点

(1)　事件それぞれからみえる問題点

(A)　暴行事件

　この問題については、協会が、部屋については基本的に関与しないというスタンスをとっていたことが、問題が深刻化するまで発覚しなかったと考えられる。そこで、協会と部屋や親方との関係をどのように規定するかが問題となる。

(B)　大麻使用問題

　これらの問題はアンチ・ドーピング規定が適用されない特殊なスポーツであるという点、外国人力士が多くなったにもかかわらず協会が力士に対して適切な教育を行っていなかったことが原因と考えられる。マスコミなどからの批判をかわすため力士に対して早期に厳重な措置をとったが、問題の背景などについての調査や対策は行わなかった。このような不祥事が生じた時点で、ガバナンスについて徹底的な見直しが図られていれば、その後の問題が生じなかったか、問題が大きくならなかった可能性があるといえ、協会の自浄能力の欠如を示す問題であるといえる。

(C)　野球賭博問題

この問題については、協会の処分や対応が二転三転しており、また、すべての行動がマスコミや監督官庁からの圧力などにより行われていることから、協会の自主的問題解決能力の欠如が浮き彫りとなった。また、特別委員会設置後も、業務委託契約を締結する弁護士との契約を解除（その後撤回）するなど自己に不都合な外部者を排除しようと、とりあえず委員会を設置して責任を免れようとする態度が見て取れた。

　⑴　維持員席問題

　興業と暴力団の問題などは以前から指摘されていたことであることから、問題が発覚してからの対応は遅きに失したともいえ、この点も自浄能力の欠如、不祥事対応の不備等ガバナンス上の問題点が顕在化したものといえる。

　⑸　八百長問題

　この問題については、30年来指摘されてきたことであったが、協会は一貫してこの問題を否定してきたところ、野球賭博事件により思わず客観的な証拠が出てきたことから、認めるに至ったものである。しかし、本来的には自主的に調査し、純粋なスポーツと異なる相撲と八百長の問題について、もっと真摯に向き合うべきであったと考えられ、外部者が入らない中で「相撲界の常識」で物事を判断しようとしたところに問題があったといえる。

⑵　協会の公益認定申請に至る経緯とその問題点

　協会は、新しい公益法人制度改革により公益認定の必要が生じていたところ、上記のような問題から公益認定申請が遅れていた。そのような中、2010年7月9日、八百長問題に関する特別調査委員会は、新制度移行のための「ガバナンスの整備に関する独立委員会」を発足させて、あるべきガバナンス体制についての調査を委員会に委嘱、同委員会は2011年2月17日に答申を提出した。

　答申では①理事12名のうち2名の外部理事について、半数程度とする、②部屋の師匠が理事を兼任することを禁止する、③年寄名跡の譲渡に関して、金銭の授受は認められないことを主な改革案の内容とすることとした[3]。

〔第1部〕 事例にみるガバナンスの実情と課題

　答申内容は非常に大部にわたるものであったが、大相撲を「見せる文化」とし、「興行抜きに文化性を語ることは困難」と指摘。興行である本場所と巡業の開催を最も重要な公益事業と規定した。また力士や行司、呼出、床山といった伝統文化の担い手の育成、部屋や相撲教習所の維持運営などを主要な公益事業とした。そのうえで、現在はあいまいな部分が多い協会と部屋、協会員などの関係性を整理するよう求めた。高額[4]で売買されているとして問題視されている年寄名跡[5]については、「雇用資格」である名跡の譲渡の際に金銭の授受が生じる状況を「法人のあり方として理解が得られない」として、売買を禁止、取得プロセスの明確化を求めた。また、現在50ある部屋は30程度を適正とし、徐々に減らすよう提言し、部屋の運営は、協会が師匠である年寄に委任する形とし、協会には必要な経費を支給する義務を負わせる一方、健全な運営を行うよう監督する権限をもたせるなどとした。

　2011年4月17日、この答申に基づいて新制度移行への議論を再開した。

3　対応策（公益認定新制度と協会の新体制・新制度）

　しかし、年寄名跡の買取禁止[6]の取扱いなどをめぐりとりまとめが遅れ、予定した4月を大幅に超えた2013年9月14日、公益法人への移行申請を行った。

3　公益財団法人申請以前の組織では、年寄名跡105名以内、一代年寄2名、現役力士4名以内、行司2名以内で構成される評議員会と評議員会から選出される役員（理事・監事）で構成される。2008年までは、上記の内容の評議員会のほか役員はすべて親方が努めていたが、その後理事および監事に外部者が一部登用されることになった。

4　バブル期は3億円を超えたといわれるが、直近では1億7000万円前後で売買されていたといわれている。

5　いわゆる年寄株や親方株といわれるもので協会の役員になったり親方になったりするために必要な資格。現在一代年寄を除き105の年寄名跡が定数として存在する。

6　年寄名跡を高額で譲渡するのは公益法人としてふさわしくないだけでなく、公益法人法に定められた「法人の関係者に特別の利益を与えてはならない」という規定にも抵触する。

(1) 評議員制度、理事会

　協会の評議員は2013年9月の公益法人移行申請時点で、全親方のほか、式守伊之助、琴奨菊、稀勢の里の計102名となっている。

　これに対し、新制度では、理事らの選解任権を含めた最高意思決定機関となる評議員は、協会と雇用関係にない外部の者が務めなければならないことになっている。そこで、従前実質的に協会と雇用関係にあった親方が評議員にはなれないのではないかという問題が生じたが、協会は、協会の業務から外せば外部であるとの立場（また、親方と協会は雇用でも委任でもない「無名契約」という立場）で、審判部などの仕事から外した親方3名を7名の評議員の中に加えることになった。

　この点、協会の説明によれば、給料をもらわないから協会の指揮下にないとしているが、審判部などの仕事から外れているのみであり、委任契約等を締結して報酬は保証されるなどとなっていることから、独立性の点からは疑問が残る体制となる。

(2) 年寄名跡の買取禁止とそれに代わる措置

　協会は、新しい組織では、年寄名跡を相撲協会で一括管理し、金銭を伴う譲渡を禁止し、ふさわしい後継者に貸し出すという方針をとっている。しかし、この制度がうまくいくかは極めて不透明である。なぜなら、年寄名跡を所有するほとんどの親方が、多額のローンを組んで年寄名跡を取得し、そのまま年寄名跡を協会に管理されてしまうと、多額の借金だけが残ってしまう状態となるからである。

　この点、公益法人への移行を目指す協会作成の工程表では、協会は年寄名跡を買い取るのではなく、無償で一括管理し、協会に預けた親方には公益法人移行への協力功労金を支払うとしている（金額などは不明）。そして前所有者は後継者を決める推薦権をもつとした。推薦権を認めるとその対価として礼金が発生する可能性があることから、違反者に対して厳しい罰則を設けているが、その実効性は不明確であり今後の運用方法が注目される。

(3) 協会と年寄・部屋・力士との関係

協会と年寄との関係は雇用関係とされ雇用契約が締結されることとなった。また、協会と部屋および協会と力士の関係については委任関係とされ、委任契約が締結されることになった。

4 今後の課題（公益認定後の課題）

上記のように、新しい公益法人制度では、「ガバナンスの整備に関する独立委員会」の答申段階から後退している部分があり、申請期限ギリギリになんとか形を整えて申請したという感が強い。

そこで、今後実際に新制度に移行してから、どのような形で進んでいくのかはまったくの未知数であるといえる。

年寄名跡の買取り禁止についても定着していくか、違反した場合の取扱いをどうするかなどが今後の課題である。

そのほか、答申ではなされていたが今回の申請段階では後退している部屋制度改革や、理事会の運営などは手がつけられていない。部屋制度については、答申にあった部屋の数の縮小問題と、法的には一応解決した協会と年寄や部屋等との関係について、実際の運用上うまくいくか（ガバナンスが働いているか）が問題となる。

協会は、今回のガバナンス改革についても、理事の選任について形式的には外部の人間が多数（7分の4）の評議員による選任という案を受け入れたが、その過程で従前同様年寄の推薦を尊重するよう求めるなど、従前の体制と実質的には同一の体制とすることを望んだ。

そこで、このような組織において、本当にガバナンスの確立が果たせるのかは疑問が残るところである。しかし、今後は、これら残された課題についてガバナンスを働かせるためには、協会自身が新しい評議員らを中心に本当に変わっていこうという気概がなければ難しい。今後の協会の舵取りがどのようになるかが注目される。

（堀田裕二）

第 2 部

グッドガバナンスの構築と実践

第1章

「グッドガバナンス」はなぜ必要か

~スポーツ団体の健全運営が問われる時代~

　2013年は、大阪市立桜宮高校バスケット部顧問による体罰問題を契機とした主将の自殺、全日本女子柔道の体罰問題の発覚に始まり、セクハラ問題、補助金の不正受給問題等々、スポーツ界がさまざまな不祥事問題で注目を浴びた。爽やかさや、スポーツマンシップ、ホスピタリティーといったスポーツが従来もっていた健全なイメージと異なる事実が明らかになるたびに、社会は失望し、厳しい批判の目をスポーツ団体に向けてきた。また、問題発覚後のスポーツ団体関係者の対応についても、不十分であると、さらに厳しい批判にさらされた。

　問題発生を防ぎ得なかったという点でも、また、問題発覚後の事後の対応についてもガバナンス（組織運営・統治）が十分に対応できていないという厳しい批判を受けたのである。

　これらの批判の背景には、スポーツ団体関係者の多くが、そもそも各スポーツ団体がどうしてグッドガバナンスを必要とされるのか、さらには、グッドガバナンスのために何が必要なのか、といったことについて十分な理解と認識を有していなかったのではないか、という評価があった。

そこで、ここではまず、スポーツ団体になぜグッドガバナンスが求められるのかについて、さまざまな視点から検討してみたい。

1　スポーツ団体の相次ぐ不祥事と世間からのバッシング

2000年以降に限っても、いくつものスポーツ団体で不祥事が生じ、世間から厳しいバッシングを受けた。主な不祥事の内容を紹介する[1]。

(1)　我が国のスポーツ団体不祥事の主な事例

(A)　日本相撲協会

大相撲では、不祥事が次々と問題となった。

〔暴行事件〕　2007年6月、時津風部屋の若手力士が部屋の親方をはじめとした先輩力士から暴行を受けて死亡するという事件が発生。この事件では、時津風親方が日本相撲協会から解雇されるだけでなく、関与した兄弟子らを含めて刑事責任を問われ、時津風親方については、懲役5年の実刑判決が下された。

〔大麻使用問題〕　2008年8月、幕内力士が大麻成分を含むタバコを所持したことで逮捕。同年9月、抜き打ち検査で他の力士からも陽性反応が認められ使用が疑われた。2009年1月、さらに別の力士が大麻所持で逮捕。

〔野球賭博〕　2010年5月、数十名の力士が、暴力団が関与する違法賭博に関与していた疑惑が発覚。

〔維持員席問題〕　2010年7月、夏場所において、一定の要件で土俵近くの席の利用認められている維持員席が暴力団にわたって利用されていることが判明。

〔八百長問題〕　2011年2月、野球賭博に関する捜査の中で、力士の携帯電話の内容が捜査され、力士の間で八百長が行われていた疑惑が発覚。

1　詳しくは第1部参照。なお、各団体の法人格の種別を示す名称（公益財団法人、一般社団法人等）については、公益認定にかかる箇所を除き、第2部では省略した。

(B) 全日本柔道連盟

2013年1月、女子日本代表選手指導における暴力問題が発覚。さらに、日本スポーツ振興センターの助成金不正受給問題、理事によるセクハラ問題が次々と発覚。

(C) 全日本スキー連盟、日本アイスホッケー連盟、日本クレー射撃協会

役員選出や資金管理をめぐり、組織内で対立が続いている。対立は激化し、いくつもの事案が裁判所に持ち込まれ、長期間にわたり訴訟で争いが続けられた。

(D) テコンドー統括団体

1999年頃から、役員選出で紛争が続く。複数の団体が設立され、それぞれ正当性を主張。組織統一がなされず、アジア大会やオリンピックへの選手派遣ができるかどうかという問題を生じた。

(E) 補助金不正受給

2012年1月、新聞報道を契機に日本オリンピック委員会（JOC）からスポーツ団体の専任コーチ等へ支払われた謝金、および、日本スポーツ振興センター（JSC）が実施するtotoの売上を財源とするスポーツ団体の強化事業従事者らに対する助成金について、不正な取扱いがなされていることが問題となった。

それぞれ、本来は全額の支給ではなく、スポーツ団体が一部負担することが支給の前提条件となっていたが、スポーツ団体がその負担部分を実際には負担せず、コーチ等が支援を受けた金額の中から、団体負担部分を寄附などと称して団体に戻していたことが明らかになったものである。

この問題については、第三者委員会が設置され調査にあたり、JOCの謝金については全日本柔道連盟、日本水泳連盟、全日本テコンドー協会等、全部で14スポーツ団体が、JSCの助成金については日本セーリング連盟等、全部で3スポーツ団体で不正受給の実態が明らかになった。

(2) 不祥事によりスポーツ団体が受けた具体的なマイナス例

スポーツにおけるさまざまな不祥事が発覚するたびに、各スポーツ団体は社会から厳しい批判にさらされた。その内容は、単なるファン・サポーター離れだけでなく、スポンサーの撤退、補助金等の返納、打ち切り、さらには内閣府からの勧告といったスポーツ団体の独立性を侵しかねない重大な問題を孕むものもあった。

(A)　日本相撲協会

力士の死亡事件、大麻問題、暴力団への維持員席の供与事件、野球賭博と続く中、2010年7月の名古屋場所ではNHKのテレビ中継が中止され、続いて八百長問題が発覚した後の2011年3月の春場所については戦後初の開催中止に追い込まれた。

(B)　全日本柔道連盟

JOCから毎年交付金を受けていたが、2013年度に見込まれていた約2500万円の交付については見送られた。不正受給を受けていたとされたJSCからの助成金約6000万円については全柔連側からJSCに返還された。いったんは全柔連が立替払いし、最終的には当時の理事や関係者から寄附を募るとされている。

また、協賛を受けていた大口スポンサーからも、協賛中止や減額が相次いだ。

(C)　内閣府からの勧告

内閣府は、①公益法人への移行認可手続等を通じて、2013年7月に全日本柔道連盟に対し、女子日本代表選手の指導における暴力問題、JSCの助成金不正受給問題、理事のセクハラ問題に対する対応が不十分であるとして是正勧告を、②同年11月には役員人事で対立し、新旧2体制が並立していた日本アイスホッケー連盟に対して、評議員会で選出した理事による新体制に速やかに移行するよう求める是正勧告を、さらに③同年12月には全日本テコンドー協会に対して、一部会員の資格を停止し、総会での議決権行使を妨げたことは一般社団法人及び一般財団法人に関する法律違反にあたるとして是正

勧告を、さらに④2014年4月には理事および副会長が指定暴力団の会長等と交際していたことを理由として日本プロゴルフ協会に対して是正勧告を、それぞれ出している。

スポーツ文化振興の点からすれば、スポーツ団体運営の自主性・独立性をできる限り確保することが望ましいところであるが、政治や政府からの介入を招くこととなったこれらの事態はさまざまな問題を残した。

2　スポーツ団体の不祥事はなぜ社会から厳しく批判されるのか

スポーツ団体のさまざまな不祥事はその事実が明らかになるたびに、社会から厳しい批判にさらされた。不祥事発覚後のスポーツ団体のその後の対応を見てみると、総じて迅速かつ的確な対応がなされていない。団体としては、事態の重要性・深刻さを認識できず、調査を尽くさず、そして、説明責任を果たしていないと批判され続けている。他方、このような社会の批判を受けたスポーツ団体は、そのような批判を受けることが、理解できず、戸惑いを感じているのではないだろうか。

ここでは、なぜ、スポーツ団体の不祥事が社会から厳しい批判にさらされるのか、三つの視点から検討してみたい。

(1)　スポーツの商業化と社会的影響力、社会的責任の増大

スポーツがイギリスの上流階級内での楽しみとしてとらえられ始めた時代や、一部の仲間内だけでの娯楽としてとらえられていた時代は、まさに同好の士の集りとして、スポーツ団体がどのような運営を行うのか、どのような条件・ルールで運営するのか、といったことはスポーツ団体自身が自由に決めることができた。基本的に誰からの批判にもさらされることはなかった。

ところが、今や4年に一度開催されるオリンピックやサッカーのワールドカップをはじめとする各種スポーツは世界的な規模で大きな関心を呼び、人々の注目するところとなった。

社会の注目を浴びることで、選手・監督やスポーツ関係者の一挙手一投足が社会の注目を浴び、発言の一つひとつで大きな影響が生じた。

この影響力に注目して、それぞれの国や企業はさまざまな形で資金を提供し、協力を惜しまなくなった。

さまざまな試合の映像が世界中で流され、世界中の人々が注目し、結果やプロセスに一喜一憂している。放映権料は増額し続け、天文学的数字に近づいている。選手の使用するウェアや靴はそれだけで人気を呼び、世界的な規模で販売が促進される。スポーツの各種大会の開催、出場、成績いかんによって、巨額のマネーが動いているのである。商業化を否定した、厳格なアマチュアリズムはどこかへ消え去り、今やスポーツの商業化は当然のこととなった。商業化が進む中、不正をしてでも良い成績を上げようという傾向や、ドーピング違反の事例も目立ちだし、利害関係の対立する者同士の中でどのように適正・健全にスポーツを運営するのか、といった検討が求められだした。

スポーツが社会的影響力を強めた結果、スポーツ団体は、かつてのような同好の士が集まって自由に活動できるだけのものではなくなったのである。スポーツ団体は大きな社会的影響力をもった社会の構成員の一人として、相応の社会的責任を果たすことが求められだしたのである。

(2) **公益的側面**

二つ目の視点としてスポーツ団体の公益的側面がある。スポーツ団体としては同好の士が集まった少人数の単なる任意の団体、権利能力なき社団から、株式会社、公益法人等々とさまざまな組織形態をとっている。単なる任意の団体にすぎない場合は、公益的側面は小さいかもしれないが、それでも、グランドや体育館の優先利用や低額利用など、社会的存在として種々の活動をすればするほど、何らかの形で公的な支援を受け、公益的なかかわりが出てくる。公益法人ともなれば、税制面での優遇措置をはじめ、補助金や助成金など、私企業とは違った優遇措置も受けている。公益的な活動をしていることから、国や自治体の各種委託事業を受託して実施していることもある。

スポーツ団体には、このような公益的側面が存する以上、同好の士が集まった任意の団体のように仲間で自由に運営をしていてよいということには決してならない。何らかの形で公的支援を受けている以上、組織運営に関してはグッドガバナンスの視点からの要請に十分に応えることが必要となっているのである。

(3) **スポーツ団体の独占的体質、利害関係人軽視の姿勢等グッドガバナンスの要請に対する潜在的嫌悪感**

スポーツ団体はその成り立ちからして、同好の仲間が集まった仲良しクラブ的色彩が強い。国際スポーツ団体との関係もあって、原則として競技毎に一つの団体しか認められないことから、他の利害関係者が参画し難いことや、さらには、いわゆる体育会系といわれる先輩の意見は絶対という風潮も存在している。

その結果、運営について相互に意見を言い合い、チェックをするというよりも、少数の運営者に運営を丸投げする傾向が強い。財政的基盤が十分でない団体が多く、運営については役員らのボランティアに頼らざるを得ない歴史がその傾向を増幅させている。

仲間意識が強固となるとともに、組織外からの批判や意見については耳を傾けにくくなり、組織が独善的な運営になりがちになりグッドガバナンスの要請とはかけ離れた運営がなされやすくなっているのである。

3　グッドガバナンスの実現をめぐる世界的な動き

スポーツ団体をめぐる不祥事・腐敗は何も日本だけに限った特有の問題ではない。スポーツにかかわる国々や団体がそれぞれいろいろな問題に直面している。オリンピックやサッカーの絶大な人気を背景に、巨額のマネーが動き、招致活動での不正、ドーピング疑惑や、八百長問題も絶えない。これらの不祥事や問題事案に各団体や他の諸外国は、グッドガバナンスの実現へ向けてどのように対処しているのであろうか。日本の方向性を決める中で貴重

な指標となるはずである。

(1) 国際オリンピック委員会（IOC）

IOCではオリンピック憲章を定め、組織、活動、運用の基準を明確化するとともに、さらにオリンピック倫理規程を定め、IOCおよびその委員、開催希望都市、競技大会組織委員会、国内オリンピック委員会、大会参加者らが常に順守すべき規則を定めている。

倫理規程では、健全なガバナンスとして「全ての構成員は、オリンピック及びスポーツムーブメントの健全なガバナンスに関する基本的普遍的原則、特に透明性、責任、及び説明責任を順守しなければならない」と定めている（IOC倫理規定C.1.）。

また、2008年2月、「オリンピック及びスポーツ・ムーブメントの健全なガバナンスに関する基本普遍原則（Basic Universal Principles of Good Governance of the Olympic and Sports Movement）が制定された。そこでは、オリンピック活動にかかわるすべての者が最低限守るべき基準として、①ビジョン、使命および戦略、②構造、規則、民主的手順、③最高水準の能力、高潔性、および倫理基準、④説明責任、透明性および統制、⑤団結および発展、⑥選手の関与、参加およびケア、⑦政府との調和的関係と自律性の確保の七つの原則が規定されている。

(2) 国際サッカー連盟（FIFA）

2011年のFIFA会長選の投票や、2018年・2022年ワールドカップ開催地決定をめぐる利益供与疑惑、さらには、FIFAのマーケティングパートナーであった代理店から当時のFIFA理事への利益供与疑惑が生じたこと等を契機として、グッドガバナンス実現へ向けた組織改革がなされた。

新倫理規程の制定、独立の第三者によって構成された倫理委員会、監査・コンプライアンス委員会の設置、開催地決定等の手続規則の制定、透明かつ客観的基準に基づく入札規則の制定、役員等の適格性審査のための役員等推薦委員会の設置、通報者の秘密保護が確保された内部通報制度の導入等々が

検討された[2]。

(3) ヨーロッパ共同体（EU）

EUでは、2007年のEUホワイトペーパーにおいて、スポーツのグッドガバナンスの重要性が説かれ、さらに2011年には、スポーツ団体が団体自治（独自の規則制定権限等）を認められるための条件としてグッドガバナンスが必須であると表明された。それを受けてグッドガバナンスに関するEU専門家グループが2011年に組織され、2013年10月EU域内のスポーツのグッドガバナンスに関する原則（Principles of good governance in sport）がEU専門家グループから欧州理事会に提出された。そこでは以下の10の原則が規定されている。

① 目的・目標が明確であること
② 倫理規定の作成および規定の内容および規定を施行するうえでの基本原則
③ ステークホルダーの特定および役割（ステークホルダーの関与や意見表明のための最低基準等）
④ 民主主義と最低基準（わかりやすい組織体制・意思決定機関の一本化・手続規則の一本化・規定とメンバーやステークホルダーの権利・意思決定機関に確保されるべき最小限の民主主義原則）
⑤ 委任と委員会（メンバーやステークホルダーへの業務の委任・技術専門委員会の選任・委員会の構成）
⑥ マネジメント（ボード（役員会）の要件）
⑦ 司法・懲戒手続（適切な司法・懲戒規定の必要性、独立した司法・懲戒規定の必要性、懲戒決定者の公平性、懲戒決定者の能力と専門知識、公正な判断、適切な異議申立手続の確保）
⑧ 多種多様な人材（地域、年齢、人種、性別、障害の有無を問わない）を組

2　詳しくは第1部I参照。

織に取り込むことと、それによる優秀な人材の確保、長期的視野に立った若年層の人材確保

⑨　法令、規則等の公開と改正手続の明示、改正手続における利害関係人との協議の必要性とその過程における改正理由の明示

⑩　説明責任と透明性（あらゆる意思決定過程における説明責任と適切な権限分配、組織ガバナンスの評価基準の制定、適切な内部統制、財務情報の開示、資金分配に関する規則と透明性確保、危機管理システムの確立、適切な秘密管理規定の制定と危機的状況の際のスポークスマンの決定、危機管理マニュアル、対外的・対内的コミュニケーションシステムの確立、スタッフやボランティアの育成）

(4) 米　国

米国オリンピック委員会（USOC）では、統括団体（NGB）の認定更新手続を毎年行う際に、連邦法の規定とUSOC付属定款に定めた規程をNGBに保証させることでガバナンス強化を図る仕組みを構築している[3]。

NGBがガバナンスの要件を満たしていることを自らチェックさせることで検査の負担を軽減させている。

保証を求める事項としては、適正な会計手続の実施、選手代表を含む役員構成、公正かつ透明性のある手続による代表選考、ドーピング防止への取組み、公正・適正な苦情処理等々があげられている。

これらの要件を満たしていることをコンプライアンス保証書の様式に署名し、財務報告書とあわせて提出しなければならないとされている。

(5) 英　国

競技統括団体（NGB）の認定は、各スポーツカウンシル共通の基準を用いて実施され、認定の要件とされている「グッドプラクティスに則った適切な

---

[3] WIPジャパン株式会社「スポーツ政策調査研究（ガバナンスに関する調査研究）調査研究成果報告書」14頁（2012年3月。文部科学省委託調査、同省ホームページに掲載）。

107

運営とガバナンス手続」を行っていることを示すことが求められている[4]。

この認定要件を満たしているかどうかについては、ガバナンス自己診断ツール（TTTA）に基づいたガバナンスの適正性を自らチェックし、監査結果をスポーツイングランドに報告することとされている。この報告は補助金交付の際の判断にも用いられている。

(6) オーストラリア

オーストラリアでスポーツを所管する行政機関であるオーストラリア・スポーツコミッション（ASC）が統括団体（NSO）に対して「ガバナンス原則」に準拠することを認定の要件とすることで、NSOの役員構成や諸手続について適正化を図っている[5]。また、ガバナンス原則に細かく具体的な指針が示されているのは英国と同様である。

(7) カナダ

カナダでスポーツを所管する行政機関である連邦政府のスポーツ担当部局であるスポーツカナダが、競技統括団体（NSO）、スポーツ中央組織（MSO）に対する補助金交付の要件として、スポーツ資金交付及び説明責任の枠組み（SFAF）に規定されている認定基準を満たすことが求められている。NSOらは補助金受給申請の際に、SFAFに規定された認定基準に該当していることを証明することが要求されている[6]。

(8) オランダ

オランダオリンピック委員会（NOC）では、2005年に加盟競技団体のガバナンスに関する13項目の推奨事項が正式に規則に盛り込まれ、2008年に17の最低遵守基準（17 regulations of 'Minimum Requirements'）という形に強化され、2011年からそれが義務化された。そして、2011年以降、加盟競技団体は基準の遵守が補助金支出の条件となっており、違反すると補助金が支給さ

---

4 WIPジャパン・前掲（注3）42頁。
5 WIPジャパン・前掲（注3）88頁。
6 WIPジャパン・前掲（注3）117頁。

れないこととなっている。17の最低遵守基準とは以下のとおりである。

① 年次報告書においてグッドガバナンスへの取組みの査定を行うこと
② ２年ごとにグッドガバナンス評価基準に基づく自己評価をすること
③ ガバナンス・モデルの明確な記述が存在すること
④ 経歴を踏まえた役員、執行部の選任
⑤ 利益相反を避けるためのルールを保持していること
⑥ 役員の任期を最大12年に制限していること
⑦ 少なくとも１年に一度年次総会を開催すること
⑧ 管理規定を保持していること
⑨ 統一的に管理された組織構造であり、管理されていない独立の内部組織の存在が防止されていること
⑩ 長期的な戦略計画の保持
⑪ 企画立案と改定周期の明確な記述が存在すること
⑫ 危機管理システムの導入とその実行がなされていること
⑬ 財務の安定した比率が満たされていること
⑭ 年次報告書が会計士の監査を受けていること
⑮ セクハラ・懲戒手続・ドーピング・平等と差別・不服申立手続についての具体的な規定が適用されていること
⑯ すべてのメンバーに対する規則の周知とそれらによる遵守が徹底されていること
⑰ １年に１回すべての会員登録情報が提供されていること

(9) ブラジル

ブラジルでは、1988年公布の新憲法において、「スポーツを行うことは国民の権利である」ことが明記された。それに基づきスポーツに関する諸法が整備されたが、近年、①公的資金を受け取る各スポーツ連盟の会長の任期を最大４年間とし、再選を１回に制限する、②年間報告書の公開と選手を意思決定過程に参加させることを連盟に義務づけるなどのさらなるガバナンスに関

する法改正が行われている[7]。

(10) 国際連合グローバル・コンパクト（UNGC）

国際連合グローバル・コンパクト（UNGC）は、各企業・団体が責任ある創造的なリーダーシップを発揮することによって、社会の良き一員として行動し、持続可能な成長を実現するための世界的な枠組みづくりに参加する自発的な取組みである。スポーツ団体もこのUNGCへの支持を表明することにより、以下の10の原則を遵守する必要がある。①人権擁護の支持と尊重、②人権侵害への非加担、③組合結成と団体交渉権の実効化、④強制労働の排除、⑤児童労働の実効的な排除、⑥雇用と職業の差別撤廃、⑦環境問題の予防的アプローチ、⑧環境に対する責任のイニシアティブ、⑨環境にやさしい技術の開発と普及、⑩強要・賄賂等の腐敗防止の取組み。日本では、日本サッカー協会などがUNGCへの支持を表明している。

そして、2013年UNGCはスポーツについて、"Fighting Corruption in Sport Sponsorship and Hospitality: A practical guide for companies"（スポーツの腐敗との戦い　スポンサーシップとホスピタリティ　〜企業のための実践ガイド〜）というものを発表している。そこでは、スポーツ団体の腐敗をスポンサーの側から防止するための実践例が記載されており、腐敗防止措置の策定・評価・問題点の明示・実行・査定・共有という流れを継続的に行うことで腐敗防止措置を実現していくという過程が説明されている[8]。

(11) ISO26000

国際標準化機構（ISO・本部ジュネーブ）で、2010年11月に国際社会で求められる組織の社会的責任についてのガイドラインISO26000が制定された。

7　2013年10月15日制定・法律第12.868号による、ペレ法（法律第9.615号）の改正。ナショナル・スポーツ・システムに参加している非営利団体は、ガバナンスに関する各種の要件を満たさない限り、直接的または間接的に行政連邦主体から資金を受けることができないとされている（18条－A）。

8　〈http://www.unglobalcompact.org/docs/issues_doc/Anti-Corruption/SportsSponsorshipHospitalityGuide.pdf〉

異なる文化・価値観、歴史・慣習などの違いを超えて、営利・非営利を問わず、組織規模の大小、存在する国・地域に関係なく、ビジネス企業だけでなくあらゆる種類の組織が適正かつ健全な運営を行うため取り組むべき課題を「社会的責任規格」として提示している。したがって、スポーツ団体についても同様の要件が求められている[9]。

たとえば、基本的な社会的責任の原則を果たすために備えるべきものとして、①説明責任、②透明性、③倫理的な行動、④ステークホルダーの利害の尊重、⑤法の支配の尊重、⑥国際行動規範の尊重、⑦人権の尊重、があげられている。

4　日本のスポーツ界における「グッドガバナンス」実現へのプレッシャー

先輩後輩という厳しい縦社会が未だ厳然とスポーツ界に存在する中、OBによる独善的な運営がなされがちなスポーツ界にあっても「このままではいけない」という改革の必要性を求める声が内部からも沸き上がってきている。戦後70年近くになるにもかかわらず、必要な改革をこれまでなし得なかったスポーツ界が、これまでと違って今回は、本気でスポーツ界の改革、グッドガバナンス実現へ向けて動きだしたのはなぜか。

(1)　スポーツ基本法、スポーツ立国戦略

スポーツ政策の基礎となる法律は前の東京オリンピック開催へ向けて1961年に制定されたスポーツ振興法であった。しかし、この法律は、制定後半世紀を経過し、スポーツ政策の視点からするとドーピング防止活動支援、地域スポーツクラブ育成、選手育成、プロスポーツ等についての記載もなされず、また、スポーツを権利として認めるのか、どのような概念としてスポーツ権を認めるのか、さらにはスポーツ紛争を解決するスポーツ仲裁といったこと

---

[9] 詳しくは本章7参照。

についての記載もなされておらず、スポーツの現状や新しい課題に十分対応できなくなってきていた。

そこで、東京オリンピック・パラリンピック招致運動の盛り上がりとも相まって、文部科学省（以下、「文科省」という）では、新たな「スポーツ基本法」の制定も視野に入れつつ、2010年8月に今後のスポーツ政策の基本的方向性を示す「スポーツ立国戦略」を策定した。これは、人々がスポーツの楽しさや感動を広く分かち合うことを通じ、スポーツのもつ意義や価値を共有する「新たなスポーツ文化」を我が国に確立することを目指していた。その中で示された重点戦略の一つとして「スポーツ界における透明性や公平・公正性の向上」があげられ、スポーツ団体のガバナンス強化、団体の管理運営の透明性を高めるべきことが求められている。そしてガバナンス強化のためのガイドラインの策定と、ガイドラインに基づく団体の体制整備いかんによって、国の補助金、助成金等の支給内容に反映すべきことなどが述べられている。

さらに、2011年6月には超党派の議員立法として、従来のスポーツ振興法が全面改正された「スポーツ基本法」が制定された。同法では、前文で「スポーツを通じて幸福で豊かな生活を営むことは、全ての人々の権利」であることを明記し、基本理念として「スポーツを行う者に対し、不当に差別的取扱いをせず」、「スポーツに関するあらゆる活動を公正かつ適切に実施すること」を掲げている（同法2条8項）。これらを受けて、スポーツ団体の努力義務として「運営の透明性の確保」を図るとともに、事業活動に関し「遵守すべき基準を作成する」ことを求めている（同法5条2項）。また、紛争事案について「迅速かつ適正な解決」をも求めている（同条3項）。

スポーツ基本法がスポーツ団体に求めているのはあくまで努力義務にすぎず、スポーツ団体がその義務を尽くさないとしても、すぐさま司法的救済を受けることは難しい。しかし、努力義務とはいえこのようなスポーツ団体の義務が明記されたことは、スポーツ団体が何らの対策をとらずに長期間放置

した場合、あるいは、著しい不当事案については、司法的救済が受けられる可能性が全くないとまではいえないことを示している。また、裁判所がスポーツ団体側の裁量権の範囲を判断する際の判断基準や、行政指導の際の指導上の基準としては、一つ明確な基準を示したこととなり、スポーツ団体がこれらの要請をまったく無視することは難しい状況を生み出している。

(2) 「体罰問題」など2013年に相次いだ不祥事による関心の高まり

さらに、スポーツ団体がガバナンスを無視できない要素として、桜宮高校での生徒の自殺事件や女子柔道代表選手らへの暴力・暴言問題が公になった際の社会の関心についても無視できない。

残念な結果ではあったが、スポーツにおける体罰問題、暴力問題は古くから指摘されていたところである。半ば公然とスポーツ界では体罰・暴力が先輩から後輩へと脈々と受け継がれていた。しかし、これまではそのような体罰・暴力問題が明らかになっても、大きく社会が関心を示し、スポーツ界に変革を求めることはなかった。強くなるためにはある程度の体罰・暴力は必要だ、愛のある体罰であれば許される、弛んでいる心が引き締まる。さまざまな理由を示して、あたかもスポーツ界だけが別の論理が支配する別世界であるがごとく評価され、社会もスポーツ関係者も大きな変革を求めることがなかった。

今回の桜宮高校の事件や女子柔道代表者への体罰問題が発覚した後の各スポーツ団体の対応をみても同様である。暴力を振るった関係者への簡単な処分だけで済まそうとした各団体の対応をみれば、「何を大騒ぎしているのか」、「たいしたことではない」といった認識が団体関係者にあったものとみられる。

しかし、従来の社会の意識は変化し、スポーツ界だけが別世界なのではなく、むしろ逆にスポーツ界こそ社会の構成員の一人として、法の支配の模範生として法令順守を貫くことが期待されるように変わってきている。各事件が公になった後の社会の反応は、体罰を否定する世界的な動きとも連携し、暴力を振るう指導者への厳しい意見が続いていた。荒れた学校を戻すために

は体育教師がある程度の暴力を振るうことは必要悪とされた時代、強くなるためにはスポーツの世界ではある程度の体罰は必要とされた時代からの変化を如実に示している。

(3) 企業社会における法化社会進展との関係（ガバナンス・コンプライアンスの流れ）——スポーツも法化社会と無縁ではない

　スポーツ界に先んじて企業は各社あげてコーポレートガバナンスの要請に応えようとしている。

　企業は利潤をあげることを目的としながらも、そのためには手段を選ばないということは決して許されないとされている。企業が社会の一員として、活動を続けようとする限り、社会からの要請を無視することはできず、社会が決めた規範・法律に従うことが求められているのである。

　これまでの企業の負の面をみると、公害問題や欠陥商品の販売、株価の不当操作や、決算書類への虚偽記載など、多種多様な不祥事問題が生じている。とはいえ、社会の発展のためには企業の発展は不可欠とされ、株主、従業員、消費者、取引先等々、会社をめぐるさまざまな利害関係者との調整を図るため、どのような企業運営をなすべきかについて、問題を生じるごとに改革がなされている。コーポレートガバナンスの要請は確実に企業の責務として企業にも認識されだしている。

　スポーツの隆盛とともに、スポーツ界も企業と同様に社会の構成員として大きな位置を占めるようになってきている。そこでは、社会の構成員の一人として活動する以上、企業と同様に法の支配に服しているのであり、あたかもスポーツ界には治外法権があるがごとく、独自の論理で自由に活動することは決して許されないことをスポーツ団体は肝に銘じなければならない。

　コーポレートガバナンスが検討される中で明らかになってきた、権限の分配、役員の任期制限、説明責任、情報開示といったことはスポーツ界においても十分に検討されなければならない事項なのである。

（第1章1〜4　桂　充弘・堀田裕二）

5 なぜ「グッドガバナンス」が必要か～スポーツ団体の「自治」を守るために

(1) 不祥事が起こると「規制」の声が高まる～「自治」を守るための健全経営

そもそもスポーツ団体が「グッドガバナンス」を行うことは、何より、自分自身の団体の「自治」を守るために必要だということが重要である。つまり、スポーツ団体が、利害関係人を尊重せずに独断的な運営を行ったり、公的資金を不正に運用していたりすると、関係者からの不満が高まり、ひいては、スポーツ団体への規制の声が高まって、結局、団体自治を守るのが難しくなっていくのである。モスクワ五輪ボイコット問題[10]などにも見られるように、歴史上、スポーツにおける団体自治は、たびたび政治権力に政争の道具で利用されるなどの干渉を受けてきたが、スポーツ団体の運営がしっかりしていなければ、国家権力からの介入や規制強化の大義名分を生み出すことになり、団体自治が脅かされる事態に至るのである。つまり、スポーツ団体において、グッドガバナンスは、何より自らの団体自治を守るために必要なことなのである。

(2) スポーツ団体は「独占事業」～関係者に与える影響が大きいことを自覚する必要

国の干渉だというのなら徹底的に闘ってやる、長年スポーツ界で働いてき

---

[10] 冷戦でソ連と対立するアメリカ合衆国のカーター大統領が1980年1月にモスクワ・オリンピックのボイコットを提唱し、前年の1979年12月に起きたソ連のアフガニスタン侵攻の影響を強く受けて、50カ国近くが集団ボイコットに至った（西欧・オセアニアの西側諸国のイギリス、フランス、イタリア、オーストラリア、オランダ、ベルギー、ポルトガル、スペインなどは参加し、イギリスではボイコットを指示した政府の後援を得られず、オリンピック委員会が独力で選手を派遣した）。日本も、1980年4月、日本政府の最終方針としてボイコットがJOCに伝えられ、多くの選手はJOC本部で大会参加を訴えたが、1980年5月24日JOC総会の投票（29対13）でボイコットが最終的に決定された。

て、何の問題もなかったし、先輩たちもそうやってきたわけだから、オレのやり方に文句はいわせない、というスポーツ団体の代表者もいるかもしれない。しかし、スポーツ団体は、とりわけ代表選手の選出権限を有している場合は、完全な「独占事業」なのであり、関係者に与える影響が大きいため、そのようなやり方では問題が大きいということを自覚する必要がある。たとえば小規模なスポーツサークルであれば、仮にその運営に問題があったとしても、それに不満がある会員はやめて他のサークルに移る自由があるので問題は少ないが、代表選手の選出権限を有するスポーツ団体は、1スポーツに一つしか認められないので、その運営に問題があった場合、やめて他に行くという選択肢が存在しないのである。つまり、長年やってきて問題なかったんだから、オレのやり方でやらせてもらうという考えでは済まないほど、その「独占性」は、関係者に与える影響が大きいことを自覚する必要がある。特に現在では、スポーツのグローバル化が著しく進んでおり、各国に一つしかないスポーツ団体の運営に問題があると、大きな国際大会に選手を派遣できない事態につながる可能性があるので、その悪影響は非常に大きなものとなる。

(3) 独善的決定をして利害関係人から争われるとよけいにコストがかかる

　何より、利害関係人の意見を聴くことなく、独善的に規則等を制定し、それに不満な利害関係人から、その規則の人権侵害、手続違反等を主張されて、訴訟などの法的手段をとられるようなことになれば、その時間、コストも甚大なものとなり得るし、さらには結果的に敗訴となって、規則や手続が無効となる可能性もある。現に、今やスポーツに関するグッドガバナンスについての取組みを行っているに至っているEUも、1995年のボスマン判決で、サッカー選手の移籍の制限についてEU法が適用されて無効とされるまでは、スポーツに関与することは、ほとんどなかった。利害関係人を無視した独裁的決定をしていると、結局は、後から法律上のアタックを受けるなどによっ

て、よけいにコストがかかったり、国家などからの干渉を受けるようになったりするのである。

(4) 紛争・不祥事によるイメージの低下

そして、そのような紛争が起きれば、しばしばメディアにも大きく取り上げられ、団体としてのイメージが低下し、うまく収束できなければ不祥事として大きなイメージ低下となりかねない。このイメージ低下は、いわば「金メダル15個分」のマイナス効果とも評されものであり[11]、それを防止することは、いわば金メダルをとるために行う努力と同等の価値があるともいえる。

(5) 紛争・不祥事による競技力の低下（持続可能な競技レベル向上のために不可欠）

紛争・不祥事がないからといって、必ずしも競技力が向上するわけではないが、紛争・不祥事が相次ぐような運営をしている団体は、持続可能な競技レベルの向上を期待できないということはいえる[12]。したがって、競技力を高めるためには、まずもって経営力を高めることが必要なのである[13]。

(6) 「お金もらっていない」は言い訳にならない

スポーツ団体の中には、財政的基盤が脆弱で、特定の役員・スタッフ等の多大な無償の貢献に依存している団体も多い。たしかに、そのような団体において、当該役員やスタッフの多大な日常的負担を考慮せずに、運営の欠陥を追及するのは、ときに酷な場合もあろう。しかし、すでに述べたように、現代においては、特に代表選出権限を有する団体は、「独占団体」として、多大な影響力を有する団体である以上、いやしくもボランティアであることを理由に、団体の運営の欠陥の正当化ないし責任回避を行ってはならないし[14]、

---

11 2013年6月23日、シンポジウム「日本のスポーツガバナンスを考える」（笹川スポーツ財団）における日本スポーツ仲裁機構道垣内正人機構長の発言より〈http://www.ssf.or.jp/governance/symposium/symposium3_03.html〉。
12 原田宗彦＝小笠原悦子編著『スポーツマネジメント』214頁（大修館書店、2008年）。
13 原田＝小笠原・前掲（注12）216頁。

117

何かあった場合に「ボランティアだから」あるいは「長年無償で働いてきた私に文句をいうのはひどいではないか」という言い訳に逃げ込めるような体制を、団体としてつくってはならないといえる。実際、日本スポーツ仲裁機構に申し立てられた障害者水泳選手の代表選考をめぐる仲裁案件（JSAA-AP-2003-003）でも、申し立てられた競技団体が、ボランティアによる少人数の運営であることを繰り返し主張していたことについて、以下のように述べて、その姿勢を批判している。

「相手方は、ボランティアによる少人数の運営であることを強調するが、ボランティアによる活動であるからといって、競技者に重大な影響のある選考の基準や手続きが不透明であったり恣意的であったりしてよいということにはならないことはいうまでもない。のみならず、上記判断中に指摘した点は少人数のボランティアによる運営であったとしても対応可能なものであった。仮にボランティアによる活動であることを理由に上記に指摘した点が肯定されるとすれば、はたして相手方がわが国の代表選手を選考する団体としての社会的期待に応えるだけの組織及び体制といえるのか、疑問なしとしない。この点も、申立人に誤解や強い不満を与える一因となったのではないかと思料される」（2004年2月16日裁定）。

なお、このように、財政的基盤の脆弱なスポーツ団体の運営が、ボランティアにより支えられていることが多いという状況は、日本に限られるものではなく、世界の多くの国でも見られるものであり、だからこそ、このような団体にも、比較的簡単に実現できる最低限のガバナンスガイドをつくろうという試みが、ヨーロッパを中心に行われている[15]。

14　原田＝小笠原・前掲（注12）76頁にも同旨の記載がある。
15　第4章1「お金や人が少ない団体の運営をサポートする仕組みづくり」参照。

6 自分のために、自分で考えてやる。それが「グッドガバナンス」

(1) 体と同じで「健康だとハッピーになれる」という視点が重要

　また、そもそもスポーツ団体が「グッドガバナンス」を行うことは、何より、自分自身の団体が長く、安定的に存続するために必要なことであり、いわば自分自身の健康管理と同様のものであるという視点も重要である。

　スポーツ団体の不祥事が続き、スポーツ団体の規制、グッドガバナンスの必要性が叫ばれ始めると、必ずといってよいほど、大きなお世話だ、自分のことは自分で決める、このやり方で長年問題なかった、とやかく言われる筋合いはないなどといった反応がスポーツ団体側からみられる。しかし、この問題は、健康なときはまったく気にならなかった病気のことが、いざ病気になると、ああしておけばよかったと後悔するのと同様で、普段から病気にならないよう心掛けたほうが結局は健康でハッピーになれるという類いの問題である。健康に気を付けていないと、かえって病気になりやすくなって、医療コストがかかるのと同様、団体のガバナンスに気を付けていなければ、結局紛争・不祥事が起きてしまって、対応コスト（法的費用のみならず、広報対応、イメージ低下、人事変更などのコスト）がかかってしまうのである。

(2) 「やらされる」ガバナンスは長続きしない（自らの特性に沿ったガバナンスを）

　最近は、欧米諸国を中心に、グッドガバナンスを実践していないスポーツ団体に対しては、国等からの公的な補助金等を減額したり支給停止したりするという制度が導入されるようになってきている[16]。たしかに、そうした制度は、必ずしも団体運営のプロではない人（元競技者、資金提供者等の関係者）がマネジメント層に入ることの多いスポーツ団体が、団体運営のポイントを

16　本章3参照。

〔第2部〕 第1章 「グッドガバナンス」はなぜ必要か

学んだり、自覚をもつためのきっかけとしては意義のある制度である。しかし、そうした制度について、スポーツ団体が、その意義・精神をよく理解せずに、ただ単に、補助金もらうためにとりあえずやるという姿勢だと、結果的に、グッドガバナンスの実現は難しくなる。特に日本のスポーツ界のように、伝統的な上下関係の文化から、トップダウンで制度が決められることの多い世界では、その制度が何のためにあるのか、それをやると何がいいのかということを理解しないと、単に、いやいやながら、補助金をもらうために形だけ整えるという結果になりやすく、本当の意味で、紛争・不祥事を防ぐ体制をつくりにくくなる。

(3) 基本精神を理解し、団体の特性に応じて自ら考えるガバナンスが重要

人の体がそれぞれ違うように、それぞれの団体もそれぞれの特性を有し、グッドガバナンスの実現方法も千差万別である。いわゆる補助金等を条件としてその遵守が求められる、グッドガバナンス基準・ガイドライン等は、最低限の基準にすぎない。大事なことは、どうしたら自らの団体の健全な運営、安定的な運営が図られるのかを、自らの特性・目的を踏まえて、自ら考えることである。意思決定機関や、紛争解決機関の構成など、団体の制度設計の仕方も、後に述べるようにさまざまなやり方がある[17]。団体の中には、長い歴史を有している団体、そうでない団体、国際的に広く行われているスポーツの団体、そうでない団体、財政的に豊かな団体、そうでない団体、競技人口、構成員の多い団体、そうでない団体、非営利団体、営利団体など、さまざまなタイプがあり、団体の特性に応じたガバナンスの構築が求められる（また財政状況や、構成員の増加などに応じて随時ガバナンスのあり方を変化させていくことも求められる）。

(4) 大事なのは利害関係人からの信頼を得ること

---

17 本章3・5参照。

自ら考えるグッドガバナンスとの関係で、もっとも重要なことは、スポーツ団体に関係する利害関係人（ステークホルダー）の範囲、構成をしっかり把握することと、そうした利害関係人との信頼関係をしっかりと築くことである。スポーツ団体には、選手、監督・コーチ、学校、スポンサー、政府・自治体、その他の資金提供者、メディア、ファン・地域住民など、さまざまな利害関係人が存在する。スポーツ組織の意思決定にあたって、そうした利害関係人の意見を聞く機会をしっかり設け、それを団体運営に適切に反映することによって、利害関係人はスポーツ団体を信頼するようになり、団体の運営は安定するのである。いろいろな人の意見を聴いているとキリがないし面倒だ、文句言われるだけでろくなことがない、だったら無視したほうがいい、という姿勢だと、結局、あとから不満が噴出して、常に団体運営が安定しない状態になるのである。イギリスの Sport and Recreation Alliance が発行する Voluntary code of good governance for the sport and recreation sector[18] では、その中でも特に、選手の意見を適切に反映することの重要性を指摘しており、意思決定過程への選手の関与、選手の権利保護、キャリアマネジメントの3点をスポーツ団体が考慮すべきと指摘している（同9頁・11頁など）。

　利害関係人と接する際は、まずオープンな心で、予断なく接することが重要である。忙しいのに、こいつらの意見を聴くのは面倒だとか、どうせきっと文句を言ってくるんだろう、こっちは一生懸命やってるのにという「不信」が前提になると、「信頼」は得られない。「信頼」をもって接すれば「信頼」が返ってくるし、「本音」をさらせば「本音」を引き出すことができる。スポーツ団体にとっての利害関係人は、長期間付き合い続けなければならない不可欠のパートナーである以上、その関係構築は、「不信」を前提とする駆け引き

---

[18] 〈http://www.sportandrecreation.org.uk/sites/sportandrecreation.org.uk/files/GovernanceCodeFINAL.PDF_.easyprint%20Version.pdf〉

的なものよりも、「信頼」を前提とするソーシャルキャピタル的なものを心掛けるべきである。そうすれば、「法」「規則」等の威力に必ずしも頼ることのない、安定的な団体運営が実現できることになる。

7 「名選手」は必ずしも「名会長」ではない。しかしそうなる方法もある

　スポーツ団体のガバナンスの特性の一つとして、運営団体の会長等のマネジメント層に、元著名選手など、ネームバリューを重視した人事が行われることが多い。こうした人事は、もちろん、そうした元著名選手などが、優れた経営的才覚をももち合わせているがゆえに行われることもある（日本相撲協会理事長として数々の改革を実現した元横綱双葉山定次や、欧州サッカー連盟会長のミシェル・プラティニなどはその例としてあげられるであろう）が、そうではなく、経営能力を度外視して、そのネームバリューに由来する影響力を使った「文句を言わせない」団体運営の手段として利用されることも多い。そうした場合、往々にして、表には出ない陰のリーダーが実権を握る摂関政治的な運営が行われることも多く、責任の所在があいまいとなり、組織運営が不透明、不健全なものとなりやすい。

　「名選手、名監督にあらず」といわれるように、名選手でネームバリューがあるからといって、必ずしもリーダーシップやマネジメント能力に長けているわけではないことは当然であり、したがって、元著名選手を、そのネームバリューのみを理由に団体の会長等に就任させるのは適切とはいえない。元著名選手の影響力や知見・経験を団体運営に活かす方法は、何も代表等に就任させることだけでなく、アンバサダー、アドバイザーなど別のポジションに就任してもらうことによって実現することも可能であり、団体の健全な運営のためには、やはり能力的に適切な人材配置を行うことが基本でなければならない。ただし、もちろん、「名選手」もやり方次第によっては「名会長」になることは可能である。有能なブレーン、信頼できるスタッフとの協働に

より、その能力を補いながら、適切な人材配置のもとに、オープンなビジョン・リーダーとして、団体運営を行っていくことは可能であるし、またそれは目指す価値のあることでもある。

8　コーポレートガバナンスとの相違点

　このように、元著名選手を会長等に登用することが多いという点、そして、前述したような、広範な利害関係人の存在、特に選手の意見を聴く必要性と、ボランティアの存在という点は、通常のコーポレートガバナンスと異なる、スポーツガバナンスに特殊な性質といえ[19]、スポーツにおけるグッドガバナンスの実現を難しくさせている要因でもあるといえる。また、特に代表選考権限を有する国内競技団体や、世界の国内競技団体を統轄する国際競技団体などの場合は、その独占的性質から、その団体のグッドガバナンスの実現が、当該スポーツ自体のイメージの向上に直結する（逆に悪いガバナンスが、その団体のみならず、そのスポーツ自体のイメージの低下を招く）という性質があることも、通常のコーポレートガバナンスにみられない特徴といえる。ドーピング、八百長等の不正は、スポーツ団体の運営上の欠陥に由来している場合も多く、グッドガバナンスの実現は、当該スポーツ自体のクリーンなイメージの実現、インテグリティの保持等にも深くかかわっているのである。

（第1章5～8　山崎卓也）

---

[19] この点を指摘するものとして、前掲（注18）イギリス Sport and Recreation Alliance 発行の Voluntary code of good governance for the sport and recreation sector の10頁～13頁参照。

第2章
スポーツガバナンス実践編・その1
──事前の防止策編
～紛争・不祥事が起きない健全な組織運営のために何が必要か～

1 なぜ、スポーツガバナンス（統治）が必要なのか

⑴ 学校教育として普及した日本のスポーツ

多くの近代スポーツが日本に入ってきたのは、明治初期であり、スポーツに接したのは、旧制高等学校や大学の学生であり、彼らによって、日本国内へと普及していった。

スポーツは、本来、遊び・戯れという人間の営みの根源的な活動を意味するものであるが、日本においては、富国強兵、殖産興業の国策として、国民の身体・精神を鍛える国民体育としてスポーツが発展してきた歴史がある。

その結果、スポーツの遊び・戯れという文化的・精神的な価値観が排除され、スポーツ＝体育（身体の発育を促す教育）、スポーツ＝身体運動という偏った価値観が醸成され、発展してきた。

ヨーロッパ諸国では、幼少・少年期から、地域にあるスポーツ・クラブに所属して、スポーツに親しんでいるが、日本においては、学校体育という教

科を通じて、すべての子どもたちがさまざまなスポーツに接することができる物的・人的な環境にある。そして、競技スポーツも、中学、高校、大学など学校の部活動を通じて発展し、競技力の強化が図られてきた。

また、小学生（高学年）、中学生、高校生を対象とした各種スポーツ競技の全国大会の存在は、競技スポーツの普及を促進している反面、過熱した指導が体罰（「指導という名目の暴力行為」というべきである）やいじめの温床となり、スポーツ障害やバーンアウトによるスポーツ離れを生んでいる。

(2) スポーツ指導者の問題

学校の部活動の一部は、全国大会などへの出場や優勝を目的としている。大会は、負ければ終わりというトーナメント方式で行われる。指導者は、3年ないし4年という短期間に、選手を育て、結果を出そうとする。必然的に、選手の個々の特性に即した長期的な視点をもつ余裕をもつことができずに、厳しい指導をするようになり、選手が指導者の思うように動かない場合に、罰走など、理不尽なノルマを課したり、暴力を振るってしまうという構図がある。

また、指導者は、目先の勝利のために、けがなどの障害のある選手をあえて起用することも多く、選手のほうも、障害があっても、試合に出たいがために、指導者に隠すこともあるし、指導者に障害のあることを伝えることができない雰囲気も存在する。

学生、社会人を問わず、日本の練習は、海外に比して、競技の特性に応じた科学的トレーニングではなく、長時間で、厳しいという評価をされている。勝つためには、根性を育てるという風潮が脈々と存在している。

(3) 部活動の弊害

長時間で厳しい訓練は、スポーツが体育として、富国強兵に利用されてきた歴史に根ざしており、現在でも、不祥事の温床となっている。

スポーツの世界の暴力的体質は、指導者と選手の間だけではなく、選手同士の中にもある。中学、高校、大学を問わず、新入生にとって、上級生の存

在は、絶対的であり、日常生活や用具の世話係となり、練習においても、球拾いなどをさせられ、スポーツをする機会はわずかしかないという実態がある。

　気にくわない、生意気だという理由で、上級生、あるいは、同級生が、暴力を振るうという不祥事も後を絶たない。背景には、優秀な新入生が入部したことにより、レギュラーの座を奪われるという焦燥感や、試合に出る、勝つという目的に偏し、スポーツを通じて、健全な心身を育むという部活動の本来の目的が失われていることにある。

(4)　競技スポーツがもたらすもの

　野球やサッカーなどのスポーツが強い学校においては、100人以上の部員がいることも、珍しくない。強いチームやその指導者に憧れて入部する者もいるが、指導者が能力のある生徒を勧誘することも多い。指導者が100人以上の部員を指導するのは至難であるし、才能のある生徒であってもレギュラーになれずに、3年間試合に出たこともないまま卒業する者も多く、人数としては、後者のほうが多いともいえる。

　競技においては、勝利することは重要な要素である。レギュラーとなり、活躍した選手は勝利者であり、レギュラーとなれなかった者との落差は大きい。

　さらに、競技に専心すればするほど、当該競技やスポーツ以外の世界を知る機会が少なくなり、人として切磋琢磨することがなくなる。

　このように、スポーツという狭い世界を生きてきた者は、「対等な人間関係」を構築することができないともいえるし、「対等な人間関係」を経験することがなかったというほうが正しいかもしれない。

2 基本的心構えその1～利害関係人の意見の尊重と信頼関係の構築

(1) 対等な人間関係が信頼関係を構築する

スポーツ団体を運営するにあたっては、利害関係人（ステークホルダー）の意見を尊重する必要がある。

スポーツ基本法2条は、スポーツを通じて、幸福で豊かな生活を営むことが人々の権利であると定めていることから明らかなように、スポーツ団体のステークホルダーには、スポーツに直接関係のあるスポーツ団体やその構成員だけではなく、間接的にかかわりをもつ組織や人すべてが含まれていることを自覚し、すべてのステークホルダーとの間に、信頼関係を構築することが重要となる。

(2) 硬直化したスポーツ団体が問題となる

「対等な人間関係」を経験することがないという体質は、学校スポーツの中だけではなく、社会人スポーツ、競技団体にも存在し、後者のほうが、より強固となっているともいえる。

スポーツ団体の多くは、当該競技で活躍した選手や、当該競技の強い（もしくは強かった）大学や企業の出身者が役員になっている。

組織の構成が、先輩・後輩のタテ社会、学閥、企業閥等に左右され、支配されると、組織の運営は硬直化する。「対等な人間関係」がないと、理不尽な問題が生じても、率直に、意見を物申すことができないし、身内の論理で、組織が運営され、異見を述べると、異端者として、組織から排除されることになる。

スポーツ団体に不祥事が起きる土壌となっており、不祥事が生じたときに、後手となり、適切な対処ができない理由である。

(3) 組織運営の専門家の協力を得ること

スポーツ団体の運営の目的は、競技者を組織し、競技のルールを策定し、

〔第2部〕　第2章　スポーツガバナンス実践編・その1――事前の防止策編

大会を開催し、当該競技を普及・振興することにより、社会に資することにある。それゆえに、スポーツ団体は、「公益法人」として優遇され、「公的資金」が助成されているのである。スポーツ団体が社会に開かれた存在でなければならない理由である。

「名選手が必ずしも、名コーチにならない」ということは言い古された言葉であるが、未だに、選手として実績があるとして、指導方法を学ばないで、指導者になることが多い。スポーツ団体の役員も、同様に、組織の運営方法を学ぶことなく、組織の運営にあたっている。

選手の指導、強化にあたっては、科学的トレーニングが重要であるとされ、医学、心理学などのいろいろな科学による協力が行われるようになっており、用具・施設の開発も、多くの第三者によってなされ、成果をあげている。

選手や指導者も、過去の実績にとらわれず、日々、研鑽して、トレーニングをする必要があるが、スポーツ団体全体として、このような取組みをしている例は少ない。

スポーツ団体の運営にあたっても、選手としての実績よりも、組織を運営する能力がある者が組織の運営にあたるべきであり、また、経営・広報・財務・法務などさまざまな分野の専門家の協力を得る必要があるにもかかわらず、日本においては、この面では遅れている。

(4)　問題意識の共有化を図る

外部の人材が入り、組織が活性化すると、おのずから組織内部のコミュニケーションもよくなる。競技を知らない素人に何がわかるかという議論をよく聞く。しかし、素人である外部の人に、競技の特性、おもしろさを伝え、スポーツ団体が抱えている問題を議論をしながら、共有化していくことが重要である。

当然と思っていたことを第三者にわかりやすく説明し、意見を聴くという行為は、やさしそうにみえるが、結構、難しい。わかりやすく説明するには、自分自身が問題点を整理しなければならないし、第三者が何を考え、どう感

じているかを理解する必要がある。

　人は意見を聴いてもらえば心を開き、信頼関係が生まれる。

　このようなことは当然にわかっているだろうとか、手間暇をかけて意見を聞くのが面倒だなどと、説明を省くことは、結果として、自分の意見を押し付ける独善的なものになりがちである。タテ社会であるスポーツの世界では、特に、組織内の論理を独善的にもつことが多い。第三者に理解を得ようとする行為は、組織内部の意見を広く聴くという行為につながり、タテ社会を打破する契機となる。

(5) 社会の理解と支持を得ること

　タテ社会の中で組織を統制することは、ある意味で楽な行為であるが、これを打破していない限り、スポーツ団体は、絶えず、不祥事を抱えることになり、解決する能力をもつことはできない。

　いうまでもなく、スポーツは、競技者だけで成り立っているのではなく、社会の理解・支持がなければ広がらない。国・地方自治体・企業などから資金的な援助を受けることができるゆえんである。

3　基本的心構えその2～自らの組織に合ったグッドガバナンスの確立

　大企業と中小企業、中小企業と零細企業では、組織のあり方、あるべき姿は異なっているように、スポーツ団体においても、同様に、組織のあり方、あるべき姿は異なっている。

　グッドガバナンスは、組織のあり方の問題である。したがって、競技団体の規模、おかれている環境によって、グッドガバナンスの内容、確立の方法は異なる。そういう意味では、グッドガバナンスには正解がないのだが、基本的な考え方、具体的な対策は共通する。

　具体的対策としては、以下のものがある。

　① 組織としての目標の確立と明示

② 組織運営にあたっての基本理念の確立と徹底

スポーツ団体の定款等には、組織としての目標や基本理念がうたわれているが、抽象的なものが多い。より具体的なものとして、組織を運営する必要がある。

4　具体的対策その1～組織としての目標の確立と明示

組織としての目標を確立するにあたっては、組織の現状を分析し、組織の目標を具体的に定めていく必要がある。目標が決まった場合には、明示するとともに、目標達成のための方向性・方法を周知・徹底していくことが大事である。

競技レベルの向上と競技人口の増加という目標は、鶏と卵の関係のたとえのように、永遠のジレンマであり、人材や資金の投入という面では対立する関係にある。

目標としても、短期的なものと、長期的なものがある。将来を見据えた現実的に可能な目標をどう確立するかである。

そして、重要なのは、その目標の達成度および問題点の検証であり、検証に基づき、目標を共有化し、新たな目標を定めていくことであり、検証の内容を開示し、広く意見を求めることである。

5　具体的対策その2～運営にあたって大切にすべき基本理念の確認

(1)　民主的な運営

スポーツ団体の運営が閉鎖的、独善的に陥りやすいのは、役員の構成や選考過程が外部に開かれていないことにあり、民主的に運営されていないことにある。上位団体だけではなく、下位の団体も同様である。

また、第三者の意見を聴くという観点からは、外部役員、女性役員の登用は重要である。

そして、役員を選ぶ選考過程も不透明であり、役員選考の問題をめぐって、スポーツ団体内部に紛争が生じ、ひいては、大会を開催できない、代表選手を選考できないという事態を招来した例も少なくない。

　さらに、役員を選考する評議員などの人的構成もどのように選考されているのか、不透明なことが多い。

　役員の資質の有無は、選手としての実績と異にするはずであるが、実際には、選手としての過去の実績や学閥、企業閥などにより、選考されることが多い。スポーツ団体の民主的な運営を行うにあたっては、役員にふさわしい資質をもつ者が役員となるべきである。

　近時は、スポーツマネジメントなどを大学で学び、スポーツの現場で働き出している者も多くなっている。将来の役員候補者として、若い人材が活躍する現場をつくり、育てるという試みをしていくことが大事であるし、企業をリタイヤした有能な人材を、競技経験を問わずに積極的に登用する途もある。

(2) 基本的人権の尊重

　スポーツ団体は、スポーツをする者のために存在する社会的な団体である。

　スポーツをする権利は、スポーツに関心のある国民の権利であり、役員のためのものではない。

　スポーツ団体は、競技に参加する者、参加したいとする者、さらには、スポーツを支えようとする者の権利を尊重しなければならない。

　アスリート・ファーストの理念は、トップ・アスリートだけではなく、すべてのアスリートを対象とするものであり、フェアプレイの精神は、他者を尊重することを基本とする。

　競技スポーツは、他者が存在することによって成り立っていることからして、競技スポーツこそ他者を尊重する精神が不可欠であるにもかかわらず、「勝つ」という結果のみにこだわる近時の風潮は、他者・他国をないがしろにしようとする社会の意識と共振している。

このような時代であるからこそ、スポーツ団体は、スポーツを通じて、他者・他国を尊重する理念・精神をリードしていくことが重要である。

　この理念、精神は、憲法の定める基本的人権の尊重につながるものであり、選手だけではなく、スポーツ団体やその役員もまた、他者を尊重することを第一義として、行動する必要がある。

(3) ルールに基づいた運営と手続的公正（法の支配）

　スポーツ団体は、当該競技にかかわる者、これからかかわろうとする者など多数の者を統括する団体であるが、構成員が多数になるほど、多様な意見があることを銘記して、運営を行う必要がある。

　民主的に運営するにあたっては、運営のための手続（ルール・規則）を定め、すべての者に開示されている必要があり、その手続に従って、運営することが重要である。

　規則を制定するにあたっても、一部の者に偏した恣意的なものではなく、規則の内容は公正・公平でなければならないし、規則の適用にあたっても公正公平でなければならない。

　法は、スポーツ団体の運営を自主的に行うことを認めているが、公正・公平でない場合には、法が介入することがある。

　すなわち、スポーツ団体は、すべて「法の支配」の下にあることを忘れてはなならない。

(4) 透明性・アカウンタビリテイ（説明責任）

　スポーツ団体は、スポーツを通じて、社会に影響力をもつ団体であり、それゆえに公的な支援・助成を受けている。

　したがって、スポーツ団体はその運営内容について、透明性をもつ必要があり、スポーツ団体の役員等は、スポーツ団体の権限を行使する者として、アカウンタビリテイ（説明責任）があり、すべてのステークホルダーに、その活動内容、活動の予定やその結果等を説明・報告する必要がある。

　スポーツは、広く市民一般にかかわるものであるから、スポーツ団体のス

テークホルダーはすべての市民であるので、疑義等を問われた場合には、誠実に説明をする責任がある。

(5) **インテグリティ（暴力団排除等、暴力の根絶、セクハラ防止、アンチドーピング等）**

インテグリティとは、「誠実であるとともに強固な倫理原則を維持できている状態」を意味する。暴力団等の反社会的勢力の排除、スポーツにおける暴力（体罰）の根絶、セクシャルハラスメント・パワーハラスメントの防止、アンチドーピング等である。

スポーツの世界において、これらの問題が指摘されるようになったのは、最近であるが、社会的にいうと、10年もしくは20年以上前から、企業・役所・大学等で問題となり、さまざまな取組みがなされている。

今まで、スポーツ団体が取組みをしていなかったのは、スポーツ団体およびその役員が、社会で問題となっていることを自己のものととらえることができていなかったということであり、社会的意識の低さを反映しているものである。

まずは、スポーツ団体は、倫理規程、行動規範を策定する必要がある。その内容は、暴力廃絶等の宣言をし、研修等を行うことにより、その宣言を周知徹底するとともに、苦情・相談窓口を設置し、苦情や相談があった場合には、迅速に解決を図るという体制をつくることである。

そして、体制をつくるだけではなく、実効性があるのものでなければならない。

近時のスポーツ団体・指導者・選手の不祥事の発覚に対処するために、ようやく、競技団体において、倫理規定・行動規範を策定し、相談窓口を設置するようになった。

しかし、スポーツ団体は、倫理規定等の策定により、対応をしたとすべきではない。スポーツの世界自体の閉鎖的・抑圧的な構造がなくならない限り、スポーツにおける暴力（体罰）やセクシュアルハラスメント・パワーハラス

133

メント等はなくならないという認識をもつべきである。

　企業などにおいて、セクシュアルハラスメント・パワーハラスメント防止の規定を定めても、現実に事件が起きていることや日本高等学校野球連盟（高野連）が厳しい処分規程の運用をしていても、暴力行為を根絶できていない。

　「根絶」は目標であり、「いつあるかもしれない」という認識をもつことが大事である。

　そして、苦情・相談を申し立てやすい体制の確立、申し立てた者が不利益を受けない配慮ができるかである。そういう意味では、苦情・相談の窓口は、スポーツ団体の内部にではなく、外部（第三者）に置くことが重要となる。

　暴力等の根絶宣言や倫理規程、行動規範などの策定だけではなく、実効性のあるものとすることである。

　「言うこと」と「行うこと」が一貫し、そこにぶれがなく、絶えず機能している状態がインテグリティである。

(6)　安全対策

(A)　スポーツはなぜ社会に認知されているのか

　他人を殴る行為は、暴行罪や傷害罪に問われる犯罪である。

　ボクシングがスポーツとして許されているのはなぜであろうか。ルールに従って行われるスポーツは、正当行為である、また、スポーツ参加者は、相手方に殴られることについて承諾（被害者の承諾）があるとして、違法性がない（違法性阻却事由）ので、刑事上・民事上の責任を負うことはないとされている。しかし、肘打ちなど、ルールに反して相手に傷を与えた場合には、スポーツ・ルールに基づくペナルティを課されるだけではなく、時には、法的責任を負うこともある。

　ボクシングは、古代ギリシアのオリンピックで行われていたが、18世紀のイギリスでは、ベアナックル（素手）に近い形で行われていた試合で、死者が多発したために、禁止された歴史がある。

投げ技の禁止、グローブの着用、3分1ラウンドとし、ラウンド間の1分間の休憩をとるラウンド制、ダウンした者が10秒以内に立ち上がれない場合はKO負けとすることなどのルールが確立することにより、ボクシングは社会的に相当な行為として認知されたのである。

その後も、ボクシングによる重大事故を防ぐために、ルールの改定が行われている。重大事故が続発するとボクシングが嫌悪されるようになり、競技者の減少、ひいてはボクシングそれ自体が危険な行為として禁止されることになりかねないからである。

ラグビーのタックルや、柔道の投げ技も同様である。

(B) **スポーツをする権利**

スポーツは、それ自体、危険な行為である側面があり、それゆえに、スポーツをすることの醍醐味があるともいえるが、身体に重大な侵害を与えることのないように、スポーツを行う環境を整え、事故が起きないように注意する必要があり、万が一、重大な侵害が生じた場合には、手厚い補償をする制度を整備することが重要となる。

スポーツ基本法は、前文において、「スポーツを通じて幸福で豊かな生活を営むことは、全ての人々の権利であり、全ての国民がその自発性の下に、各々の関心、適性等に応じて、安全かつ公正な環境の下で日常的にスポーツに親しみ、スポーツを楽しみ、又はスポーツを支える活動に参画することのできる機会が確保されなければならない」とし、5条において、「スポーツ団体は、スポーツの普及及び競技水準の向上に果たすべき重要な役割に鑑み、基本理念にのっとり、スポーツを行う者の権利利益の保護、心身の健康の保持増進及び安全の確保に配慮しつつ、スポーツの推進に主体的に取り組むよう努めるものとする」と定めている。

(C) **スポーツ事故とスポーツ団体の責務**

スポーツが、人々に親しまれ、支えられていくためには、スポーツ団体が率先して、スポーツにおいて事故が起きないように、人的・物的な面でスポー

135

ツをする環境の整備をするとともに、万が一事故が起きた場合の補償制度の充実を図る必要がある。

　しかし、スポーツ団体において、どのような事故が、どのような状況において、生じているかを分析し、対策を図り、公表をしている実践例は少ない。

　スポーツ事故については、被害者の訴訟提起や被害者の会の啓発活動により、問題が明らかにされていく例はあるが、未だ不十分であるし、事故を防ぐという観点から、スポーツ団体が積極的に取り組み、スポーツ指導の現場に活かされているかというとはなはだ疑問であるといわざるを得ない。

　また、突風により野球やサッカーのネットなどが倒れたり、熱中症による死亡事故などは、毎年のように、繰り返し起きている。スポーツ団体は、単に、注意を喚起するだけではなく、実効性のある対策を講じるように働きかけていく必要がある。

　現在、スポーツ事故に対処するスポーツ安全保険制度がもっとも充実し、事故情報を把握しているが、個人情報の保護などの理由から、事故情報の分析・開示は十分になされているとはいえない。また、スポーツ安全保険ではカバーできない損害や事故もある。

　スポーツ団体の積極的な取組みが必要な理由である。

(D) 医科学との連携の必要性

　2013年、小中高校の部活動などで、歯を失うなどの事故が絶えないことから、日本体育協会と日本歯科医師会が、スポーツ歯科の専門医の育成に乗り出している。歯が損傷しても、歯根が残り、細胞が生きている30分以内であれば元に戻せる可能性があるが、よく知られていないという。

　また、日本脳神経外傷学会は、柔道やラグビーなどでよく起きる脳しんとうを一度起こすと、2回目を起こすリスクは3～5.8倍になり、繰り返すと、急性硬膜下血腫などの重篤な症状を引き起こすので、症状によっては治ったと判断しても競技復帰を認めないという厳しい対応を脳神経外科医に求めるとする緊急提言をまとめた（2013年7月）。

ラグビーでは、脳しんとうが起きた選手の試合の復帰に関しての規制を設けているが、規制が本当に守られているのか、疑問視している向きもある。

スポーツ団体としても、このような専門家の意見を聴取し、一層の対策を講じていく必要がある。

（第 2 章 1 ～ 5　　白井久明）

6　具体的対策その 3 ～組織構造・健全な分権

(1)　組織構造の基本

(A)　効率性の追求がもたらす権限集中と独善的運営の危険

組織においては、トップに権限を集中するほうが効率的かつスピード感のある組織運営が可能となり、判断についてもステークホルダー等に影響されない独自の判断が可能となる。会社運営において、あえて非上場会社を選択したり、上場していても MBO（マネジメントバイアウト。経営陣による自己株式取得による経営権取得）により非上場会社となったりする場合などはこのような判断が働いているものと考える。

しかし、その反面、権限が集中するとチェックが入る余地が少なくなり、独善的な判断となる可能性がある。

(B)　権限分立がもたらすメリットおよびルールによる運営と法の支配

そこで、現在の会社運営など一般的な組織運営においては、過度に権限を集中させることなく、適宜に権限を分配するほか、権限をもつ者に対するチェック機構を充実させることで独善的な判断を防ぐことが通常となっている。

さらに、権限者による判断に、法やルールによる規制などをかけることによって組織運営に法の支配の原理を働かせ、恣意的判断となることを防ぐことも法治国家における組織運営においては重要である。

これら、スピーディーかつ独自の判断を行うという要請と、公正かつ独善的判断を防ぎ、法の支配をもたせた運営という要請を調和させた組織運営が

137

重要となる。

　いわば、国家において、ルールの作成という立法を国会に委ね、執行は行政が行い、それを司法という裁判所がチェックするという関係と同様のガバナンス体制の要請がスポーツ団体においても重視されるのである。

(C) 法人格の種類との関係（公益法人、一般法人、特殊法人その他）

(a) スポーツ団体と法人格の種類

　スポーツ団体において、任意団体ではなく法人格を有する場合については、以下の種類がありうる。

① 株式会社（現在は廃止された有限会社を含む）、合資会社、合名会社、合同会社
② 社団法人（一般社団法人・公益社団法人）
③ 財団法人（一般財団法人・公益財団法人）
④ 特定非営利活動法人（NPO法人）
⑤ その他特殊法人

　詳細は(3)（業務執行に関する制度設計）においても述べられているが、このうち、国内統括競技団体（NF）においては、比較的競技人口が多く団体の規模が大きい団体（＝財政においても比較的余裕がある団体）においては財団法人（特に規模が大きく財政に余裕がある場合は公益財団法人）、一般的に競技人口が少なく団体の規模も小さい団体においては社団法人（その中でも一般社団法人）の形式がとられていることが多い。その他のスポーツ団体については、プロスポーツクラブは日本においては株式会社の形式をとっている場合はほとんどであり、その他のスポーツクラブやスポーツ団体においては株式会社、一般社団法人、NPO法人の形式をとっている。

　上記のうち、NFにおいて、財団法人もしくは社団法人の形式がとられている理由は、競技団体が営利を目的としていない（利益の分配が予定されていない）ことを理由とする。

　そして、その中でも財団法人の形式がとられていることが多いが、これは、

スポーツ団体（特に競技団体）においては、オーナー（社員）が誰かという点が不明確であり、そのスポーツにかかわるすべての人がオーナーという考え方から、人の集まりである社団法人ではなく、財の集まりである財団法人の形式がとられていると考えられる。このうち、団体が大きく公益性が強い場合や、団体の財政に余裕があり、監査等に費用をかけても税制優遇を受けることのほうがメリットがある場合は公益認定を受けることが多い。

それに対して小規模な団体においては、財団法人にする財産すら構成することが難しいなどの理由から[1]、社団法人の形式をとっている場合が多いが、前述のとおりオーナー（社員）が誰かということが明確でないことから、この場合は各都道府県代表などが社員となっている場合が多い。

一方、プロスポーツクラブなどは、まさにオーナーが存在し（プロ野球であれば親会社）、利益を分配することが求められており、その点では一般の会社と同じであることから株式会社の形式がとられている。その他のスポーツ団体においては、スポーツクラブなど一定の営利を目的としたり、企業などがスポンサーや親会社になるなどオーナーが明確な場合は、株式会社となるが、営利性が低い場合にはNPO法人、一般社団法人の形式をとるなどその団体の性質によってとられる法人格の形式も異なってくる。

(b) 団体の違いとガバナンス

スポーツ団体においては、法人格をもつ場合、一般社団法人または公益社団法人、一般財団法人または公益財団法人のいずれかの形式をとる場合が多いと思われるが、スポーツにかかわる団体としては一般営利法人（会社）やNPO法人その他特殊法人も関係する。これら法人格の違いによって、ガバナンス体制のあり方は異なる。

---

[1] 財団法人では、設立に際して設立者（設立者が二人以上あるときは、各設立者）が拠出をする財産およびその価額の合計額は、300万円を下回ってはならないこととされている（一般社団法人及び一般財団法人に関する法律（以下、「一般法人法」という）153条2項）。

株式会社などの一般営利法人においては、所有と経営の分離（株主ないし株主総会と取締役ないし取締役会）や監査役（監査委員会）による監視として表れることになり、一般社団法人においても社員（社員総会）と理事（理事会）および監事（会計監査人）という同様の関係となる。しかし、両者ともに現在では監査役ないし監事を置かない簡易な組織構造も可能となっている。

　財団法人においては、株式会社や社団法人における株主や社員にあたるものがない。これは、財団法人が財産の寄付によって設立されることによる。したがって、業務執行は理事が行い、その理事を決めるための機関（ないし基本的事項を決めることができる機関）として評議員（評議員会）が存在する。そこで、財団法人においては、上記構造と同様に考えると評議員（評議員会）と理事（理事会）、監事（会計監査人）の関係となるが、評議員会が株主総会や社員総会と性質的にまったく異なることは上記のとおりであり、そのことが後述するガバナンス上の問題点となっている。

　公益社団法人および公益財団法人においては、基本的には一般社団法人および公益財団法人と組織構造は同様であるが、監事および会計監査人が原則として必須化されているほか、申請時の審査やその後の監督官庁による監督などによりガバナンス体制の保持が図られている。

　特殊法人（特殊会社や独立行政法人等も含む）については、上記組織自体のガバナンスのほかに、法律や国家機関による直接の介入の余地がより高いため、他の法人とは異なるガバナンス体制となるが、スポーツ団体（スポーツ関係団体としての日本スポーツ振興センターなどはあるが）として直接この特殊法人関係を論じる実益は大きくない。

(c) 財団法人の問題点

　前述したとおり、スポーツ団体、特に国内統括競技団体においては、オーナーという概念が存在しないことから、法人格として財団法人の形式がとられることが比較的多い。財団法人においては、評議員が形式的には理事の選任や法人の基本的事項を決定することができるという形をとっているものの、

実質的には理事会が最上位機関となっており、業務に関する意思決定と執行を行っている。そこで、理事会に対する監視を行う体制がないという問題が起こる。そこで、平成18年に制定された一般法人法では、評議員会の設置が義務化され、その権限が強化されている[2]。しかし、多くのスポーツ団体においては、従前の財団法人では評議員会の設置自体任意であったことや制度の理解不足などから、評議員ないし評議員会の存在およびその役割に関する認識が希薄である。一般法人法では、評議員の選任および解任の方法は定款記載事項とされ（同法153条1項8号）、理事または理事会が評議員の選任および解任をすることはできない（同法153条3項1号）とされているが、実際は「評議員選定委員会」の運営に理事や理事会が影響力を行使することによって、評議員の選定を事実上コントロールしている例も多い。そこで、財団法人においては、理事ないし理事会による独断専行が起こりやすく、不祥事が起こりやすかった。そして、一般法人法のもとにおいても、評議員ないし評議員会が実効化していない以上、同様の問題は起こりうる[3]。

現に、公益財団法人化した全日本柔道連盟や財団法人日本相撲協会（2014年1月に公益財団法人化）のように、評議員や監事が内部者もしくは内部者にモノが言えない人物等で占められていることにより、不祥事が起こる、または不祥事が起こった場合の対応について適切な対処がとられないといった事態が起こってしまうのである。

(d) **理想的な運営方式**

以上みたとおり、単に法人格の種類だけで、あるべき団体を語ることはできない。

2　財団法人において、評議員会は理事および監事の選任のほか、法人の基本的な事項についての決定を行う（一般法人法178条2項・177条・35条・63条）。
3　日本サッカー協会でも、従前は理事候補のリストを理事会が決め、評議員が追認する形式をとっていたが、2014年3月、会長が、2016年の役員改選から、**FIFA**に合わせ、立候補や推薦手続の明示および評議員による選挙を行う規約に改訂する方針を示した。

〔第2部〕 第2章 スポーツガバナンス実践編・その1——事前の防止策編

　スポーツ団体においては、当該スポーツのことをよくわかる人間が運営することも必要であるが、それだけでは足りない。当該スポーツにかかわった人間だけで組織が構成されると、スポーツ界における上下関係がそのまま組織においても持ち込まれ、意見を言えない風潮が生じてしまう。また、スポーツだけしか行わなかった者は一般の会社などにおいてどのように意思決定がなされるかなど、いわゆる「世間の常識」から乖離し、当該スポーツ団体だけの慣例ないし常識がまかりとおる場合があり得る。

　さらに、スポーツ団体においては、スポーツにかかわる者で社員を構成するものの、実際には社員総会が機能せず、事務局が細かい実務や実質的な意思決定を行うということもよくあることである。そして、そのような事務局は、当該スポーツにかかわった人間か、その知り合いなどの縁故により採用され、当該スポーツ界だけの常識から脱することはできないし、ワンマン理事長のいいなりになるというようなこともありうるのである。

　このような事態を避け、ガバナンスが実効化するよう、実際上の運営をどのようにするかが重要となるが、このためにはやはり当該スポーツにかかわる人間だけでなく、多様な人材で組織を構成することが重要となる。

　すなわち、株式会社や社団法人等においては、社員が基本的事項を決定できる権利があるものの、実際には社員が都道府県代表のいわゆる「当て職」であることが多く、そもそも団体の意思決定にまったく興味がないような場合がある。そのような場合には、社員に単に都道府県代表を置くだけでなく、上位団体や他の団体、または有識者等の第三者を一定程度入れて、社員総会が実効化するような組織体制を構築すべきである[4]。

　財団法人においては、評議員の役割がそもそも理解されていない場合が多

---

[4] 全日本柔道連盟では、地域代表の評議員の数を減らし、代わって学識経験者枠、女性枠を加え、全体の人数も半減させた。日本サッカー協会でも、現在は評議員が都道府県協会の代表47名で構成されているが、2014年3月、これに選手会、OB会、女子、審判らの代表も加えるように規約を改定する方針であることを会長が示した。

く、形式上元役員等が評議員についただけというような場合が多い。このような場合には評議員ないし評議員会はまったく機能していないといえるので、評議員にも一定程度第三者を入れるなどして、評議員会を実効化させる必要がある。

(D) 競技団体の性格との関係（五輪競技か否か、統括団体か地方団体か、プロかアマかなど）

さらに、スポーツ団体においては、競技団体の性格によっても、組織構造のあり方は異なってくる。

すなわち、競技人口が少ないマイナースポーツにおいて、しかも地方の支部などである場合には、一般個人が自宅を事務所として登録してボランティアですべてを担っている場合などが多くあるが、このような組織において厳格なガバナンスを要求することは極めて困難である。

それに対し、競技人口が多く、オリンピック競技であり（JOC加盟団体であり）、スポンサー等の利害関係人が多い場合や、サッカーなどのメジャースポーツであり興業に伴う金銭的、社会的影響が非常に大きい団体などにおいては、ガバナンスに関する要請が強く働く。

つまり、スポーツ団体と一括りにして同一のガバナンス体制を要求することは不可能であり、団体の法人格、競技団体の性格によって、異なるガバナンス体制をとる必要がある。

ただし、すべての団体において異なるガバナンス体制を確立することもまた困難であることから、すべての団体に共通する最低限のガバナンス[5]を定め、さらに団体の性質などに応じていくつかのレベルに分けたガバナンス体制のあり方を規定するのが最適である。

(2) 意思決定に関する制度設計（立法）

(A) 基本原則としての民主制

---

[5] 最低限のガバナンスについては、巻末資料1の実践チェックリスト例参照。

〔第2部〕　第2章　スポーツガバナンス実践編・その1——事前の防止策編

　スポーツ団体においては、スポーツそれ自体ないし当該スポーツ競技が公益性を有するものといえる以上、当該スポーツの創始者や往年の名選手など一部の者による独占的な組織運営が許されるものでないことはいうまでもない。そこには、多数の関係者による民主的な運営がなされることが当然に要求されるのである。ただし、現在においては、単に組織が民主的に運営されればよいというだけではなく、ガバナンス体制を確立するためにはどうすればよいかというさらに進んだ組織運営およびその体制のあり方が求められている。

⒝　**誰に議決権をもたせるか〜意思決定機関の種類と構成（各種総会等）**

　前述のとおり、国家機関における立法すなわち基本的な意思決定機関としては、会社においては株主総会となり、社団法人（NPO法人においてもほぼ同様）においては社員総会[6]がこれを行い、個別の業務に関する意思決定と執行は理事会や取締役会が行う。これは、いわゆる「所有と経営の分離」の発想であり、業務運営は経営の専門家が行い、経営に対する知識や興味に乏しいことが多い株主（オーナー）は人事等基本的かつ重要な事項のみを判断するほうが適切であるという考えに基づく。これに対し、財団法人においては、前述したように、オーナーという発想がないため、業務執行を行う理事会を監督するための機関として評議員会が設けられており、株式会社や社団法人とは発想が異なる。

　⒜　**一人ないし一部の者による独断専行の禁止**

　上述の制度は、若干成り立ちに差こそあれ、権限を分配することにより抑制と均衡（監督と監視）を働かせることにより、一部の者による独断専行を禁

6　理事会を設置しない一般社団法人においては、社員総会は、一般社団法人の組織、運営、管理その他一般社団法人に関する一切の事項について決議をすることができるが、理事会設置一般社団法人において、社員総会は、基本的事項に限り決議をすることができる（一般法人法35条）。

止するという意味においては共通する。特に、スポーツ団体においては、当該スポーツで有力であった人物（元選手や指導者など）が団体の重要な位置に付くことが多く、スポーツ界における後輩は先輩にモノが言えないという独特の体育会的性質と相まって独断専行が生じやすい。そこで、特に独断専行を抑止するためのガバナンス（統治機構の制度）の整備が必要となる。

(b) **法人格に応じたルールによる制限**

株式会社においては株主総会、社団法人においては社員総会が人事や団体に関する重要事項を決定することにより、業務執行を監視する体制が形式的にはとられることになる。

しかし、スポーツ団体（特に競技団体）においては、そもそも当該スポーツはそのスポーツを行う皆のものであるという発想から、オーナー（社員）が誰か観念しにくいために、社員については、都道府県代表が機械的につくなど、監視・監督を働かせる動機に乏しく、実際の業務執行について興味がない場合が多い。これが先に述べた先輩・後輩構造とあわせて監視・監督するための制度を形骸化させることになりがちである。

さらに、財団法人においては、前述したように、一般法人法下では、評議員会の権限が強化されているものの、そもそもオーナーがいないという制度や、従前から評議員ないし評議員会の存在意義や機能が理解されていない（実質的に理事が評議員を選び、その評議員が理事を選んでいることなど）ということなどから、評議員会による監視・監督が機能しにくく、業務執行に対するガバナンスが働きにくい。

(c) **実際の運用における注意点**

そこで、特にスポーツ団体におけるガバナンスにおいては、単に制度上監視・監督ができる体制にあるというだけでなく、意思決定機関に対する実質的な監視・監督が働くように実態を整備する必要がある。

では、具体的にどのようにすればガバナンスを実効化することができるのであろうか。

〔第2部〕 第2章 スポーツガバナンス実践編・その1――事前の防止策編

　まずは、外部の常識（第三者）を入れることである。スポーツ界における独特の先輩・後輩関係に縛られず、「スポーツ界の常識」に縛られないものの意見が必要だからである。これについては、業務執行機関について述べる(3)でも述べられており、特に業務執行機関において第三者および経営の専門家等有識者を入れることが重要であるが、意思決定機関である社員総会においても第三者を入れるか第三者の意見を聴けるような体制を敷くことは重要である。財団法人においても、評議員に一定程度外部の第三者や有識者を入れることが重要となる。

　さらに、単に団体内部の制度として第三者の意見を取り入れるだけではなく、スポーツ団体においては、ステークホルダー等多様な意見を入れることにより、業務執行を適切に監視するとともに、スポーツ団体としてあるべき判断が可能となる。具体的には、スポーツはそのスポーツにかかわるすべての者のためにあるという意味で公益性が高く、選手や監督、ファンやスポンサーなどステークホルダー（利害関係人）が多く、また多様である。それらステークホルダーの意見を適切に取り入れることができれば、ガバナンスはさらに実効化するが、それらの方法もまた多種・多様である。

　スポーツ団体においては、スポーツの種類や団体の種類により関与する人間の数や財政的基盤も異なるため、財団法人がいいか社団法人がいいかなどベストな法制度を定めることは困難である。また、ステークホルダーの種類やかかわり方もスポーツの種類や団体によって異なるため、一律に論じることは難しい。

　そこで、以下、ステークホルダーの意見を取り入れるためのさまざまな制度を検討することにより、スポーツ団体におけるあるべき団体運営の方式の参考にしていただきたい。

(C) 利害関係人の納得をつくり出すルールづくりの方策
　(a) 資金提供者・オーナーの意見をどれだけ重視するか
　スポーツ団体においては、財団の資金提供者や実質的なオーナーが存在す

る場合があり、それらの者の意見を無視することはできないが、ガバナンス上これらの意見を過度に取り入れることは適切ではない。そこで、これらオーナーの意見を取り入れつついかに組織を運営するかが問題となる。

　この点、日本野球機構（NPB）においては、各球団、リーグから発展していったという経緯などから、日本野球機構の中に日本プロフェッショナル野球組織があり、日本野球機構の社員が球団であるのに対し、野球組織は12球団のオーナーにより構成されるという球団ないし球団オーナーの利害を最大限尊重するという連邦制のような組織体制をとっていたため、意思決定が膠着する場面が多くなり、その結果事務局が実質的な業務執行を行い、事務局による独断専行および社長であるべきコミッショナーの関与がなされないというガバナンス上の問題が生じた（いわゆる「統一球問題」[7]）。

　これに対して、Ｊリーグにおいては、日本サッカー協会のもとにリーグを置き、チェアマンが社長で各クラブが社員という形式をとり、議決権をクラブに与える一方、サッカー協会の総会への出席は認めない形をとってクラブの利害を調整している。そして、理事会においては、Ｊリーグ幹部のほか学識経験者、サッカー協会、クラブがそれぞれ理事を選出することで、オーナーだけの利益を追求することなく業務執行が可能となっている[8]。

　これは、Ｊリーグがクラブないしオーナー主導ではなく、リーグ主導であり、プロ野球のような連邦制ではなく、中央集権制をとっていることに差がある。現時点でいずれかが間違いでいずれかが正しいと論じることはできないが、少なくともプロ野球においてガバナンス上の問題点が生じた以上、対局的な運営を行っているＪリーグも参考にしつつ、あるべき組織を検討すべきであろう。

7　統一球問題およびNPBの組織上の問題点については、「日本野球機構　統一球問題における有識者による第三者調査・検証委員会「調査報告書」(http://p.npb.or.jp/npb/20130927chosahokokusho.pdf)」に詳しい。第１部Ｘも参照。
8　広瀬一郎『Ｊリーグのマネジメント』（東洋経済新報社、2004年）参照。

(b) スポンサー、メディア等との関係（意思決定過程への関与、影響）

　現在のスポーツ競技においては、多数のスポンサーが関与し、これらスポンサーの意向を無視することはできないのが実情である。また、報道などのメディアも多く関係し、その報道のあり方などによって組織運営が影響を受けることも事実上ありうることである。しかし、これらスポンサーやメディアは組織運営上当然には意思決定に関与することはない。また、スポンサーやメディアの意見を過度に重視することも一部の利害関係人や特定の意見を過度に重視することにつながり適切ではない。ただ、これらの意見をいっさい無視することも適切でない場合があることから、これらスポンサーやメディアの意見を吸い上げながらそれらの意見と調和した組織運営をいかに図るかが問題となる。

　この点、社員などではないため直接意思決定に参加することはできないものの、スポンサーやメディアなどステークホルダーに対して、賛助会員という形で組織に参加をさせる方法がある。スポンサーらは、賛助会員として資金提供する代わりに、広告宣伝を行う機会を得るなどの特典を受ける形式が多い。このような賛助会員制をとることによって、スポーツ団体としても事実上これらスポンサー等の意向を無視することができない形となるし、賛助会員もよりスポーツ団体の動静に注目することになり、多様な意見を反映し、事実上の監視・監督機能を果たすことができることになる。

(c) 選手・審判その他労働者との関係

　スポーツ団体においては、組織運営を行うもの以外に、実際のスポーツ選手（監督やコーチ等も含む）が主役であり重要であることはいうまでもないが、選手は組織構成において当然に意思決定に関与することはない。これは同じくスポーツにおいて重要な役割を果たす審判も同様である。

　選手の利害を代表する団体としては、日本のプロ野球などでも知られる「選手会」がある[9]。選手会には、当該スポーツを選手の立場で普及するという公益的な団体としての性質や、選手の利益を代表して当該スポーツ団体と

交渉するという性質（このうち労働条件について交渉する場合、労働組合としての性質を有することになる）などいくつかの要素がある。

このうち、労働組合としての性質を有するかについて、法律的には争いはあったものの、現在では労働組合性を有する団体であることに争いはない。したがって、労働組合として活動する場合、競技団体側には労働組合である選手会と誠実に交渉する義務があり、それに違反すると不当労働行為となる[10]。

その他、スポーツを普及させる公益的な活動や、当該スポーツにおける選手としての利害などについて対外的にアピールする活動などを通じて、選手会は当該スポーツにおいて選手の意見、利害をスポーツ団体の運営等に反映されるようにしている。スポーツ団体（競技団体ないし球団やクラブ）もこのような選手の意向を無視することはできず、選手会の意見をどのように反映させるか、そのためのシステムづくりが求められることになる[11]。

審判についても、選手同様審判の団体が労働組合としてスポーツ競技団体と労働条件について交渉を行うことがあり、その場合の競技団体の誠実交渉義務は選手の場合と同様である[12]。それ以外にも、当該協議の公認審判らで構成する審判委員会が、スポーツ団体の特別委員会として、ルールや審判員のあり方などについての意見を述べる例があり、一定程度意思決定に関与す

---

9 日本では、日本プロ野球選手会、日本プロサッカー選手会、日本バスケットボール選手会などがある。このうち、日本プロ野球選手会および日本プロサッカー選手会は一般社団法人と労働組合という二つの性質を有しているが、日本バスケットボール選手会は一般社団法人としての活動のみであり、労働組合としての活動は行っていない。その他、任意団体（任意組合）としての選手会も存在するが、その場合労働組合としての活動を行っているかどうかは団体による。
10 労働組合法7条2号。
11 アメリカのオリンピック委員会（USOC）は、会員である競技団体の会員資格の要件として、理事会や、予算、紛争解決にかかわる委員会などの委員の20％以上を選手から直接選出された選手代表によって構成することを要求している（USOC定款8.8.1条、8.8.5条など）
12 プロ野球について、「商業労連連帯労働組合プロ野球審判部会」が存在する。

149

る仕組みがとられている。

　(d)　ファンの意見を取り入れる例（Supporters Direct など）

　さらに、スポーツ団体においては、特に興業スポーツにおいてはファンがなければ成り立たないのであり、ファンの意見を無視することはできない。しかし、ファンの意見も、組織において当然に取り入れられることはない。

　この点、ヨーロッパにおいては、サポーターの利害を代表する「Supporters Direct（サポーターズディレクト）」という団体が存在し、サッカーやラグビー、アイスホッケーなどの団体の運営について、サポーターの代表がその意思決定に直接関与しているほか、イギリスにはサッカーのサポーターの団体として「The Football Supporter's Federation（FSF）」という団体が存在し、サポーターズディレクトとともにイングランドサッカー協会（FA Council）の意思決定に関与している。

　国内においては、プロスポーツ等におけるファンクラブのほか、ファンによる賛助会員的な組織（Jリーグのクラブにおける賛助会員システム等）などが存在する。これらは団体の意思決定に直接関与することはないが、ファンの声を集約するなど事実上団体の意思決定に影響を与えることがある。

　また、Jリーグの横浜FCやアイスホッケーのH.C.栃木日光アイスバックスのように経営危機に陥ったチームを救うためにファン（市民）によってチームがつくられる場合もあり、この場合は単なるファンからオーナーへと移行することになる。このような例もあるので、スポーツにおけるファンの存在は無視できないのである[13]。

　イギリスの例のように意思決定に参加するまでするかは別として、ファンの声を取り入れるための機関ないしシステムを取り入れることは、利害関係人の意見を取り入れたガバナンス体制としてだけでなく、経営的な観点から

13　横浜FCではFCバルセロナのソシオ制度を参考にした会費制会員組織「ソシオ横浜（ソシオフリエスタ）」を設立したが、運営会社との間でトラブルが生じて会員により会費で運営されるという本来のソシオ制度は頓挫している。

も重要であろうと思われる。

(e) 国家等からの干渉

スポーツに大きな影響を行使しうるステークホルダーとして、国家という存在も忘れてはならない。スポーツは本来的に公共性、公益性を有するものであり、国家としてはそのようなスポーツを促進すべき立場にある。スポーツ競技についても、現在はその規模が大きくなり、国益を代表する性格を有してきている。そして、スポーツ団体は、国家からの補助金など、国家との関与なしには存在し得ない場合が多い。

これらのことから、スポーツ団体において、国家との関係は無視できない。

しかし、他方、スポーツは、モスクワオリンピックやミュンヘンオリンピックなど過去に政治とスポーツが結びつくことによる悲しい出来事が起こったという歴史から、現在においては政治とは分離がなされるべきであるとも考えられている[14]。

そこで、スポーツ団体のガバナンスにおいては、このような国家の関与について、これを禁止するオリンピック憲章などとの関係に留意しつつ、国家の過度の関与を防いだうえで、どのようなガバナンス体制を構築すべきかが問題となる。

この点、国家からの干渉が問題となった事例として、新興国などにおける国家からスポーツ団体に対する干渉に対して、国際機関からの制裁がなされた事例がある。

① IOC関係　2010年1月、クウェートにおいて、政府が国内のスポーツ組織に干渉できる国内法の是正が履行されなかったことを理由に、IOCはクウェートオリンピック委員会を資格停止処分とした。

2012年12月、IOCは、インド・オリンピック委員会の役員選挙に政府

---

[14] オリンピック憲章では、IOC委員が政府等からの影響を受けることを禁止するという規定で、政府による各国NOCの意思決定に対する関与を禁止している（オリンピック憲章16条1.5）。FIFA憲章（FIFA statues）にも同様の規定がある（FIFA憲章17条1項）。

151

が干渉していることなどを理由に同委員会を資格停止処分とした[15]。

② FIFA関係　FIFAは過去国家による介入が是正されないことを理由として、2008年5月および2009年11月にイラクサッカー協会に対し、2009年9月ブルネイサッカー協会に、2013年7月カメルーンサッカー協会に対してそれぞれ資格停止処分としている。その他、2010年7月にナイジェリアに対し、2013年7月ウガンダサッカー協会に対してそれぞれ国家への関与を理由に警告を行うなどしている。

上述したとおり、スポーツ団体としては、国家からの補助金等に頼りながらも、国家からの不当な干渉を防ぐ組織運営づくりを確立することも要請されている。

他方、国家からの干渉がガバナンスの必要上やむを得ない場合も存在する。具体的には、内閣府が、2013年7月23日に公益財団法人全国柔道連盟に対し[16]、2013年11月19日に公益財団法人日本アイスホッケー連盟に対し[17]、2013年12月10日に公益社団法人全日本テコンドー協会に対し[18]、2014年4月1日に公益社団法人日本プロゴルフ協会に対し[19]、それぞれ公益社団法人及び公益財団法人の認定等に関する法律の規定に基づき勧告を行った。これらは、競技団体のガバナンス体制について改善がみられないために最後の手段として国家が介入した例といえるが、本来的にはこのような勧告がなされないようガバナンス体制を整えるべきであることはいうまでもない。

　　　　　　　　　　　　　　　　　　（第2章6(1)(2)　堀田裕二）

---

[15] これにより2014年のソチ・オリンピックについて、インド選手は国家としてではなく個人として出場せざるを得なくなった。この意味で、ガバナンスの欠如はアスリートに対する影響も大きいといわざるをえない。
[16] 柔道指導における暴力問題、独立行政法人日本スポーツ振興センターの助成金問題等を理由とするもの（第1部IV参照）。
[17] 連盟の役員改選をめぐる問題に関するもの（第1部VIII参照）。
[18] 協会における社員の議決権をめぐる問題に関するもの（第1部VI参照）。
[19] 理事および副会長が指定暴力団会長等と交際していたことを理由とするもの。

(3) 業務執行に関する制度設計（行政）

(A) 業務執行機関の重要性

どのような組織であっても、決定された活動方針に基づき日々の業務を執行する機関が必要であることはいうまでもない。スポーツ団体においても、社員総会、評議員会、代表者会議等の意思決定機関において決定された事業活動方針は、業務執行機関によって具体的に執行されてはじめて実現されることになる。業務執行機関なくしてスポーツ団体の活動はあり得ず、国家に置き換えれば、立法、行政、司法のうち「行政」を担うのが、スポーツ団体の業務執行機関である。

ただし、この業務執行機関が恣意的で不公正な運営を行うことが許されるようであれば、スポーツ団体の事業の適正さはとうてい確保できない。「行政」を担う業務執行機関が事業を公正かつ適正に行うよう制度設計をすることが、スポーツ団体におけるグッドガバナンスの実現に不可欠であり、また極めて重要であるということができる。

(B) 業務執行機関の種類

(a) 法人格の有無および公益認定による区分

スポーツ団体の中には、法人格を取得している団体、さらには公益法人として認定を受けている団体から、NPO法人、法人格をもたない任意団体までさまざまな形態がある。その態様からおおむね次のとおり分類することができるが、これら以外にも株式会社として成立しているスポーツクラブや、特殊法人として存在している団体もある。

① 公益財団法人
② 公益社団法人
③ 一般財団法人
④ 一般社団法人
⑤ 特定非営利活動法人（NPO法人）
⑥ 任意団体

〔第2部〕 第2章 スポーツガバナンス実践編・その1――事前の防止策編

　我が国のスポーツの統括団体のうち、競技人口の多い主要な競技の統括団体は、公益財団法人として組織されている場合が多い。日本サッカー協会、日本野球連盟、日本陸上競技連盟、日本水泳連盟、日本テニス協会、日本バレーボール協会、日本体操協会、日本バスケットボール協会、日本レスリング協会、日本ハンドボール協会、日本自転車連盟、日本卓球協会、全日本柔道連盟、日本バドミントン協会、全日本スキー連盟、日本スケート連盟、日本アイスホッケー連盟等がこれに該当する。公益認定を受けていない一般財団法人の統括団体は極めて少ないが、全日本剣道連盟がこれに該当する。
　基本財産を必要とする財団法人ではなく、社団法人として組織されているスポーツの統括団体も多い。比較的競技人口の少ない競技の統括団体の場合が多く、公益認定を受けて公益社団法人として組織されている場合も多い。日本ボート協会、日本ホッケー協会、日本馬術連盟、日本フェンシング協会、日本ライフル射撃協会、日本近代五種協会、日本カヌー協会、全日本アーチェリー連盟、日本トライアスロン協会、日本カーリング協会等が公益社団法人であり、日本ウェイトリフティング協会、日本バイアスロン連盟、日本ボブスレー・リュージュ・スケルトン連盟等が一般社団法人である。
　また競技の統括団体ではなく、地域のスポーツ団体や学生等の特定の者を対象とするスポーツ団体、さらには趣味の集まりとしてのスポーツ団体等では、NPO法人や法人格をもたない任意団体として組織されているケースも多い。

　(b)　一般財団法人、公益財団法人の業務執行機関
　一般財団法人は、一般法人法の規定に従って業務執行機関を設置しなければならない。公益財団法人も公益認定を受けているという点で差異があるにすぎないから、一般財団法人と同様に同法の適用を受け、同法に従って業務執行機関を設置することになる。
　一般法人法においては、一般財団法人は、評議員、評議員会、理事、理事会および監事を置かなければならない(同法170条)と定められているため、財

154

団法人であるスポーツ団体においても、当然にこれらは必須機関として設置される。

すべての評議員で構成される評議員会が理事および監事を選任し、法人の基本的事項に関する意思決定を行い（同法177条・63条）、理事は理事会を構成したうえで、理事会として業務執行の決定を行い、代表理事を選定して業務を執行させる（同法197条・90条・91条1項1号）。また、理事会は、その決議によって代表理事以外の理事で業務を執行する理事を選定することが認められているので（同法197条・91条1項2号）、多くのスポーツ団体においては、多岐にわたる業務を執行するため、代表理事以外にも業務執行を担当する理事を選定している。

(c) **一般社団法人、公益社団法人における業務執行機関**

公益社団法人の場合も公益認定を受けている点で一般社団法人との差異があるにすぎないことは、公益財団法人と一般財団法人の場合と同様であるから、公益社団法人、一般社団法人のいずれの場合も一般法人法の適用を受け、同法に基づき社員総会、理事、監事の設置が義務づけられる。そして、任意の機関として理事会を置くこともできる。

統括団体であるスポーツ団体のうち一般社団法人、公益社団法人である場合の多くでは、各都道府県の競技の統括団体の代表者等を社員とし、これら代表者等で構成される社員総会で決定された事業活動方針を受けて理事が業務執行を行う。理事会を設置する一般社団法人、公益社団法人においては、理事会が業務執行の決定を行い、代表理事を選定して業務を執行させる（一般法人法90条・91条1項1号）。また、理事会がその決議によって代表理事以外の理事で業務を執行する理事を選定することが認められていること（同法91条1項2号）は、一般財団法人の場合と同様であり、多岐にわたる業務を執行するため代表理事以外にも業務執行を担当する理事を選定していることも同様である。

(d) **NPO法人における業務執行機関**

NPO法人は、特定非営利活動促進法に基づき設立される法人であるため、NPO法人であるスポーツ団体は同法に基づき業務執行機関を設置することが必要となる。同法では、役員として理事3名以上と監事を置くこと(同法15条)、理事がNPO法人を代表すること（同法16条）が定められており、定款に代表権の制限等の特段の定めがない限り、各理事がNPO法人の業務執行機関として位置づけられることになる。

　　(e) 任意団体における業務執行機関
　法人格をもたない任意団体であるスポーツ団体においては、組織に関して法的規制を受けないため、業務執行機関の制度設計についても基本的には自治に委ねられている。選手や関係者等が会員、協賛する第三者が協賛会員等として団体の構成員となり、会員総会等において活動方針を決定したうえ、会長等の役員を選任して業務執行を担当させる場合が多い。組織の制度設計においても直接の法的規制を受けないため、業務執行機関にどのような権限を与え、どのような義務を課すかは基本的に各団体の自由となる。

　(C)　業務執行機関の構成
　　(a) 業務執行機関の構成の重要性
　スポーツ団体の業務執行機関は、法人格の有無あるいは法人格の種類に応じて適用される法令が異なるため、理事、代表理事、理事会等、設置される機関も異なる。

　しかし、どのような業務執行機関が設置されようとも、そこにどのような人材を選任し、どのように運用するかの実質面を疎かにしては、スポーツ団体の事業の適正さは確保できるものではない。各団体に適用される法令に従った名称の業務執行機関を設置すればよいというものではなく、その内容をどのように設計するかこそがグッドガバナンスの実現のためには重要なのである。そこで、以下においては業務執行機関の人数、選任するべき人の属性、任期・年齢等、選任基準等の実質的構成について、あるべき方向性を検討していくものとする。

(b) 人　数

　業務執行機関はその性質上、業務処理に必要な多くの権限を有することになる。しかし、権限が集中すればするほど権限濫用の危険性が高まることとなる。業務執行を委ねられる者の良識に期待し、信頼するのみでは組織としての健全性を確保できるとはいい難い。どのような者が業務執行機関に就いたとしても、決して権限を濫用されることがなく組織が健全に運営されるためには、一人の個人に業務執行を委ねるのではなく、複数人に権限を分配し、相互に監視する制度が必要といえる。

　したがって、社団法人または財団法人のスポーツ団体の場合には、代表理事のみを選任して業務執行を一人に委ねるのではなく、代表理事以外の理事も選定して業務執行を行わせることが望ましく、法人格を有さない任意団体においても、複数人の業務執行機関を選任して相互に監視しつつ業務執行を行う態勢とすることが望ましいといえる。

(c) 属　性

　業務執行機関として選定される代表理事、理事等の属性については、できる限り多様であることが望ましい。

　とかくスポーツ団体においては、元選手が理事等の役員に就任し、業務執行機関に選定されるケースが多いが、スポーツ団体の業務執行機関として元選手がふさわしいとは必ずしもいえない。当該スポーツが直面する問題点、課題をより把握し、実情に精通していることは必要であるとしても、元選手でなければならない理由はない。むしろ、長年当該スポーツの世界に身を置いている選手は、学生時代の先輩後輩、コーチ、監督等の複雑な人間関係に縛られている場合が多く、個人的な利害関係に影響されて業務を適正に執行できない可能性も少なくない。

　純粋に組織のマネジメントという視点からすれば、元選手が業務執行機関に就く必要はなく、むしろマネジメント能力を期待できる外部専門家を選定するべきであるとさえいえる。外部の人材を登用するべきという考えは、近

157

年の会社法制の社外取締役義務化の改正動向とパラレルに考えられるものである。スポーツ団体も企業と同じく公益性を有する存在として社会的責任を果たす義務がある以上、外部の人材を積極的に登用し、多様な視点からの検討を踏まえて一般社会の常識および価値観に合致した業務執行を行うことが不可欠である。

　また、多様性という意味では女性の選任も必要である。スポーツ界においてはこれまで男性重視の傾向があったことを否定できないが、現代社会においては女性競技者も極めて多く、また男女を問わず多くの国民にスポーツに親しむ意識が浸透しているのであるから、女性の意見を組織運営に反映させることは不可欠といえる。近年発覚したスポーツ界におけるセクハラ問題等の不祥事[20]は、スポーツ団体において女性の視点が欠落していたことの表れともいえるものであり、理事等に女性を積極的に選任することは急務というべきである。

(d) 任期・年齢等

　社団法人および財団法人であるスポーツ団体の理事の任期については、一般法人法により原則として2年と定められている（同法66条・177条）。業務執行機関に選定される代表理事および理事は、理事の身分があることが前提となるとしても、理事の再任については特に法的規制がないため、再任を繰り返すことにより特定の理事が長期間にわたり業務執行機関の地位を維持するケースも多く見受けられる。

　また、NPO法人についても役員の任期は2年以内と定められている（特定非営利活動促進法24条1項）が、再任に制限はないため、特定の理事が長期間にわたり業務執行機関の地位を維持することも考えられる。さらに、法人格のない任意団体に至っては、特に法的規制を受けないため、業務執行機関の任期については自由に設計することが可能である。

20　全日本柔道連盟セクハラ問題（第1部Ⅳ1(4)参照）。

しかし、長期体制が弊害をもたらす可能性が大きいことは過去の経験からも明らかである。特定の者が長期間にわたり権限を保有すれば、その権限の周辺に利害を有する者との癒着を生みやすくなり、その結果として権限濫用、恣意的な組織運営の土壌が醸成されることとなる。したがって、業務執行機関の任期については、任期制限、再任制限等の規制を行うことが望ましい。各スポーツ団体の固有の事情もあると思われるため、一律に任期制限の年数や再任制限の回数を定めることはできないものの、業務執行の継続性を維持できる範囲で短く設定するほうが、スポーツ団体の適正な組織運営という観点からは望ましいといえる。

また、長期体制の防止という意味では、同様に年齢制限も設定することが考えられる。経験や実績を重視する考え方に従えば、高齢であることが直ちに不適任であることに直結するものではないが、理事や業務執行機関としての定年制度を設定することで、長期体制による弊害を端的に防止することも可能である。

(e) 選任基準等

業務執行機関として誰を選任するべきかについて、あらかじめ客観的な基準を設定することは容易ではない。業務執行は総合的な能力を必要とされるものであり、あらかじめ何らかの基準をもって評価しうるものではない。有能な人材の獲得という観点からは、むしろ何らかの選任基準を設けることは門戸を狭めることにもなりかねないとの否定的な見解もあり得るところではある。

しかし、業務執行機関は、スポーツ団体の運営の中核を担うものであるから、誰を業務執行機関に選任するかはスポーツ団体の適正な運営を確保するうえでは極めて重要な事項である。人の能力をあらかじめ基準化して定めることはできないとしても、選任される者の属性を定めて明確化しておく等の工夫は可能である。複数人を業務執行機関として選任する際、属性や出身母体ごとに人数配分を定めることにより、業務執行機関の内部でバランスをと

159

ることも重要である。

　また、業務執行機関の選任をより客観的に行うため、「役員推薦委員会」等の合議機関を設置し、協議により理事等の役員候補者を選定するという方法も検討に値する。役員選任過程により多くの者を関与させることによって客観性を担保しようという狙いは、高く評価できるものである。しかし、当該委員会のメンバーを誰が選定するのかという問題もあり、特定の者が委員会のメンバーを恣意的に選定できてしまえば、実質的には恣意的な役員選任であるにもかかわらず、あたかも客観性があるかのように装う「隠れ蓑」として利用されることになりかねず、その設置には慎重な配慮が必要である。

(D)　業務執行機関の運営
(a)　基準の作成および明確化

　スポーツ団体の業務執行が適正かつ公正に行われるように業務執行機関を設置し、ふさわしい人材を選任することが極めて重要なことは前述のとおりである。

　しかし、十分な機能を期待できる業務執行機関を設置し、ふさわしい人材を選任さえすれば、必ずスポーツ団体の事業の適正さが確保されるというものではない。業務執行機関は、スポーツ団体の運営のために多大な権限を授与され行使することになるが、専断的、恣意的な権限行使がなされればスポーツ団体の適正、公正、健全な運営は期待することができない。

　そこで専断的、恣意的な権限行使を抑制するため、権限行使を一定の基準、ルールで拘束し、他の団体構成員の自由と権利を保障し、団体の適正な運営を保障すること、すなわち法の支配が必要である。スポーツ基本法5条2項は、「スポーツ団体は、スポーツの振興のための事業を適正に行うため、その運営の透明性の確保を図るとともに、その事業活動に関し自らが遵守すべき基準を作成するよう努めるものとする」と定めているが、これはまさに法の支配に基づく運営をスポーツ団体に求めているものにほかならない。

　もちろん運営基準を作成するだけではなく、それを明確化して公表するこ

とも必要である。基準は作成するだけではなく、基準に合致した運営がなされているか否か常にチェックできる体制になければならず、そのためには基準の明確化と公表が必要である。

(b) 運営基準の内容

作成される運営基準の内容も、適正な運営を確保できるだけの実効性のある内容でなければならない。

第1に、業務執行状況の透明性が確保できる内容でなければならない。

業務執行が密室で行われれば、いかに運営基準を定めたとしても、基準と合致した運営が行われているか否かチェックすることは不可能である。業務執行行為の一つひとつが他の機関や構成員にも把握できるよう制度設計を行い、いつでもチェックできるような内容の運営基準でなければ実効性が期待できない。

第2に、業務執行権限は複数人に分配されなければならない。

業務執行機関の人数が一人にすぎなかったり、特定の者に権限が集中すれば、権限濫用の危険性が高まり、恣意的な組織運営を許すことにもなりかねない。人の支配ではなく法の支配の理念を実現し、適正な運営を確保するためには、複数人に権限を分配し、相互に監視する内容の運営基準でなければならない。

第3に、利益相反取引等の不正が行われる蓋然性の高い類型的行為に配慮して規制した内容でなければならない。

多大な権限を授与され行使することになる業務執行機関には、その権限を利用して自らや第三者の利益を図る誘惑も多いといえる。スポーツ団体の業務執行として自らが経営する会社と取引をする利益相反取引はその典型的事例である。そのため社団法人および財団法人については一般法人法84条1項・197条により、NPO法人については特定非営利活動促進法17条の4により、それぞれ理事の利益相反取引が規制されているが、このような法的規制のみならず、不正が行われる可能性のある類型的行為を自ら規制するという

161

配慮が必要である。

　利益相反取引に対する規制以外にも、契約締結にあたり一定額以上の契約については随意契約ではなく入札を実施する、取引相手方関係者との過度な飲食等の饗応を受けることを規制する等、不正の温床となりうるような類型的行為をあらかじめ規制した内容であることが必要である。

(E) 業務執行の補助機関

(a) 常務理事会等

　社団法人および財団法人においては、理事会の決議によって代表理事を選定して業務を執行させるとともに、代表理事以外の理事で業務を執行する理事を選定することが認められている(一般法人法197条・91条1項)。ここで選定される業務執行理事は、「常務理事」などの肩書を与えられることが多く、これら業務執行理事で構成される「常務理事会」「業務執行理事会」等の合議機関が設置される場合がある。

　法律上は代表理事と各業務執行理事が業務執行機関とされるため、常務理事会等の合議機関は、業務執行理事の業務執行を補助するための機関と位置づけられる。業務執行理事が相互の業務執行状況を報告し、意見交換を行い、そして監視する機能が期待されるものであり、より慎重かつ適正な運営を期待できる制度として意義が認められる。

(b) 専門委員会・本部制

　業務執行機関による業務執行を補助するための機関として、「総務委員会」「財務委員会」「技術委員会」等の専門委員会、あるいは「総務本部」「強化本部」「競技本部」等の本部制を設けるスポーツ団体も多い。大規模スポーツ団体などで多く採用され、各業務執行理事の業務執行を補助する機関として位置づけられる。

　業務執行理事の下に設置されるこれらの機関は、法律で規制を受ける基本的制度の範囲内で業務執行を補助する機関として設計されるものであるため、基本的には各スポーツ団体の自主性に委ねられており、業務執行の対象が多

岐にわたる大規模スポーツ団体では、対象事項ごとに担当を分けることで、専門的検討を行ったうえでの慎重かつ適正な業務執行を期待できる制度として意義が認められる。

(C) **事務局**

　業務執行機関である理事らが自らすべての業務を行うことは現実的には困難であるため、スポーツ団体においては実際の事務を担当する事務局の存在が不可欠である。あくまで事務局は業務執行機関の下で事務処理を担当するだけの機関であるから、業務執行に関する何らかの権限を有するものではない。

　しかし、事務局が実際の事務処理を担当する以上、事務局により不正が行われる可能性も少なくない。事務局による不正ばかりでなく、業務執行理事らの不正行為に事務局が荷担することも考えられる。そこで、実際の事務処理の多くを担当する事務局についても、適正な事務処理が行われ、不正が行われることのないような制度を構築する必要がある。

　事務局のすべての事務処理を可視化し、事務の適正さをいつでもチェックできる体制をつくること、事務局内の特定の者しか知り得ない事項をつくらず、すべての事務を複数の者が相互に監視できる体制をつくること、印鑑や通帳等を特定の者が自由に使用できないようにし、必ず管理者の決裁を経てから使用する体制をつくること等、事務局の事務処理体制についても配慮が必要である。また、事務局員の採用に関しても、縁故採用は事務局が特定の人間関係に取り込まれることにもなりかねず、ひいては不正隠蔽の土壌となる可能性もあるため、事務局員の採用についても慎重な配慮が必要である。

(F) **監事および会計監査**

　スポーツ団体が一般財団法人または公益財団法人の場合、監事は必須の機関として設置が義務化されており（一般法人法170条1項）、会計監査人は一定規模以上の財団法人の場合は設置が義務とされ、それ以外の財団法人の場合も定款によって設置することができる任意の機関とされている（同法170条2

項・171条)。一般社団法人または公益社団法人の場合は、理事会を設置する場合には監事の設置が義務化され（同法61条）、一定規模以上の社団法人の場合は会計監査人の設置が義務とされ、それ以外の場合は定款によって設置することができる任意の機関とされている（同法60条2項・62条)。

監事は、理事の職務執行を監査して監査報告書を作成するとともに(同法99条1項・197条)、各事業年度の計算書類等の監査を行い（同法124条1項・199条)、会計監査人は計算書類等の監査を行い、会計監査報告書を作成する（同法107条1項)。

旧民法上の公益法人では、主務官庁の監督に服していたものの、必ずしも主務官庁の監督だけでは適正な運営を確保するうえでは十分とはいえなかったとの反省から、現在の一般社団法人および一般財団法人においては、会社法に基づく監査役および会計監査人の制度に類するものとして、監事および会計監査人の制度を採用している。近年各種スポーツ団体で発覚した不正経理問題および助成金問題[21]を契機に、スポーツ団体の資金の適正な管理に対する要請は高まっている。特に特定の理事に権限が集中し、専横的な運営がなされているスポーツ団体の場合には、往々にして団体資金の流用等の不公正な資金管理が行われがちであることを考えれば、監事および会計監査人の職責はさらに重要度が高まっているといえる。

また、NPO法人の場合も監事の設置が義務とされ（特定非営利活動促進法15条)、監事は理事の業務執行状況の監査、財産状況の監査等がその職務とされており（同法18条)、監事に期待される不正監視の機能は社団法人および財団法人の場合とまったく異なるものではない。

任意団体の場合は、法人格を有するスポーツ団体の場合とは異なり法律の規制を受けないため、監事またはそれに類する機関が設置されたとしても、

21　JOC国庫補助金等の不正受給（第1部Ⅱ)、全日本柔道連盟補助金不正受給問題（第1部Ⅳ1(3))、日本クレー射撃協会不明朗な資金管理（第1部Ⅴ2(1))、テコンドー補助金不正受給問題（第1部Ⅵ4)。

法律を背景とした権限の行使は期待できない。そのため、当該スポーツ団体の運営の適正を図るという目的を達成するためには、監事等の機関が高い自律心と責任感をもってその職責を全うすることが必要となる。

　スポーツ界は、先輩後輩の人間関係を基本とした閉鎖的社会の色合いが極めて濃いため、今後のスポーツ団体が適正に運営され事業活動を十分に行うためには、監事等の機関が十分に機能を発揮していくことが不可欠といえる。

　(G)　第三者機関

　スポーツ団体における業務執行の適正さを担保するためには、第三者機関による業務執行状況のチェックを制度として取り入れることも有効である。利害関係を有さない第三者で構成される機関がチェックを行えば、中立かつ公正な視点から業務執行の適正さを客観的に担保することが可能となる。

　第三者機関によるチェックの対象としては、業務執行のさまざまな場面を想定することが可能であり、「倫理委員会」「経営監視委員会」等、当該スポーツ団体の事情に応じて第三者による客観的検証を必要とする事項を自由に対象として選定することが可能であるが、スポーツ団体内で生じたトラブルに関する被害相談窓口、不祥事に関する告発窓口ないし事実調査機関としては、中立かつ公正な処理を行うために第三者機関を設置することが必須といえる。

　また、第三者機関は常設・非常設のいずれの設置態様も考えられるが、適任の第三者を外部から任用することの困難さを考えれば常設の機関設置は事実上容易ではなかろう。しかし、第三者機関によるチェックは事後的なものであっても十分に効果が期待できることを考えれば、たとえ非常設の機関であったとしてもスポーツ団体のガバナンスを考えるうえで第三者機関の設置は極めて有意義なものといえる。

（第2章6(3)　川添　丈）

(4)　紛争解決に関する制度設計（司法）

　(A)　紛争解決に関する原則

　　(a)　法の支配

〔第2部〕　第2章　スポーツガバナンス実践編・その1——事前の防止策編

　スポーツ団体の活動は、社員総会・評議員会、理事会などの意思決定機関により事業活動方針が決定され、その事業活動方針は各種委員会および事務局などを通じて執行されていく。

　この事業活動方針の決定および執行は、いずれも人により構成される機関によって実行される。人の行為は、主観的には公正で最善を尽くしていると思っていても、客観的には必ずしも公正でない場合、あるいは、最善でない場合があるので、人の善性だけに頼り、意思決定機関あるいは執行機関に全面的な裁量権を与えることは危険である。そのために、あらかじめ定めておく基準＝規則に基づき意思決定およびその執行を行うことを求めるのが、法治主義＝法の支配の考えである。

　スポーツ基本法は、5条2項で、「スポーツ団体は、スポーツの振興のための事業を適正に行うため、（略）その事業活動に関し自らが遵守すべき基準を作成するよう努めるものとする」と定め、自らの事業活動のための基準＝規則を定め、これに基づき事業活動を行うことを求めている。

　法の支配の理念は、スポーツ団体の意思決定とその執行場面（国でいえば立法・行政に相当する場面）だけではなく、スポーツ団体の事業活動に伴う紛争の解決の場面（国でいえば司法に相当する場面）においても適用される。国における「司法」は、具体的な紛争について、事実を判定し、法を適用することにより紛争の解決を図るものである。スポーツ団体の事業活動に伴う紛争解決手続は、司法としての機能を担うものであり、司法と同様の理念に基づき運営されることになる。

　紛争解決手続は、証拠により認められる事実を認定し、規則のうちに客観的に存在する心意・精神に基づき、規則に忠実で公正に判断する手続である。さらに、スポーツ権が侵害されている者の権利を救済するためには、紛争解決手続の一部として、権利を侵害された者が容易に相談できる組織が整備されることが求められている。柔道女子日本代表選手15名が、全日本柔道連盟および日本オリンピック委員会（JOC）に監督の暴力・暴言について相談し

166

ていたにもかかわらず、迅速適正な解決が図られなかったことは、紛争解決手続とその前段である相談窓口の整備が十分でなかったことによって生じている。

グッドガバナンスとしての紛争解決手続は、紛争解決機関の整備と手続規定の整備との2面がある。

(b) 紛争解決機関

紛争解決機関には、①具体的な紛争から中立で、独立していること、②事実を正しく認定し、規則のうちに客観的に存在する心意・精神を解する見識と能力を有する専門性があること、③当事者が利用しやすい判断機関とされていること、が必要である。

具体的には、中立性、独立性の点では、①スポーツ団体の意思決定機関、執行機関に関係していない人により構成され（独立性）、②当該事案と何らかの関係を有する人は当該事案の紛争解決機関からは排除され（中立性）、③上訴手続が整備され（上訴手続の整備）、④最終的な判断は当該スポーツ団体外の紛争解決機関による解決手続が保障されていること（外部機関による判断）、⑤検察と裁判所が別組織であるのと同様に調査機関と判断機関とを分けること（調査機関と判断機関の分離）、専門性の点では、⑥判断機関には法曹関係者などの事実調査、証拠に基づく判断などに精通をしている人を選任する（法律家の採用）、当事者が利用しやすい判断機関という点では、⑦判断機関の場所、使用言語、紛争解決機関を使用するための費用負担が少ない（利用のしやすさ）などの配慮が必要である。

次に紛争解決の端緒となる相談窓口については、上記紛争解決機関と同じ配慮が必要であり、同時に、相談内容の秘密が守られ、相談したことを契機とした不利益扱いがなされない保障（処分対象者以外の者の権利保障）が求められる。

(c) 紛争解決手続

紛争解決の手続には、①関係当事者が自身の権利擁護のために必要な攻撃

防御方法（判断の基礎となる主張や証拠を提出すること）が尽くせる手続が整備され、②公正な判断であることが外部からも検証しうる透明性が求められ、③手続に時間を要すると紛争により侵害された権利の回復が遅れるため、手続の迅速性も要求される。

　具体的には、関係当事者の手続保障の点では、①関係当事者に判断対象事実があらかじめ開示され（事前開示）、当該判断に対して、関係者が十分な攻撃防御方法を尽くせるよう、代理人の選任、処分の根拠とされる証拠の開示、関係者の主張立証の機会の保障がなされ（攻撃防御方法の保障）、②判断が下されるまでの間の不利益取扱いが禁止され（判断までの不利益扱いの禁止）、③単なる制裁だけでなく、指導的な措置が講じられたり、判断が下された後の事情変更などがあった場合に、判断内容の変更などができる柔軟性があること（判断の柔軟性）、外部からも検証しうる透明性の点では、④判断の理由と根拠が文書で示され（判断の文書による開示）[22]、⑤判断の告知方法と効力発生日が明確にされていること（判断の告知方法と効力発生時期の明確性）、⑥判断内容が原則として公開されることが必要であり（判断の公開）、迅速性の点においては、⑦迅速な判断手続が保障されていること（迅速審理の保障）などの配慮が必要である。

　　(d)　スポーツ基本法上の規定

　紛争解決機関・紛争解決手続の理念は、スポーツ基本法が明示的に要請している。スポーツ基本法5条3項は、「スポーツ団体は、スポーツに関する紛争について、迅速かつ適正な解決に努めるものとする」と定め、同条1項は、「スポーツを行う者の権利利益の保護」に配慮し、同条2項は、「事業を適正に行うため、その運営の透明性の確保を図る」ことを求めている。

　　(B)　紛争解決手続を担う機関

---

[22]　公開されることで個人情報が侵害される、あるいは、関係者の二次被害が予想される場合には、個別の配慮が必要である。

(a) **基本理念**

紛争解決手続としては、第1次的なものとして、スポーツ団体の加盟団体あるいは登録者（指導者、審判、選手など）の行った行為が、当該スポーツ団体の規則に違反しているか否かの判断を行い、必要な措置を講じる手続がある（以下、「第1次司法的判断」という）。

第2次的なものとしては、スポーツ団体が行った決定（第1次司法的判断を含む）が、当該団体の規則、当該団体が加入する上位団体の規則、あるいは法や公序良俗などの一般原理に適合するか否かを判断し、必要な措置を講じる手続がある（以下、「第2次司法的判断」という）。

(b) **第1次司法的判断を担う機関**

第1次司法的判断を担う機関（以下、「第1次司法的機関」という）を、スポーツ団体内部に設けることも、外部の機関に委託することも理論的には可能であるが、実態としては、内部的な機関で判断すると定めている例が多い。

日本学生野球協会、日本サッカー協会および文部科学省有識者会議のスポーツ団体処分手続モデル規程案[23]（以下、「モデル規程案」または「規程案」という）を紹介する。

(ア) 日本学生野球協会

高校野球および大学野球を統括する日本学生野球協会は、日本学生野球憲章を定めている。日本学生野球憲章（以下、「憲章」という）は、「学生野球団体、野球部、部員、指導者、審判員および学生野球団体の役員が本憲章に違反し、または前条の注意または厳重注意にしたがわない場合」（憲章29条1項）に、「当該の者」（憲章29条1項）および「当該加盟校の野球部」（憲章29条2項）に処分をすることができると規定している。

その処分手続を担当する機関については、中立性、独立性、専門性を保障するため、「日本学生野球協会は、独立、公正、中立な組織である審査室をし

---

[23] 巻末資料2に掲載している。

て処分に関して審査決定を行わせる」と規定している（憲章31条1項）。

　独立性の点では、審査室の設置・運営に関する規則（以下、「審査室規則」という）は、審査室委員（定数6〜9名、審査室規則1条1項）は、「この法人の理事、監事、評議員を兼ねることはできない」（同条3項、独立性）とし、「審査事案に何らかの形で関与したことがある審査員および審査事案に利害関係を有する審査員は、当該審査事案に関して審査員として審査に加わることができない」（審査室5条3項、中立性）と定めている。

　審査室規則は、「審査員は理事会でこれを選任する」（審査室規則1条2項）とされ、選任基準は、独立、公正、中立性（憲章31条1項）の要請に基づき、現在の審査室委員は、大学野球元指導者1名、大学教員（法学部）2名、元教員・元教育行政職員3名、元報道関係者1名、実務法律家1名の8名であり、法曹関係者を半数選任している（法律家の採用）。

　憲章は、憲章違反行為に対しては、「処分」以外に、日本高等学校野球連盟（以下、「日本高野連」という）または全日本大学野球連盟（以下、「大学野球連盟」という）が注意・厳重注意を行えるとしている（憲章28条）。注意・厳重注意は、処分と異なり、指導としての性格を有しているため、審査室のような高度の独立性ある機関による判断は予定されていない。日本高野連審議委員会規定あるいは大学野球連盟審議委員会規定に基づき設置されているそれぞれの審議委員会が判断にあたる（日本高野連および大学野球連盟の各注意・厳重注意および処分申請等に関する規則8条2項）。

　調査機関と判断機関の分離の点では、処分手続における調査機関は、大学野球連盟および日本高野連であり（処分に関する規則（以下、「処分規則」という）6条）、審査室は調査は担当しないで、判断のみを行っている。

　当事者が利用しやすい判断機関という点では、審査室は東京であるが、書面審理を原則とし（処分規則10条2項）当事者の負担に配慮をしている（利用のしやすさ）。

　相談窓口については、独自の制度はないが、匿名での憲章違反行為の申告

も随時受け付けており、特に都道府県高野連あるいは日本高野連への憲章違反行為の申告は相当数ある。市民からは、高野連は学校と比較して、不祥事を隠蔽しないと受け止められているため、学校への申告を選択せず、高野連への申告を選択していると推測される。

　迅速性の点では、緊急を要する事案については、3名の審査委員で構成される緊急審査手続が整備されている（処分規則17条）。

　(イ)　日本サッカー協会（JFA）

　日本サッカー協会（JFA）は、司法的手続について、国際サッカー連盟（FIFA）からFIFA規約に基づき、国内の組織における「権限の分散（separation of powers）を確実にしなければならない（FIFA Statutes 13条fおよびFIFA Standard Statutes19条）」などの指摘を受けたため、司法機関についての規定を大幅に改正し、2014年4月1日から、新規程が施行されている。そこで、ここでは、旧規程（旧基本規程）と改正された新規程（新基本規程および懲罰規程）の両者を紹介する。

　日本サッカー協会は、基本規程で、決定の種類を、

　①　試合中における主審の決定する懲罰（新懲罰規程25条、旧基本規程228条）
　②　①以外の競技および競技会における懲罰（新基本規程37条、旧基本規程40条1項）
　③　①および②以外の「本規程等に対する違反行為」（新基本規程38条、旧基本規程40条3項）

に類型化している。

　判断主体は、①については主審であり、その決定については一切の不服申立はできず最終決定となる(新懲罰規程25条、旧基本規程228条)。②および③については、旧規程では、決定者は理事会とされていた（ただし、②については規律委員会、③については裁定委員会の、それぞれ調査および審議を経るものとされていた。旧基本規程40条第1項・3項）が、新規程では、FIFAの規約に準拠し、司法の独立を担保する見地から、②については規律委員会、③について

171

は裁定委員会と、それぞれ独立の司法機関に決定者を変更した（新基本規程37条・38条、新懲罰規程23条・31条）。

つまり、裁定委員会および規律委員会は、旧規程では、あくまで最終決定者である理事会の諮問機関としての位置づけであり、独立性も担保されていなかった。また、規律委員会のメンバーは理事などとの兼職が可能とされていたので、メンバーの中立性という観点でも問題があった。新規程は、**FIFA**規約に準拠する形で司法の独立性を高め、最終的な決定権を理事会から独立の司法機関に移行するとともに、規律委員会のメンバーについても、理事会や、専門委員会、他の協会内の司法機関、事務局職員を兼ねることができないものとした（新基本規程37条の2第5項。裁定委員会についても同様＝同38条の2第5項）。

さらに、新規程では、裁定委員会、規律委員会の各委員長は法律家（弁護士、検察官、裁判官、法律学の教授・准教授またはそれに準ずる者）でなければならない旨も新たに定められている（同37条の2第2項・38条の2第2項）。また、各委員の選任母体も、司法の独立性の見地から、従前の理事会による選出ではなく、評議員会による選出に改正された（新基本規程30条(2)）。

なお、調査機関と判断機関の分離という点では、規律委員会も裁定委員会も、「調査・審議」の両者を担当することとされている点が特徴である（この点は旧規定も同様）。また、比較的軽微な事案（6カ月未満の出場停止処分など）については、日本サッカー協会の裁定委員会、規律委員会から「都道府県サッカー協会、地域サッカー協会、各種連盟およびJリーグ（以下、本条において「都道府県協会等」という）の規律委員会に、その所管する加盟団体又は選手等に関する懲罰問題を、日本サッカー協会の懲罰規程にしたがって処理し、懲罰を決定・適用する権限を委任する」とされている点も旧規程と同様である（新基本規程202条、懲罰規程3条、旧基本規程213条。ただし後述するように都道府県協会等の決定についても不服申立委員会への不服申立てが認められていることとなった点は大きな変更点である）。

6　具体的対策その3〜組織構造・健全な分権

　上記のように、日本サッカー協会は、FIFA規約に準拠し、司法の独立性を担保する大きな改正を行い、これ自体は好ましい改正として評価できる。しかし、③の紛争に関しては、改正後もなお、「Jリーグに関しては、Jリーグ規約の定めるところによる」(新基本規程38条2項)としており、そのJリーグの「裁定委員会」は、現在もなお、行政機関の代表であるチェアマンの諮問機関と位置づけられている(メンバーも理事会の同意のもとにチェアマンが任命するとされている。Jリーグ規約131条・132条2項)など、上記協会が行った、司法の独立を担保するための改正は、Jリーグに関しては実現されていないといった問題も残されている。

　また、日本サッカー協会では、裁定委員会が、協会加盟の団体や登録されている個人の契約、所属、移籍に関する紛争等につき、和解あっせんという方法での解決を行いうるという調停に類似した制度が設けられている(新基本規程42条、旧基本規程40条4項)。10万円の申立費用が必要であり(和解あっせんに関する規則9条3項)、和解の成立あるいは裁定委員会の裁定案についての同意があれば解決するが(同規則17条・18条)、当事者が同意しない場合は和解あっせん手続は終了するものとされている(同規則20条)。しかし、この手続は、Jリーグにおける紛争については適用されないこととされている(同規則6条、新基本規程42条)。そしてJリーグ規約においては、同様の紛争について、紛争当事者が、同じように10万円の手数料で、「チェアマンの決定」を求める申立てを行うことができるという別の手続が用意されている(Jリーグ規約137条。Jリーグ裁定委員会規程)。しかし、この手続はあくまでも仲裁手続であり、手続内で当事者間の和解は可能であるが(Jリーグ規約140条、裁定委員会規程14条)、和解が成立しなくても手続は終了せず、裁定委員会の答申に基づいてチェアマンが決定を行うという、日本サッカー協会の手続とは異なる手続となっている。つまりJリーグに関する契約や移籍等に関する紛争については、司法の独立を実現した日本サッカー協会の手続と異なり、独立性の担保されていない裁定委員会の答申に基づいて、司法機関ではない

173

チェアマンが決定を行うという仲裁的手続が定められているという違いがあり、これも残された課題の一つといえる。

なお、日本サッカー協会では、暴力根絶に関する相談窓口が、2013年6月に新設されたが、これに関する運用規程はホームページ上で公開されていない。

㈦　モデル規程案

桜宮高校や柔道女子日本選手に対する暴力などの問題を契機に、文部科学省の有識者会議が競技団体のグッドガバナンスをめざしてまとめたモデル規程案は、「本協会は、加盟員等による違反行為の通報相談を受け付けるため、通報相談窓口を設置する」(規程案8条1項)と相談窓口を設置していることが特徴の一つである。

柔道女子日本代表選手たちの元監督による暴力行為などの告発経過に鑑み、処分手続の前段階として相談窓口を設置する必要性があることは、広く共通認識になってきた。しかし、スポーツ団体の規程で相談窓口を設置している例は少なく、今後の課題といえよう。

通報相談窓口は、「スポーツ及び法律に精通した有識者1名以上を配置するよう努める」(規程案8条。法律家の採用)と有識者を入れることが求められ、スポーツ団体からの独立性を確保し、秘密保持、相談者への不利益扱いの禁止を定めている（規程案10条2項・11条・12条。独立性、処分対象者以外の者の権利保障）。

通報相談窓口の利用の便宜性の点では、面談以外に「電話、**FAX**、電子メール、書面」(規程案10条1項)も認め、匿名でも受付を可能としている（規程案10条5項。利用のしやすさ）。

モデル規程案の規定は、違反行為と疑われる事実の有無を調査する「事実調査委員会」(2名以上)と事実調査委員会の調査結果を基に処分の要否を審査し、処分案を策定し、理事長に答申する「処分審査委員会」(3名以上)が分離して設置されていることが特徴である（規程案13条。調査機関と判断機関

との分離）。

　事実調査委員会も処分審査委員会も1名以上は第三者委員とし（規程案14条2項）、処分審査委員会は、さらに本協会および事実調査委員会から「独立して、中立、公正」であることが求められている（規程案22条。独立性、中立性）。両委員会ともに、利害関係者は排除され（規程案20条・23条。中立性）、両委員会とも最低1名は法律に精通した有識者を選任するものと定めている（規程案14条3項。法律家の採用）。最終決定は、理事会である点は独立性の点で弱点であるが、処分審査委員会の答申が尊重されるとされている（規程案31条。独立性）。

(c) 第2次司法的判断を担う機関

　スポーツ団体が行った決定（第1次司法的判断を含む）が、当該団体の規則、当該団体が加入する上位団体の規則、あるいは法や公序良俗などの一般原理に適合するか否か第2次司法的判断を担う機関（以下、「第2次司法的機関」という）については、当該団体の判断に対する不服を審理することになるから、当該団体からの中立性・独立性は、第1次司法的機関より高度に要求される。

　第2次司法的機関の上訴審を日本スポーツ仲裁機構（JSAA）などの外部機関とする2審制と第2次司法的機関の上訴審（2審）をスポーツ団体内部の機関で設置し、さらにその上訴審（3審）としてJSAA等の外部機関とする3審制とが考えられる。3審制を採用する場合には、迅速性に対する配慮が重要であり、スポーツ団体内での2審段階での迅速な審理保障が必要である。

　いずれにしても、最終的な判断は、中立性・独立性・透明性を高度に確保する視点から外部機関に委ねることが必要であり、団体内の上訴審を終局の解決とすることは適切でない。

(ア) 法律上の争訟性とスポーツ団体内部の紛争

　第2次司法的手続の中で、法律に基づき判断されうるものは、国の裁判手続による判断も可能である。裁判所法3条1項は、「裁判所は、日本国憲法に特別の定のある場合を除いて一切の法律上の争訟を裁判し、その他法律にお

いて特に定める権限を有する」と規定し、裁判所が裁判をする対象を、「法律上の争訟」に限っている。

　スポーツ団体の内部問題は、原則として、法律上の争訟には該当しないとされることが多い。その理由は、第1に、競技会出場選手の選考や選手登録の抹消等の競技団体内部の争いは、当事者のスポーツの実績、現在のコンディション、他の選手との比較、規則制定の理由とその運用、規則を含むその競技の特殊性等を考慮する必要があり、法律の適用によって紛争の解決を予定している裁判所の判断に馴染まない。第2に、スポーツ団体に限らず、団体内部での問題についての争いについて、国民の税金を使って運営されている裁判所の裁判手続によって解決に乗り出す必要はなく、団体内部の自律的決定がまずもって尊重されるべきであるとの判断がある[24]。

　判例上は、日本シニア・ゴルファーズ協会が特定人を同会の正会員としての資格のないことの確認請求事件[25]、日本競技ダンス連盟がその会員に対してした会員資格停止決議無効確認請求事件[26]、自動車競技におけるペナルティーの取消請求事件[27]、全日本学生スキー連盟の日本大学スキー部男子に対する大会出場停止処分・降格処分無効確認請求事件[28]では、法律上の争訟性を否定している。一方、杉並区軟式野球連盟出場停止懲戒処分無効確認請求事件[29]、日本アマチュア・ボクシング連盟選手登録取消無効確認請求事件[30]では、法律上の争訟性を肯定して実体判断をしている。

　後者の判断は、スポーツの選手や団体といえども、契約法や不法行為法などの市民法秩序の適用は受け、当事者の法律上の地位に直接影響を及ぼすた

---

[24] 青山善充（成蹊大学法学部教授）の2003年9月11日付けJSAAに対する意見書。
[25] 東京地裁1988年9月6日判決（判例時報1292号105頁）。
[26] 東京地裁1992年6月4日判決（判例時報1436号65頁）。
[27] 東京地裁1994年8月25日判決（判例時報1533号84頁）。
[28] 東京地裁2010年12月1日判決（判例タイムズ1350号240頁）。
[29] 東京高裁1985年1月31日判決（判例時報1146号62頁）。
[30] 東京地裁2006年1月30日判決（判例タイムズ1239号267頁）。

め、団体の自律的判断に委ね得ない紛争であって、法令の適用によって解決可能なものである限り、「法律上の争訟」と認められ、国の裁判所が法的判断を下しうる余地があることを示している。

(イ) 日本学生野球協会

日本スポーツ仲裁機構（JSAA）の仲裁手続は、「スポーツに関する法及びルールの透明性を高め、健全なスポーツの発展に寄与するため、公正中立の地位を有する仲裁人をもって構成されるスポーツ仲裁パネルの仲裁により、スポーツ競技又はその運営をめぐる紛争を、迅速に解決することを目的」（スポーツ仲裁規則1条）とする。日本学生野球協会は、JSAAのこの設置の理念に同意し、仲裁合意を受諾している。

最終的にJSAAの仲裁判断を受けるにしても、傘下の学生野球団体の行った決定に対する不服については、日本学生野球協会が自主的に処理することが望ましい。そのため、①学生野球団体が行った決定（日本学生野球協会の決定を除く）、②大学野球連盟または日本高野連が行った注意または厳重注意、③審査室が行った処分決定に対して、対象者・被処分者は日本学生野球協会規則が定めるところに従い、日本学生野球協会に対して不服申立てができる制度としている（憲章32条1項・33条1項）。行政処分に対しては、行政不服審査法が「行政庁の違法又は不当な処分その他公権力の行使に当たる行為に関し、国民に対して広く行政庁に対する不服申立てのみちを開くことによって、簡易迅速な手続による国民の権利利益の救済を図るとともに、行政の適正な運営を確保する」（同法1条1項）と、簡易迅速な手続による救済手続を保障しているのと同趣旨である。

この不服申立手続は、正式な上訴というよりは再度の考案（同じ判断主体が考え直す手続）[31]に類似する制度であり、独立性の高い審査室の判断に対する

---

[31] 民事訴訟法333条「原裁判をした裁判所又は裁判長は、抗告を理由があると認めるときは、その裁判を更正しなければならない」。

再考という点もあるため、判断機関である不服審査委員会は、理事会が指名する理事3名で構成されるという、あえて独立性を高めない制度となっているのが特徴である（不服申立に関する規則（以下、「不服申立規則」という）9条1項。独立性）。

　2013年時点の運用は、理事会があらかじめ4名の委員を選任し、うち1名が高校野球、うち1名が大学野球の役員であるため、それぞれの出身母体の事案については、「当該不服申立に関する利害を有する理事は、不服審査委員会の委員となることができない」（不服申立規則9条1項後段。中立性）ため、事案によって自動的に3名が決まるシステムが採用されている。

　緊急を要する事案については、迅速性を確保するために、会長が指名する1名の理事による緊急不服申立制度も用意されている（不服申立規則11条・12条。迅速性）。

　㈦　日本サッカー協会（JFA）

　旧規程では、紛争に関する理事会の決定は最終的なものであり、同協会内での上訴手続は存在しなかった。しかし、前述のようにFIFA規約に基づくFIFAからの指導によって、2014年4月1日から司法機関の大幅な改革が実現され、前述の規律委員会、裁定委員会の決定に対して、日本サッカー協会内に新設された不服申立委員会に不服申立てをすることが可能となった。すなわち、3試合以上または2カ月以上の出場停止等一定以上の重い処分については不服申立委員会に対する不服申立てが可能とされている（懲罰規程34条。旧規程同様、一部の懲罰に対しては一切の不服申立てが許されない。競技中の審判の判断に対する不服申立てができないのは、性格上他のスポーツ団体においても同じであるが、競技規則違反について、一部については不服申立てを一切認めていないのは問題である）。

　旧規程では、規律委員会や裁定委員会の審議等を経た理事会の決定に対しては、「本協会又はAFCの規則に基づき認められた、独立のかつ適法に構成された仲裁機関に対して不服申立」かCASへの不服申立てのみが許されてい

た（旧基本規程237条3項）。そして日本サッカー協会は日本スポーツ仲裁機構（JSAA）を「独立のかつ適法に構成された仲裁機関」として認めていないために、ドーピング紛争を除き、CASのみが事実上唯一の不服申立機関とされていた。CASでの解決は外部機関による中立性・独立性・透明性はあるものの、原則的にCAS本部（ローザンヌ・スイス）で審理され（CAS規則R28）、英語またはフランス語を用いて行われる（R29）ため、日本人にとっての利用のしやすさという観点からは非常に使いづらい手続で、そのために旧規程下では、事実上上訴手続が存在しないに等しい制度となっていた（日本国内の事案であっても、当事者の審理地および使用言語についての合意が成立しない限り、審理のためにはスイスに行き、英語またはフランス語で行うことになる。審理に必要な主張および証拠についてはすべて翻訳を必要とし、審問には通訳を必要とする。たとえば高校生である選手が5カ月の出場停止処分を争うためにCASの仲裁手続を利用するなどということは、その経済的負担に照らして事実上不可能を強いることになる）。

　その点で、2014年4月1日から施行された新規程で、日本サッカー協会内に不服申立委員会が新設されたことは大きな進展といえる。また、その不服申立委員会では、前述の規律委員会、裁定委員会と同様、メンバーの独立性（兼任禁止、評議員会による選出）が担保され（新基本規程39条の2第4項・5項）、また委員長のみならず副委員長も法曹であるべき旨が規定されている（同2項）。しかし、その不服申立委員会の決定に対する上訴は、CASにしか許されていないという問題は残っている（新基本規程237条）。いわゆる我那覇事件[32]以後も、日本サッカー協会がJSAAの仲裁の自動受諾を拒み、CASでの解決しか認めないと規定していることは、手続のハードルを高くして、事実上仲裁申立てを断念させるものであり、競技者の権利保護の点からは改善が必要である（利用のしやすさ）。

32　第1部XI参照。

(エ) モデル規程案

モデル規程案では、団体内での2次司法機関制度は採用せず、JSAAを第2次司法的機関としている（規程案32条）。原則としては、2審制として上訴審をJSAAとするのが基本である。

(オ) 外部機関の利用

一定の組織的財政的基盤のあるスポーツ団体であれば、団体内部に、中立性・独立性・専門性を有する第1次司法的機関および第2次司法的機関を設置することは可能であるが、組織的財政的基盤の脆弱なスポーツ団体では、内部に設置することは難しい。

モデル規程案では、組織的財政的基盤が脆弱なスポーツ団体に配慮して、相談担当者を外部に委託することを可能としており（規程案11条5項）、事実調査については、以下に述べるJSC第三者機関への委託を可能としている（規程案19条4項）。

日本スポーツ振興センター（JSC）は、2014年1月、「スポーツを行う者を暴力等から守るための第三者相談・調査業務」（以下、「JSC第三者機関」という）を開始した。業務開始当初の段階である本書執筆時点（2014年5月現在の段階）では、相談対象者をJOC強化指定選手に限定し、相談事項をスポーツ指導における暴力行為等に該当する行為に限定している。

今後は、暴力行為等の相談調査に限定せず、JSCあるいは日本体育協会・日本オリンピック委員会などの中央統括スポーツ団体が中心となり、スポーツ団体が共同で利用することができる「ガバナンス援助センター」（仮称。以下、「援助センター」という）を設立し、援助センターが中立性・独立性・専門性を有する総合的な紛争解決機関を設置し、スポーツ団体がこれを共同利用できる制度の導入が検討されている。地方自治法は、地方公共団体の事務の一部を共同処理するために一部事務組合を設置できる（同法284条2項）としており、援助センターはスポーツ団体版一部事務組合である。

(C) **紛争解決手続**

紛争解決手続において、関係当事者が自身の権利擁護のために必要な攻撃防御方法が尽くせる手続が整備され、公正な判断であることが外部からも検証しうる透明性が求められる。同時に、手続に時間を要すると紛争により侵害された権利の回復が遅れるため、手続の迅速性も要求されることは前述のとおりである。これらの理念を実現するためのスポーツ団体の手続規程を紹介する。

(a)　日本学生野球協会

　憲章では、①迅速な手続（憲章31条2項。迅速審理の保障）、②適正手続と弁明の機会の保障（憲章31条3項。事前開示と攻撃防御方法の保障）、③審査室の処分が効力を生じるまでの不利益扱いの禁止（憲章31条4項。判断までの不利益扱いの禁止）、④処分に伴い指導ができること（憲章29条4項。判断の柔軟性）、⑤処分内容の変更解除（憲章29条5項。判断の柔軟性）を定め、細部については、処分規則で定めるとした（憲章31条）。

　処分に伴い指導ができることとしたため、事案に応じたきめ細かな対応が可能となっている。2010年の憲章改正以降2013年末までの約4年間に、審査室が憲章違反行為での処分がなされたが、その後の調査で憲章の規定についての周知徹底が十分でないことを理由として処分内容の変更・解除がなされた事案が2件あり、処分の解除変更手続があることで適正な運用が実現している。

　処分規則の骨子は次のとおりである。第1に、大学野球連盟または日本高野連が処分請求をする（同規則6条1項。調査機関と判断機関の分離）。第2に、処分結果、処分手続および処分理由などが記載された処分決定書が作成、送付される（同規則14条。文書による判断の開示）。第3に、処分決定は原則として公開される（同規則12条2項。判断の公開）。第4に、処分申請は、原則として処分請求者が事実を知ってから3カ月以内にしなければならず、かつ、書面審理を原則として審理を迅速化した（同規則6条2項・11条。迅速性の保障）。第5に、処分決定は口頭で告知され、処分理由を含む処分決定書がその後送

181

付される。処分の効力は告知によって生じる（同規則15条・16条1項。文書による判断の開示、判断の告知方法と効力発生時期の明確性）。第6に、審理手続は非公開とされているが、審理結果は公開を原則としている。関係者のプライバシー保護の必要性がある場合には匿名開示としている[33]（同規則12条。判断の公開、処分対象者以外の者の権利保障）。

　不服審査委員会の手続は、不服申立規則で定められており、骨子は次のとおりである。第1に、不服申立権者の熟慮期間として1カ月の期間を与えている（同規則8条2項。攻撃防御方法の保障）。第2に、職権主義を採用し、不服審査委員会が関係者に主張、立証を求め、聴聞することができるとした（同規則9条5項・6項。攻撃防御方法の保障）。第3に、代理人・補佐人の選任を認めた（同規則4条1項。攻撃防御方法の保障）。第4に、不服申立てに対する判断は口頭で告知され、決定書を作成、送付される（同規則9条6項・10条。文書による判断の開示、判断の告知方法と効力発生時期の明確性）。

　不服審査委員会の手続は職権主義を採用しているが、関係者には、他の関係者が提出した主張書面、証拠の写は交付され、聴聞や聴聞の傍聴の希望には応じる運用がなされている。

　　(b)　**日本サッカー協会（JFA）**

　日本サッカー協会は、2014年4月からの新規程により、独立の司法機関とされた規律委員会、裁定委員会、および不服申立委員会の手続を懲罰規程で定めているが、旧規程時代は、基本規程において定められており、その骨子は以下のとおりであった。

　第1に、裁定委員会の審理は理事会あるいは会長の諮問で開始する（基本規程214条）。第2に、規律委員会および裁定委員会の審理は非公開を原則とし、関係者の傍聴は必要な場合のみ許される（同規程215条）。第3に、弁護士を代

---

[33] セクシュアル・ハラスメント事件などで、公開することで被害者の2次被害が想定される場合には、「A県B高校」などと当事者が特定されない方法で公開している。

理人とすることは認められ、弁護士以外の者は裁量的に代理人となることを認める（同規程218条）。第4に、裁定委員会が懲罰案を作成し（同規程221条）、理事会が懲罰を決定する（同規程223条）、第5に、無期限の懲罰に対しては、処分開始から2年以上経過した場合に限り、当事者からの申立てにより懲罰の解除の当否を理事会の判断により決定するという手続がある（同規程203条）。第6に、裁定委員会に対して、懲罰決定から10日以内に、10万円の手数料を納付すれば再審査の申立てができる（同規程224条。いわゆる再度の考案と評価できる制度）。第7に、懲罰の決定の通知方法、懲罰の効力発生時期、懲罰決定の公開、迅速審理についての規定は存在しない。

　これに対して、新規程（新懲罰規程）では、以下の改正が行われた。第1に、不服申立委員会による上訴手続が整備された関係で、再審査手続は廃止された。第2に、司法の独立性担保のため、裁定委員会の審理の開始は理事会あるいは会長の諮問ではなく、裁定委員会委員長の判断により開始されることとなった（同規程18条）。第3に、規律委員会・裁定委員会は、決定書をもって懲罰を通知することが明記され、その中に判断の結論、効力発生時期の他、判断の理由を根拠条文とともに明記すべきものとされた（同規程22条）。第4に、旧規程203条の無期限懲罰に対する懲罰解除の決定権限も、従前理事会とされていたのが、担当委員会に変更された（同規程5条）。

　また新たに創設された不服申立委員会の手続では、第1に、「原懲罰の伝達を受けた日から3日以内（通知を受けた日を含む）」に不服申立意思を書面により通知しなければならず、不服申立理由書は原懲罰を受けた日から10日以内に提出することが求められている（不服申立権者の熟慮期間および理由書の提出までの期間が極めて短い。懲罰規程35条）。第2に、原則として書面審理により、事情聴取は所定の場合のみに行われるにすぎないとされている（同規程38条）。第3に、不服申立てが行われても出場停止等の処分は中断しない（それ以外の処分、たとえば罰金、降格、勝点減点などの処分については処分中断の効力が生じる。同規程41条、42条）。第4に、決定は、書面にて通知され、当事者への到達

〔第2部〕 第2章 スポーツガバナンス実践編・その1——事前の防止策編

日が効力発生日とされている（同規程40条）。

(C) モデル規程案

モデル規程案の骨子は以下のとおりである。第1に、調査は原則として3カ月以内とし、審査は原則として審査終結後2週間以内に処分案を答申するとした（規程案5条・21条・30条1項。迅速審理の保障）。第2に、無期限の懲罰に対してのみ懲罰の解除規程がある（規程案7条。判断の柔軟性）。第3に、資格停止などの「処分に代えて又は処分と併せて、一定期間のボランティア活動への従事、書面による反省文の提出その他必要な措置を課すことができる（規程案4条2項。判断の柔軟性）。第4に、通報相談窓口の情報については守秘義務を定めると同時に同意を得たうえでの調査への活用を定め、通報相談窓口を利用したことによる不利益取扱いを禁止している（規程案11条・12条。処分対象者以外の者の権利保障）。第5に、処分対象者の代理人選任権を保障し、審査対象者の弁明および聴聞の手続を定めた（規程案17条・26条・27条。攻撃防御方法の保障）。第6に、処分調査と処分審査とを分離した（規程案22条。調査と判断機関の分離）。第7に、理事会は処分決定書を処分対象者に通知することとし、処分の効力発生は到達した時とした（規程案32条。文書による判断の開示、判断の告知方法と効力発生時期の明確性）。第8に、処分審査委員会の答申に基づき理事会が決議した事案について、原則として公開とするも、被害者のプライバシーに配慮することとしている（規程案16条2項。判断の公開、処分対象者以外の者の権利保障）。第9に、処分に対する不服申立ては日本スポーツ仲裁機構に対してできるとされている（規程案32条。上訴手続の整備）。

(D) まとめ

紛争解決手続の原則を明らかにしたうえで、日本学生野球協会、日本サッカー協会およびモデル規程案を紹介した。紛争解決機関および手続の原則は共通であり、スポーツ団体において明文上の整備においては個性差はあるが、スポーツ団体の規模に応じて、外部機関の活用を視野に入れて、規定を整備することが肝要である。　　　　　　（第2章6(4)　望月浩一郎・山崎卓也）

7　具体的対策その 4 〜情報公開＝アカウンタビリティ

(1) 説明責任と透明性

　ISO26000は、あらゆる組織には、持続可能な社会への貢献、すなわち社会的責任が求められるとして、組織活動が社会に及ぼす影響について、組織は責任を担うべきものとしている。そして、あらゆる組織は、その目的や役割を達成するために、有効な意思決定の仕組みをもっている必要があり、そのような組織統治の仕組みがあってこそ、組織は、社会から信頼を得、持続可能な貢献をし、社会に及ぼす影響に対して責任を果たすことができるとしている。そして、意思決定に基づく組織の活動は、説明責任と透明性を伴うことが必要とされ、組織が社会的責任を果たすには、組織の活動によって外部に与える影響を説明すること（説明責任）、組織の意思決定や行動の透明性を保つこと（透明性）が重要であるとする。

　同様のことは、スポーツ団体についても当てはまる。スポーツ団体において、説明責任を果たし、透明性を維持することは、あらゆる組織におけるのと同様に、組織が社会貢献を果たし、組織が社会からの信頼を得て存続していく上でも不可欠である。

　スポーツ団体の中でも、特に国内統括競技団体（NF）については、説明責任と透明性は極めて重要な課題である。NFは、競技者との関係において、大会ルールの決定、代表選手の選考、会員や加盟団体の除名処分、懲戒処分の決定などにおいて、競技者に対して一方的に権限を行使する関係に立つ。NFの競技者に対する権限行使は、行政権力による権力行使と類似の関係にあり、権限行使においては、それが適正に行使されることが求められる。そうであれば、国の行政機関について、行政手続法が処分基準を定めて理由を提示することを求め、行政機関の保有する情報の公開に関する法律によって情報開示の原則が定められていることに鑑み、これと同様のことがNFにも求められると考えられる。

他方、NF は、競技力向上のために、補助金や助成金などの公的資金を受け容れており、そのような資金を適正に管理、運営することが求められる。

　このような観点から、スポーツ団体、特に NF は、その運営が適正に行われていることを、利害関係者および社会に対して説明する責任を負っている。また、組織運営の透明性を確保し、それが適正に運営されていることを積極的に示す必要がある。このためには、団体や競技に関する情報を積極的に開示していくことが重要である。情報開示によって説明責任を果たし、透明性を確保することによって、組織は、利害関係者からの信頼を確保でき、社会からの評価も向上する。このことは、NF が資金獲得に成功し、そして、社会に貢献しつつ持続していくことを意味する。

(2)　情報公開の基本的姿勢

　このように、情報開示は、組織への信頼を向上させることに役立つものであるが、その基本になるのは、団体と利害関係者との間の開放的で双方向的なコミュニケーションである。

　これは、難しいことではなく、団体とその業務を人々に知らせること、競技者、支援者、出資者などの利害関係者の見解に耳を傾け、対応すること、寄せられた苦情に対し、公平かつ建設的に処理することであり、これを日々実践することで達成されることである。

　このようなオープンなコミュニケーションを通じて、団体は、自らの失敗や間違いを知ることになる。団体は、失敗や間違いに対して、真摯に誠実に向き合う姿勢をもたなければならない。そして、これを将来の改善に結びつけていかなければならない。そうであってこそ、団体は社会から尊敬され、信頼されることとなる。スポーツ団体には、このようなオープンな姿勢こそが求められる。この意味で、団体にとって都合の悪い情報を隠さないことは、極めて重要なことである。

　オープンなコミュニケーションの構築によって、団体は、団体が失敗や間違いから学習しようという姿勢を有していることを示すことができ、かつ、

そこから得られた教訓を活かして団体の活動の改善につなげていることをアピールすることができる。そのようにして、信頼性向上の好循環をつくり出すことが重要である。

(3) **スポーツ団体において開示されるべき情報**

スポーツ団体において開示されるべき情報としては、以下のものが考えられる。

① 団体組織に関する基本情報
   ⓐ 定款
   ⓑ 規約・規程・規則　基本規程だけではなく、倫理規程その他の規程を網羅することが望ましい。
   ⓒ 組織図　団体内部の組織を示すものと、国際統括競技団体（IF）その他の関連団体との関係を示すものが必要であろう。
   ⓓ 役員に関する事項　略歴が示されることが望ましい。
② 団体の運営に関する情報
   ⓐ 事業計画・事業報告
   ⓑ 団体の重要課題
   ⓒ 評議員会・社員総会と理事会の議事録
③ 財務に関する情報
   ⓐ 予算・決算
   ⓑ 収支報告書・財産目録
④ 加盟団体に関する情報
   ⓐ 加盟団体
   ⓑ 登録に関する事項（登録手続・登録資格等）
⑤ 大会に関する情報
   ⓐ 開催される大会に関する詳細情報（日時、場所、競技日程）
   ⓑ 大会参加の手続、参加資格
   ⓒ 大会における競技の結果

⑥　競技に関する情報
　ⓐ　競技規則
　ⓑ　アンチ・ドーピングに関する規則
⑦　選手選考に関する情報　　選考にあたっての客観的基準が明らかになっていることが望ましい。
⑧　懲罰に関する情報　　どのようなことをした場合が懲罰に該当するのか、懲罰を科す場合の手続、懲罰の内容が明らかになっていることが望ましい。
⑨　紛争解決に関する事項

(4)　開示すべきではない情報

　スポーツ団体において情報の開示が重要であることはすでに述べたとおりであるが、開示すべきでない情報があることも認識しておかなければならない。

　開示すべきでない情報としては、プライバシーあるいは個人情報に関する事項がある。たとえば、関係者の住所、電話番号、メールアドレス、生年月日、銀行口座などは、これを情報として取得していたとしても、これらはプライバシーにかかわる情報であって、一般に、本人の意思と関係なく勝手に開示することは本人の意思に反するから、開示すべきではない。

　また、スポーツ事故や暴力行為、セクハラ行為などの不祥事が発生した場合の被害者に関する情報についても、開示については被害者の意思を最大限尊重すべきものであって、被害者が開示を望むのでない限り開示されるべきではない。

　また、これらの情報については、漏洩したり紛失したりしないよう、情報を適切に管理する必要がある。

(5)　情報公開の方法

(A)　開示の範囲

　第1に、メンバーと利害関係者に開示されていることが必要である。団体

の役員・職員、加盟団体、競技者、支援者、出資者はこれらに含まれるであろう。

　第2に、メンバーと利害関係者だけではなく、一般にも開示されている必要がある。一般に開示され、誰でも情報にアクセスできる状態に置くことによって、社会に対する説明責任を果たすこととなり、さらなる信頼性の向上につながる。

　(B)　開示の方法

　インターネットの利用が最も適していることは明らかである。ウェブサイトが設けられていれば、インターネットに接続できる環境さえあれば、誰でもいつでも情報にアクセスできるからである。ウェブサイトを設けずに適切に組織情報を開示することはあり得ないといってよい。

　(C)　広報担当職員の配置

　上記にみたように、スポーツ団体（特にNF）が開示すべき情報は多く、しかも、その情報は頻繁に更新される（特に、大会に関する情報は、チームや競技者のみならず、ファンや支援者も注目しており、最新かつできるだけ詳細な情報が提供される必要がある）。したがって、できるだけ早く情報を更新して最新の状態に保つ必要がある。

　そのためには、情報更新のための人員を手当てすることが必要であり、また、見やすく、わかりやすいサイトを構成するためには、ITなどの知識・技術に習熟している職員が必要である。

　また、団体が大規模になれば、広報担当部署は、団体としての広報活動の在り方を考えて、広く社会の動きを感知するアンテナをもち、どのような情報が求められているかを察知して、必要な情報を適切な時期・範囲で提供することが要求されるようになる。このような団体には、上記のような能力を有する広報担当の専任職員を置くことが望ましいであろう。ただし、そのような能力を有する人材は多くないのが我が社会の実情であるということも、我々は認識せざるを得ないであろう。

(6) 不祥事が発生した場合の情報開示のあり方

　不祥事の発生等、重要かつ緊急な場合には、記者会見を開催するなど等でマスコミに対して適切に情報開示をすることも、説明責任を果たすためには必要である。団体としては、事実を隠さず、誠実に対応し、わからないことは調査してあらためて報告するなど、迅速な対応が求められる。

8　具体的対策その5～団体財務の制度設計＝運営費の提供者、収入の分配方法とパワーバランス

(1) 団体収益の構成

　団体財務は、収益によって維持されている。収益は、登録費、大会開催などの事業収入、広告協賛金、機関誌その他の物品販売収入、補助金収入、寄付金収入などで構成されている。

　団体は、それぞれの事業の目標を設定し、その目標を達成するための事業計画を策定している。事業を実施するための資金調達をどのように行うかは、団体の目標や事業計画によってさまざまであろう。

　いかなる団体においても、基礎的な自前の収入となるのは、登録費や機関誌等の物品販売収入等であるが、これだけでは団体の運営費を賄うには十分ではないのが通常である。当該競技における代表選手の派遣、選手強化のための事業や、有望な才能をもつ人材を発掘する事業などを行おうとすれば、その運営には多額の費用が必要となる。財政規模の大きな人気スポーツであれば、大会開催の事業収入などで大きな収入を得られるであろうが、マイナースポーツではそのような収入は見込めないから、目標に沿った事業を行うには、補助金収入に頼らざるを得ないのが実情であろう。

　しかし、もとより、団体が自立して運営されるためには、事業の目的に沿って、正しい予算を策定し、これに従って予算が適正に実行される必要がある。団体の自立という面から考えると、補助金、助成金に過度に頼りすぎない財務運営を心がけるべきであろう。

8 具体的対策その5～団体財務の制度設計＝運営費の提供者、収入の分配方法とパワーバランス

　通常、補助金、助成金は、事業のための支出の100パーセントが補助されるわけではなく、その一部が補助されるにすぎない。スポーツ団体が行う事業に対する補助金は、その事業に要する費用の3分の2の限度で行われることが多く、残る3分の1はスポーツ団体が自己調達することが必要である。スポーツ団体は、この3分の1の支出が無理なくできる財政の範囲において補助事業を利用するべきであり、これを超えて補助金を利用すると、事業実施のために3分の1に該当する自己資金の調達に苦しむこととなり、そのために、団体運営に必要不可欠な運営費や人件費が圧迫され、適切な事業運営が確保できないという事態を招くことになる。

　これを避けるために、協賛金や寄付金を集めて自己資金を調達するということも考えられるが、そのような資金提供者を得ることは、通常はなかなか困難なことであるし、もし、資金提供者を確保できたとしても、一部の資金提供者からの協賛金や寄付金に頼った財務運営は、そのような収入が長期にわたって確保しうるものではない以上、団体の持続可能性という面からみて、不健全といわざるを得ない。

(2) 大口資金提供者の発言権と健全な団体運営のあり方

　一部の資金提供者から大口資金を獲得した結果、バランスを欠いた団体運営に陥ることは適切でない。たとえば、大口資金を提供した支援企業がチームを運営していて、そのチームに所属する競技者が優先的に代表選手に選考されるなどということは、明らかに不公正であり、このようなことがあってはならない。

　また、支援企業の役員などが団体の理事に就任しているというケースも十分考えられ、そのこと自体は問題ないにしても、その理事の団体における発言権が大きくなることがあるとすれば、そのような事態は適切ではない。スポーツ団体には、多数の利害関係者がいるばかりでなく、その活動は公益性を帯びているのであって、その活動は適正かつ公正になされる必要がある。たとい大口の資金提供者であっても、その者が自分に都合よく団体運営をし

191

てよいことにはならない。スポーツ団体を企業オーナーの感覚で運営することは、不適切であることが理解されるべきである。

団体としては、大口資金提供者に感謝の念を抱くことはあっても、団体運営においてパワーバランスを失してはならない。その意味では、翻って、そもそも資金集めの段階で偏った資金の集め方をしないように留意すべきである。

さらに、JOCなどの上位団体から補助金を受けている場合、過度に補助金に依存するようになると、上位団体に対して適切な意見を発言しにくくなるということがあり得る。団体として自立性を考えると、収益構造におけるパワーバランスに偏りがないように配慮すべきである。

(第2章7・8　伊東　卓)

9　具体的対策その6〜補足（文部科学省有識者会議における検討経緯・内容）

(1)　はじめに

全日本女子柔道ナショナルチームの選手に対する暴力事件等、昨今のさまざまなスポーツ界における不祥事や事件を受け、2013年9月に文部科学省スポーツ・青少年局に、「スポーツを行う者を暴力等から守るための第三者相談・調査制度の構築に関する実践調査研究協力者会議」（以下、「本協力者会議」という）が設置され、また、2013年10月には、同協力者会議のもとに「処分基準等作成ワーキンググループ」（以下、「処分基準等作成WG」という）が設置された。

筆者（境田）は、本協力者会議の委員として、また、処分基準等作成WGの座長として、スポーツの世界における暴力等の撲滅に向けた施策やスポーツ団体の抱える諸課題についての論議にかかわる機会を得た。

そこで、本稿では、本協力者会議の発足に至る経緯や本協力者会議および処分基準等作成WGにおける主要な検討課題等について報告を行うことと

9 具体的対策その6～補足（文部科学省有識者会議における検討経緯・内容）

する。

(2) 本協力者会議設置に至る経緯

(A) 文部科学大臣によるメッセージ

2013年2月4日、下村博文文部科学大臣は、「スポーツ指導における暴力根絶に向けて」と題するメッセージを発出し、この中で、スポーツ界を挙げてスポーツ指導から暴力を一掃すること、スポーツ指導者の養成・研修のあり方を改善すること、競技団体は相談・通報窓口の設置等ガバナンス・コンプライアンスの確立を進め、問題が生じたときでも選手が練習に専念して自己の能力を最大限伸ばす環境を確保できるよう中立的な第三者が相談を受けることのできる仕組みを整えること等について言及を行った。

(B) 日本スポーツ法学会主催のシンポジウム

また、2013年2月19日には、日本スポーツ法学会主催のシンポジウム「アスリートの尊厳を守るためのシンポジウム」[34]が開催された。同シンポジムでは、はじめに、報告者やパネラーから、スポーツの現場で起きているさまざまな問題やその原因、そしてそれらに対する対応策などについて意見が述べられたあと、相談・通報窓口および事実調査のための第三者機関を設置する場合の検討課題について意見交換が行われた。

なお、第三者機関設置に向けては、①第三者機関の権限として、スポーツ団体への調査権限を含めるべきか、勧告、裁定まで認めるべきか。②仲裁機関に事実調査権限まで認めるべきか、③調査対象行為を暴力に限るべきか、セクシュアルハラスメントやパワーハラスメントその他の問題行為も含める

---

[34] パネラーおよび報告者は、馳浩氏（衆議院議員・超党派スポーツ議員連盟　事務局長）、鈴木寛氏（参議院議員・超党派スポーツ議員連盟　幹事長）、杉浦久弘氏（文部科学省スポーツ・青少年局競技スポーツ課長）、河野一郎氏（独立行政法人日本スポーツ振興センター理事長）、為末大氏（一般社団法人アスリートソサエティ代表理事）、セルジオ越後氏（サッカー解説者）、望月浩一郎氏（日本スポーツ法学会理事・弁護士）、伊東卓氏（日本弁護士連合会弁護士業務改革委員会スポーツ・エンタテイメント法促進プロジェクトチーム幹事・弁護士）および筆者の計9名であった（なお、肩書は当時のものである）。

193

べきか、④相談の対象者を日本オリンピック委員会（JOC）強化指定選手に限るべきか、パラリンピアンその他のスポーツ選手も含めるべきか、⑤調査対象団体を国内統括競技団体（NF）に限定するか、その他のスポーツ団体まで含めるべきか、⑥第三者機関の運営費用をどう拠出するか、等の論点について議論された。

最後に、パネラーを務めた両議員から、「本日の議論をもとに、明日の超党派スポーツ議員連盟では、第三者機関の設置などについての提言を行う」旨の発言があった。

(C) **超党派スポーツ議員連盟からの提言**

2013年2月20日、超党派スポーツ議員連盟の会合が開催され、前日（19日）の日本スポーツ法学会における議題等が報告され、同21日には、同議員連盟から以下の提言がなされた。

① 選手一人ひとりが安心して競技に取り組める環境の実現には、スポーツ指導における暴力行為に関する「相談窓口」や事実関係の調査等を行うための有識者による「調査委員会」の設置等が必要である。

② この仕組みの整備を円滑に進めるためには、独立行政法人日本スポーツ振興センター法（以下、「センター法」という）を改正し、これに必要な財源を安定的・継続的に確保することが必要である。

(D) **独立行政法人日本スポーツ振興センター法の改正**

上記提言を受け、2013年5月10日には、センター法が改正され、日本スポーツ振興センターの業務として、以下の規定が追加された。

「スポーツを行う者の権利利益の保護、心身の健康の保持増進及び安全の確保に関する業務、スポーツに関する活動が公正かつ適切に実施されるようにするため必要な業務」（センター法15条6号）。

(E) **本協力者会議の設置**

センター法の改正法の趣旨を踏まえ、スポーツ指導における暴力行為等について、第三者による相談・調査を行うための制度を構築し、スポーツのあ

らゆる現場から暴力行為等を根絶するために、2013年8月、文部科学省に、スポーツ各界の有識者からなる本協力者会議が設置された。

(3) 本協力者会議における主要検討課題

第三者相談・調査制度の枠組みに係る本協力者会議での検討内容は、次のとおりである。

(A) 実施主体

第三者相談・調査を実施する主体については、第三者性を有するスポーツ団体以外の機関であることが望ましいこと、また、人的・財的体制を備えた組織であることが望ましいこと、また、スポーツ界に広く知られた組織であることが望ましいこと等から、日本スポーツ振興センターを本制度の実施主体とすることとし、日本スポーツ振興センター内に、常設機関として、「第三者相談・調査委員会」(以下、「委員会」という)を設置することとした。

また、本協力者会議では、日本スポーツ振興センターが、第三者相談・調査業務を運用するための規程として、「スポーツを行う者を暴力等から守るための第三者相談・調査業務に関する規程」案(以下、「本規程案」という)を作成した。

(B) 第三者相談・調査委員会

スポーツ指導における暴力行為等に関する相談や調査業務においては、法的争訟ともなりうる事案を扱うことになることから、個人ではなく、合議体として判断を行うことが適当である。このため、委員会は合議体の組織とした(本規程案4条)。

委員については、弁護士・臨床心理士・アスリートOB等、公正・中立な有識者から任命することとした(本規程案5条2項)。

また、委員会については、公正性・中立性を担保し、他者から干渉されることのないよう、独立した職権を有するものとした(本規程案3条3項)。

また、この他、相談・調査業務を専門に行う特別委員を置くことも可能とした。

また、職務の公正・中立性の確保、および相談者の名誉・プライバシー等の保護の観点から、委員については、任期中任期後を問わず、職務上知ることのできた秘密について守秘義務を課すこととした（本規程案7条）。

(C) **相談・調査業務（本規程案13条・14条）**

委員または特別委員として任命された弁護士・臨床心理士・アスリートOB等は、相談者からの相談を受け、その結果を委員会に報告し、委員会は、その結果を踏まえ、相談者に対し、助言や他機関への仲介・紹介等を行い、または、競技者の競技の継続に重大な影響を与えると判断する場合には、自ら調査を行うこととした。

委員会は、調査が必要だと判断する場合には、複数名の専門家からなる調査パネルを設置し、調査を行う。そして、委員会は、調査結果を踏まえ、必要に応じて、助言や勧告、他機関・団体等への仲介・紹介等必要な措置を行うこととした。

(D) **利用対象者（本規程案2条1項2項）**

スポーツ界から暴力やハラスメントを根絶するという本制度の趣旨からすれば、第三者相談・調査制度の利用対象者については、限定しないほうが望ましいが、他方、本制度については、これまでにない、新しい仕組みであることから、まずは、そのノウハウを蓄積する必要がある。このため、制度開始当初の利用対象者については、トップアスリート（JOC強化指定選手、オリンピック・パラリンピック代表選手（指定終了後1年以内の者を含む））およびその関係者に限定することとした。なお、本制度については、引き続き協力者会議で検証作業を行い、今後、利用対象者の拡大についても検討する。

(E) **取り扱う事案（本規程案2条3項）**

1年以内に行われたスポーツ指導における暴力行為等とする。具体的には、次の行為等である。

① 身体に対する不法な攻撃であって生命または身体に危害を及ぼす行為
② ①に準じる心身に有害な影響を及ぼす言動

③　その他競技者の能力・適性にふさわしくないスポーツ指導

(F)　**勧告等（本規程案16条）**

委員会は、スポーツを行う者の権利利益の保護およびスポーツに関するあらゆる活動の公正かつ適切な実施等のために特に必要と認められる場合には、委員会が必要と認める者または団体等に対し、期限を定めて、必要な措置をとるべき旨の勧告をすることができるとした。

また、委員会から勧告を受けた者または団体等が、正当な事由なく、その勧告に係る措置をとらなかったときは、日本スポーツ仲裁機構（2003年4月7日に法人格のない団体として設立、2009年4月1日一般財団法人、2013年4月1日公益財団法人として認定）その他適当な者または団体等に対し、必要な措置を求めることができることとした。

(G)　**不利益扱いの禁止（本規程案17条）**

本制度の運用に際しては、相談者が相談を行ったことにより、一切の不利益を受けないことを保障することが何より肝要である。

そこで、何人も、委員会へ相談を行ったこと、もしくは相談員へ調査の申立てを行ったこと、もしくは委員会が行う調査へ協力したこと、またはこれらの行為を行った者と一定の関係を有すること、もしくは委員会が調査を行ったこと等を理由として、一切の不利益取扱いを行ってはならないこととし、委員会は、これらの不利益取扱いが行われないようその防止に努めなければならないこととした。委員会は、これらの不利益取扱いを受けた者が存在すると認められる場合には、日本スポーツ仲裁機構その他適当な者または団体等に、必要な措置を求めることができることとした。

(H)　**調査結果等の公表（本規程案18条）**

委員会は、スポーツを行う者の権利利益の保護およびスポーツに関するあらゆる活動の公正かつ適切な実施等のために特に必要と認められる場合には、被害者の同意を得て、調査結果またはその進捗状況、勧告の内容、および不利益取扱いの内容を公表することができることとした。

〔第2部〕 第2章 スポーツガバナンス実践編・その1——事前の防止策編

(1) 料金および費用（本規程案19条）

委員会は、相談および調査に係る費用の一部または全部を、競技者または関係者に求めることができることとした。

(4) 処分基準等作成WGにおける検討課題

今後、スポーツ界からあらゆる暴力行為等を根絶するためには、各中央競技団体において、スポーツ指導中の暴力行為等に関する相談窓口が設置されるとともに、事実調査や処分を課すための手続規定が設けられることが必須の要件となるが、現状ではそのような規定、手続が整備されていないか、もしくは不十分である中央競技団体が複数散見される。

また、スポーツ団体間で、同一事案の処分について、大きく軽重が生じることは望ましいことではない。

そこで、処分基準等作成WGでは、過去の処分事例等を参考に、スポーツ団体の処分基準等の「スポーツ指導における暴力等に関する処分基準ガイドライン」（以下、「本ガイドライン」という）を作成するとともに、中央競技団体において、役職員や指導者、競技者が違反行為を行った場合に、制裁処分を課す場合の手続について定めた「スポーツ団体処分手続モデル規程」（以下、「本手続モデル規程」という）[35]）を作成した。

本手続モデル規程は、処分の対象となる行為について、暴力行為等に限定していないため（不正経理や不正な利益供与等も含む）、各中央競技団体においては、既存の懲罰規定、制裁規定、就業規則等と整合させること、場合によっては、既存の規定を見直すことも求められよう。

本手続協力者会議または処分基準等作成WGにおいては、上記本ガイドライン、本モデル手続規程ともに、今後、各団体からの意見を踏まえ、さらに実態に即したものへと改訂していく予定である。

（第2章9　境田正樹）

---

[35] 巻末資料2参照。

10　グッドガバナンス自己評価チェックリスト

(1)　諸外国のチェックリスト例と自己評価

　我が国のスポーツ団体について、団体運営の健全性が問われる時代となり、「グッドガバナンス」の確立が求められていることは、すでに第1章1〜2で述べたとおりである。そして、諸外国においても、同様にスポーツ団体におけるグッドガバナンスの確立を求める動きがあることも、第1章3で触れたとおりである。

　それでは、実際に、スポーツ団体が自らの団体のガバナンスを確立しようと考えたとき、これから具体的にいったい何をすればよいのだろうか。それこそが実践的な問題である。

　そのためには、まず、その団体自身が「グッドガバナンスの確立のためには、団体には何が求められるのか」がわからなければならない。そのうえで、その団体が、その団体には具体的に何が不足していて、これから何を行えばよいのかがわからなければならない。

　諸外国では、このために、チェックリストを作成しており、これと照らし合わせることによって、団体が、何が不足しているのか、何をしなければならないかがわかるように工夫されている。

　その例をあげると、以下のとおりである。

(A)　**イギリス　Sports England（スポーツイングランド）Things to Think About（TTTA）"The TTTA self-help tool"（TTTA 自己評価ツール）**[36]

　イギリスにおいては、競技統括団体（NGB）としての認定を受けるためには、適切なガバナンスがその要件として要求されており、「統括団体はスポー

---

[36] 〈http://archive.sportengland.org/support＿advice/governance,_finance＿control/the_ttta_self-help_tool.aspx〉

199

ツカウンシルが奨励するグッドプラクティスに沿った運営とガバナンス手続を行っていることを示さねばならない」とされている（スポーツカウンシルによる審査基準（予備申請））。TTTA の自己評価ツールは、スポーツイングランドが作成したものであり、認定の際のグッドプラクティスとして奨励されているものである。内容としては、①ガバナンス、②戦略的計画、③財務管理、④人材、⑤団体のポリシー、⑥リスク管理のそれぞれの項目について、チェックリストが設けられている。

　(B)　イギリス　Sports and Recreation Alliance（スポーツアンドレクリエーションアライアンス・SRA）"Voluntary code of good governance"（グッドガバナンスのための自主基準）[37]

イギリスの320以上の競技団体を会員とする競技団体の統括組織である Sports and Recreation Alliance（SRA）が、競技団体向けのガバナンス原則として策定したものである。そこには、①インテグリティ：スポーツ、レクリエーションや地域活動のための守護者として行動すること、②役員会の役割を定義し、評価する仕組み、③ビジョン、ミッションおよび目的を知れ渡らせること、④客観性：バランスと多様性、能力を満たした役員会の構成であること、⑤標準化、システム化と統制、⑥説明責任と透明性の確保、⑦役員会がスポーツ界の状況を適切に把握し、それにあわせて活動することができることの七つの原則が記載されている。

　(C)　オーストラリア　Australian Sports Commission（オーストラリアスポーツコミッション）"Sports Governance Principles"（スポーツガバナンス原則）[38]

オーストラリアスポーツコミッション（Australian Sports Commission）に

---

[37] 〈http://www.sportandrecreation.org.uk/sites/sportandrecreation.org.uk/files/web/GovernanceCodeFINAL.PDF_.easyprint%20Version.pdf〉
[38] 〈http://www.ausport.gov.au/__data/assets/file/0010/485857/ASC_Governance_Principles.pdf〉

よる競技統括団体（National Sporting Organization）の認定を受けるためには、ガバナンスに関するガイドラインである「スポーツガバナンス原則」に準拠していることが要求されている。ここでは①役員会の構成、役割と権限、②役員会が守るべき手順、③ガバナンス体制、④役員会の報告および運用、⑤ステークホルダーとの関係および報告、⑥倫理的かつ責任ある意思決定の六つの原則について記載されている。

(D)　カナダ　Sport Research Intelligence sportive（スポーツリサーチインテリジェンススポーティブ・SIRC）"Principles 〜 Pursuing Effective Governance in Canada's National Sport Community 〜"（ガバナンス原則　カナダの国内統括スポーツ団体に必要なガバナンスの追求）[39]

スポーツカナダが策定し公表しているものである。この中にスポーツ団体におけるガバナンス原則（Governance Principles for Sport Organizations）が記載されている。その内容は大きく①ビジョン・ミッション・価値に目を向けた戦略的な計画を立てていること、②役割と責任の明確性、③効果的な財務管理、④人材に目を向けること、⑤結果や実績についての透明性と説明責任についての五つの項目からなっている。

(E)　デンマーク　Action for Good Governance in International Sports Organisations（国際的スポーツにおけるグッドガバナンスに向けた活動組織・AGGIS）"Sports Governance Observer"（スポーツガバナンス評価基準）[40]

これは、"Play the Game"というデンマーク文化省が設立したスポーツ研究のためのデンマークの研究所（idan）によって運営されているスポーツの倫理基盤や透明性の強化等を目指す国際会議および提言団体によって作成され

39　〈http://www.sirc.ca/governance/principles.cfm〉
40　〈http://www.playthegame.org/fileadmin/documents/Good_governance_reports/Final_AGGIS_leaflet.pdf〉

たスポーツにおけるグッドガバナンスのための評価基準である。①透明性と情報開示、②民主的運営、③抑制と均衡、④連帯責任（他の評価基準との一致や下位団体へのフォロー）の大きく四つの項目について評価基準が設けられている。

　(F)　EU　International Sport and Culture Association（国際スポーツ文化協会・ISCA）"Guidelines for Good Governance in Grassroots Sport"（草の根スポーツにおけるグッドガバナンスガイドライン）[41]

　これは、国際スポーツ文化協会が作成した草の根スポーツ、つまりアマチュアレベルのすべてのスポーツに対するグッドガバナンスガイドラインである。このガイドラインは、①民主主義、②透明性、③説明責任、④ステークホルダー（利害関係人）の関与の確保という大きく四つの内容からなっている。

　(G)　EU　Sport For Good Governance（スポーツフォーグッドガバナンス）S4GG) Self EvaluationTool（自己評価ツール）[42]

　これは、ヨーロッパ共同体（EC）がバックアップして行うプロジェクト（Sport for Good Governance）が作成したものである。このツールは、①ビジョン、ミッション、戦略、②組織構造、規程、民主的運営、③役員会の能力、インテグリティと倫理基準、④説明責任、透明性とコントロール、⑤代表制度と利害関係者の参加のそれぞれの項目について、各団体が自分で達成度を評価し、それに基づき自己評価ができるようになっている。

　(H)　我が国における取組み　スポーツ仲裁機構"ガバナンスガイドブック"[43]

41　〈http://www.isca-web.org/files/GGGS_WEB/Files/Guidelines_for_Good_Governance_in_Grassroots_Sport.pdf〉
　〈http://www.goodgovsport.eu/home〉
42　〈http://www.s4gg.eu/download-documents〉
43　〈http://www.jsaa.jp/guide/governance/governance.pdf〉

我が国でも、日本スポーツ仲裁機構が「ガバナンスガイドブック」という小冊子を作成しており、この中にチェックリストが掲載されている。細かなものではないが、ガバナンスとはどういうものかを理解するためには貴重な自己診断ツールである。

(2) 実践チェックリスト例

本書では、より実践的に、スポーツ団体がガバナンスの自己診断ができるよう、実践チェックリスト例を巻末資料1に掲載した。

現在、諸外国で求められているガバナンスのレベルを標準とし、これを我が国のスポーツ団体に当てはめて、我が国のスポーツ団体がグッドガバナンスを実現する際に求められる事項を、チェックリストの形にしたものである。

ぜひ、この実践チェックリスト例を利用して、ガバナンスの向上に役立てていただきたい。

(3) サッカーのクラブライセンス制度

なお、サッカーでは、リーグ戦に参加しているクラブがシーズン中に財政破綻に陥り、消滅してしまうことによって、リーグ戦の進行に支障を来すことを防止するため、毎シーズン前に行われる審査によって一定の基準をクリアしたものと認められたクラブのみがリーグ戦に参加できるものとする「クラブライセンス」制度が世界的にも導入されてきており、日本のJリーグも、2013年シーズンからこの制度を導入している。Jリーグのクラブライセンス制度は、5分野の審査基準（競技、施設、人事組織、法務、財務）にわたる合計56の審査項目を設けており[44]、サッカークラブのグッドガバナンスのための審査基準として参考になる。

(第2章10　伊東　卓・境田正樹・大橋卓生・山崎卓也)

---

[44] 〈http://www.j-league.or.jp/aboutj/document/2012kiyakukitei/26.pdf〉

11 適切な人材をどう見つけるか、育てるか（研修）

(1) 人材育成は組織が持続するための要

スポーツ団体の運営は、その団体がどのような人材を得られたかによって大きく左右される。適切な人材をみつけることは、スポーツ団体において極めて重要である。とはいえ、そのような人材は、容易に得られるわけではない。組織としては、人材探しも大切であるが、長期にわたって活動を持続していくためには、計画的に人材を養成することを考えるべきであり、組織による人材育成として、研修を実施すべきである。

研修には、役員向けのものと職員向けのものが考えられる。

(2) 役員向け研修

スポーツカナダのガバナンス原則は、4項「人材重視」において、後継者育成は、団体の長期的な健全性を確保することに役立つものであり、今後の指導者のために指導教育および専門能力開発の機会を設けることは、効果的なガバナンスにつながるものであると指摘する。そして、具体的事項として、新任役員が自らの役割と団体の行動に関するオリエンテーションを受けること、役員が自らの責務を果たすための継続的なトレーニングとサポートを受けること、役員会が指名委員会の指針に沿って後継者育成に取り組むことをあげている。

また、スポーツイングランドのTTTAは、役員会および評議員会の構造と運営が健全で効果的であることの要件として、すべての役員が自らの役割と責任、団体の活動内容、役員会が負っている責任、定款・法令に従った運営を行うべきことについて研修を受けていることを挙げ、役員向け研修において含まれるべき事項を摘示している（2.4）。これを我が国に当てはめてみると、以下のようになるであろう。

① 役員会の取り決め事項、役員会に関する定款・規約の定め
② 組織構成

③　役員の権限に関する事項
④　最新の年次報告書・決算書
⑤　予算
⑥　最近の議事録・役員会の文書
⑦　戦略的計画・年次運営計画
⑧　役員の説明責任
⑨　利益相反に関する事項
⑩　団体の直面するリスクに関する事項
⑪　主要な幹部スタッフ

なお、TTTAは、新メンバーにとって団体の戦略的概要を把握しにくくなるような詳細な事項を含まないことを考えるべきとしているが、参考とされるべきである。

(3) **職員向け研修**

役員に対する研修と同時に、職員に対する研修も実施されるべきである。団体の職員が自らの役割と団体の方針を理解し、高いモチベーションを保つことができれば、団体は効果的に目標を達成することができるであろう。スポーツイングランドのTTTAは、ガバナンスの要件の9項として、「団体が定めた方針や手続に関する研修が職員に対して実施されている」ことをあげている。これによれば、考えられるべきこととして、必要に応じ、職員、請負契約者、コンサルタント、ボランティアに対する研修プログラムが実施されること、研修プロセスが団体ニーズに合致していること、研修が団体の目標、構造、意思決定プロセスに関する基本的情報、団体内で各人の役割を果たす方法を網羅していること、研修プログラムは定期的に見直しが行われていることが、掲げられている。

12 外部専門家の活用方法（経営、財務、法務、危機管理広報）

(1) 外部専門家を利用すべき場合

　スポーツ団体の役員や職員は、特定の競技に関しては誰よりも詳しい知識を有しているのが通常であろう。しかし、スポーツ団体の活動は、スポーツの分野に限られるわけではない。スポーツ団体も社会的存在である以上、その活動には、経営、財務、法務などの専門的事項もかかわっており、これらについては専門的知識が必要な場合がある。そのような場合には、適切に外部専門家を利用することが求められる。

　外部専門家を利用するために大切なことは、役員会メンバーの中に、外部専門家の助言が必要なのはどのような場合かを理解している役員が存在していることである。そもそも外部専門家（たとえば、弁護士や公認会計士）に相談すべき場合かどうかについて、役員の誰も気づかないのでは、必要な専門的知識を利用することすらできない。少なくとも外部専門家の利用についての知識・経験を有する者が役員の中に存在することが必要であろう。

(2) 外部専門家の確保の方法

　また、専門家の助言が必要であることが団体として理解できても、適当な専門家に行きつかなければ、その力を借りることはできない。専門家の確保の方法として、まず考えられるのは、役員に専門家を就任させるという方法であるが、すべての団体でそのような人材を得られるとは限らないであろう。そこで、次に考えられるのは、顧問という形で専門家を確保しておくことである。そして、そのような顧問が存在しない場合は、他団体の事例等を参考にして、日常のコミュニケーションを通じて地道に情報収集するなどして、外部専門家に至るルートを確保しておく必要があろう。

(3) 危機管理広報

　危機管理広報は、それまでに築き上げてきた団体に対する評価や信頼を一

気に失わせてしまうこともあり、極めて重大な事項である。危機管理広報は、団体に危機が迫る中で、迅速に情報を収集・分析し、法的知識を前提にして情勢を判断し、適時に記者会見を開催して報道各社に状況を説明するとともに質問に的確に答え、並行して関連する官庁、団体に説明を行うものであって、機敏な対応力、法的な知識やわかりやすく説明する能力、関係官庁とのパイプも要求されるので、極めて高度な能力が要求される。それだけに、人材の確保は難しいのであるが、不慣れな役員が危機管理広報を担当して失敗してしまうと、まさに取り返しのつかない事態を招いてしまうこととなる。団体の役員は、万一の場合を考えて、危機管理広報を相談する専門家を確保する方法を講じておくべきであろう。

13　内部ルール、ガイドライン、ひな形、業務マニュアル等の作成方法

　団体運営のガバナンス体制については、役員会、運営組織など各関連組織の職務と職責、権限を明確に説明したわかりやすい文書を作成すべきである。そのような文書があれば、組織の職務、職責、権限が明確になり、より安定的に実効性のある業務運営ができるであろう。

　これをより現場に近い業務レベルでも実行していった場合、業務に関して、内部ルールやガイドライン、ひな形、業務マニュアル等が作成され、書面化されていくことになる。

　これらの業務用書面の作成にあたっては、まず、それが組織の実態に即しているかに注意すべきである。実態に適合しないものでは、実効性のある組織運営に何ら結び付かない。実際の組織運営に即して、初めて意味のあるものになることに注意すべきである。

　次に、これらの書面が作成されたら、定期的に見直しをすることである。より効率的で実際的な運営方法が発見されれば、これまでのやり方にこだわらず、柔軟に見直しが行われるべきである。マニュアル等の存在によって業

務方法がむしろ固定化され、長期にわたり硬直化していくというのでは、まったくの逆効果である。また、新たな法令や新たなに設けられた規定との整合性についても、常に点検を怠らないことが必要である。

　最後に、内部ルールやガイドライン、ひな形、業務マニュアルを導入することはよいことであるが、これらを作成し、導入したことで安心してはいけない。これらは組織運営の実効性を確保するために設けられるのであって、それ自体に意味があるものではない。特に、モデルとなる規定を他の団体などから移し替えた場合、マニュアルを設けたことだけで満足してしまうということが起きがちである。問題となるのは、それが自らの団体にどのように適用され、どのように役に立つのかということである。実際に使って、手直しを繰り返して、初めて意味があるということを忘れてはならない。

14　国際統括競技団体（IF）など上位団体との関係でのガバナンス（上位団体から義務づけられるものとしてのガバナンス）

　スポーツ団体には、通常、上位団体が存在している。国内統括競技団体（NF）には、日本体育協会が国内上位団体として存在し、またその競技がオリンピック競技であれば、さらに、日本オリンピック委員会（JOC）が国内上位団体となる。国際的には、国際統括競技団体（IF）が国際上位団体として存在し、またその競技がオリンピック競技であれば、さらに国際オリンピック委員会（IOC）が国際上位団体となる。これらの上位団体が、競技団体のガバナンスに関する事項を定めた場合には、これを通じて、上位団体から義務づけられる形でガバナンスがもたらされることがある。

　その例として、たとえば、日本サッカー協会において、不服申立てに関する規定がFIFAの指摘によって改正されたことがあげられる。また、IOCがBasic Universal Principles of Good Governance of the Olympic and Sports Movementを2008年に策定したことによって、各国のNOCのガバナ

ンス意識が向上したという効果も生じている。

15　文科省など政府系機関の役割と団体自治

　我が国のスポーツ団体は、従来、主に、民法上の公益法人（社団法人・財団法人）として存在し活動してきた。この制度のもとでは、主務官庁に法人格取得の許可権限があり、法人の運営は、この主務官庁の監督に服してきた。スポーツ団体に関しては、文部科学省が主務官庁として監督権限を行使してきた。文部科学省は、この監督権限を根拠として、団体にガバナンス上の問題がある場合には、団体に対する指導を行ってきた。

　その後、2006年に公益法人制度は大きく改正され、公益認定を受けた団体が公益社団法人・公益財団法人となることとなり、スポーツ団体の多くは、公益認定を申請して公益法人として認定を受けて活動している。法律上、公益法人に対しては、行政庁（内閣府）が必要な報告を求め、立入検査を行うことができるほか、勧告・命令を行うことができ、公益認定を取り消すことができるとされている。

　これまでに、これに基づいて内閣府から勧告を実施されたスポーツ団体として、全日本柔道連盟・日本アイスホッケー連盟・全日本テコンドー協会・日本プロゴルフ協会の4団体がある[45]。全日本柔道連盟は、暴力問題および助成金問題を発生させたことについて、技術的能力および経理的基礎を回復し確立するとともに、各機関における責任の所在を明らかにして適切な処置を講じることが求められた。日本アイスホッケー連盟では、役員選任をめぐって内紛を生じたことにつき、評議員会による役員の選任結果に基づき速やかに業務引継ぎを行うことが求められた。全日本テコンドー協会では、二度にわたって勧告がなされ、2013年12月には、定款でなく理事会決議で制定された賞罰規定に基づいて資格停止処分が行われていることについて、一般

---

[45] 第1章1(2)(C)も参照。

〔第2部〕 第2章 スポーツガバナンス実践編・その1——事前の防止策編

法人法の規定に基づく法人運営を確立するための措置を講ずることが求められ、2014年4月には、代表理事個人の財布と法人の会計が区分されていないことについて、両者を分離して経理的基礎を回復することが求められた。日本プロゴルフ協会では、暴力団排除の対応が徹底されていない状態にあることから、暴力団員等が事業活動を支配していると疑われるような事態を排除するために必要な措置を講じ、客観的かつ徹底した事実解明を行い、再発防止策を徹底することが求められた。

　これらの事案をみると、いずれも団体内にガバナンス上の問題を抱えており、重大な法令違反の状態が生じている団体に対し、行政庁が監督権限を行使してこれを是正させており、結果として、行政庁が強力な役割を果たして、ガバナンスを実現しようとしている。

　しかし、これは、このような方法によらなければガバナンス上の問題を解決できないためにやむを得ず行政庁が介入したものであって、このような指導監督を受けることは、本来、スポーツ団体にとって極めて好ましくない事態である。もとより、スポーツは、国民が自主的・自律的に取り組むべきものであり（スポーツ基本法2条1項）、スポーツ団体もスポーツの推進に「主体的に」取り組むべき存在であって（同法5条1項）、事業運営の透明性の確保を図るのは、スポーツ団体自らが「努める」ものとされている（同条2項）。すなわち、まず、スポーツ団体においては、自主・自律が最大限尊重され、団体自治が確保されるべきである。ガバナンスの実現についても、まずは、スポーツ団体が自主的に取り組むべきものであり、スポーツ団体が自らグッド・ガバナンスを実践し、確立していくべきものである。この意味で、行政庁の強力な権限行使を受けることは、極めて不本意な事態といわなければならない。行政庁の介入を受け続けることによって、行政への過度の依存が生じるようになれば、団体自治は崩壊しかねない。

　スポーツ団体が自らの力によってグッド・ガバナンスを実現するためには、スポーツ団体を支援する制度がぜひとも必要である。たとえば、イギリスの

TTTAは、スポーツ団体のためのガバナンス自己診断ツールとして提供されている。また、イギリスSRAのVoluntary code of good governanceは、国の規制強化の動きに対し、まさに、団体自治を守るものとして設けられたものである。我が国でも同様の取組みが今求められていると考えられる。2013年に文部科学省がスポーツ団体処分手続モデル規程案（試案）[46]を公表したが、このような取組みもスポーツ団体の自立を支援するものとして評価されるべきであろう。

16 要求されるガバナンス基準を遵守できない場合、評価が低い場合にどうするか

　スポーツ団体には、大小さまざまな団体があり、人気のある競技の団体や資金力の豊かな団体もあれば、そうでない団体もある。このような団体の中には、要求されるガバナンス基準を遵守できない団体があることも十分考えられる。このような団体は、事業運営の適正が確保されていないとして扱われるほかないのであろうか。
　この点、参考になるのは、イギリスSRAの例であろう。SRAのVoluntary code of good governanceは、「グッドガバナンスのための七つの原則」を競技団体向けに定めているが、これは、政府が競技団体を対象とした規制を行おうとしていた際に、団体自治、団体の独立を守るためのアクションとして行われたものである。このため、この原則の遵守は各団体に委ねられており、これらをそのまま遵守するか、あるいは遵守しない場合はその理由を説明するという姿勢が各団体に求められている。つまりそのようにして各団体がガバナンスと向き合い、団体自治の理念のもと、自分の団体に合ったガバナンスを確立することが重要と考えられている。
　このように、ガバナンスの実現は、団体が自ら取り組み、確立していくも

---

[46] 本章9(4)参照。同規程案を巻末資料2に掲載した。

のである。これに対して、ガバナンスの向上のために、ガバナンス基準の順守を補助金支給の要件とするという方法がとられることがありうる。このような場合、これを遵守できない団体は、補助金を受給できなくなるが、それではその団体は必要な事業活動ができないことになる。団体がNFだった場合は、競技力向上や国際大会への競技者の派遣などスポーツ団体として必要不可欠な事業を行うことができず、結局、競技者のスポーツに参加する権利を奪うだけという結果になりかねない。補助金支給停止の可能性があるということは、そのような事態は絶対に避けなければならないという団体の自覚を促す効果はあるものの、全面的に支給を停止してしまうことは難しいという性質のものであるから、いわば「伝家の宝刀」としての意義を有するにとどまることになる。しかしスポーツ団体としては、「伝家の宝刀」が抜かれることはないと慢心することは許されるものではなく、責任ある団体として、ガバナンス実現のために自らの行動を改めるよう努めなければならない。

(第2章11～16　伊東　卓)

第3章 スポーツガバナンス実践編・その2──不祥事・紛争対応編

　第2章では、不祥事・紛争を起こさないための事前の防止策について述べてきた。本章では、不幸にして不祥事・紛争が起きてしまった場合の具体的な対応のあり方について述べる。

1　不祥事・紛争の類型

　一概に不祥事・紛争といっても、犯罪行為にあたるもの（暴力やセクハラ・パワハラ含む）、内部規則違反、役員間の紛争、スポーツ事故、ドーピング違反等さまざまである。不祥事・紛争の対応を検討するうえで、不祥事・紛争を類型化し、各類型の特徴を理解しておくことは有用である。スポーツ団体で発生する不祥事・紛争は、大きく以下の八つに類型化することができる。

(1) 犯罪・非違行為型

　理事、指導者や競技者個人あるいはスポーツ団体などの組織が、犯罪を行ったり、不法行為により他人に損害を与えるなど違法な行為をした場合である。

(A) 特　徴

　この類型で問題となる行為は、法律上違法と評価されるものであり、通常、

被害者が存在することから、その対応について、競技者、指導者、スポンサー、ファンなどのステークホルダーに限らず、広く社会一般の関心を集めやすい類型である。

　(B)　具体例

この類型の具体例としては、次のようなものがある。

① 柔道・指導者による女子強化指定選手に対する暴力問題（第1部Ⅳ参照）
② 大相撲・時津風部屋暴行死事件（第1部Ⅻ参照）
③ 大相撲・ロシア人力士による大麻使用事件（第1部Ⅻ参照）
④ 大相撲・野球賭博事件（第1部Ⅻ参照）
⑤ 大阪市立桜宮高校のバスケットボール部事件[1]

(2)　定款・規則違反型

理事、指導者や競技者個人あるいはスポーツ団体などの組織の行為が、法律違反に当たらなくとも、スポーツ団体の定めた定款や諸規則で定めたルール違反に当たる場合がある。

　(A)　特　徴

定款や諸規則で定めるルールは、スポーツ団体の構成員や登録競技者のみを拘束する。しかし、そのルールが競技の根幹にかかわるものであったり、競技の公正や公平にかかわるものであった場合、そのルール違反は、社会的な関心事となる。特に、当該競技のステークホルダーの関心を集める類型である。

　(B)　具体例

この類型の具体例としては、次のようなものがある。

① プロ野球江川事件（第1部Ⅹ参照）
② プロ野球一場事件（第1部Ⅹ参照）

---

[1] 同校バスケットボール部の顧問教諭から、指導に際し、暴行等を受けた男子生徒（キャプテン）が自殺をした事件で、当該教諭は傷害および暴行の罪で懲役1年（執行猶予3年）に処された。

③　プロ野球統一球問題（第1部X参照）
④　日本体育協会の山口国体参加資格問題（第1部Ⅲ参照）
⑤　日本高等学校野球連盟の特待生問題（第1部Ⅸ参照）
⑥　国際サッカー連盟（FIFA）の利益供与スキャンダル（第1部Ⅰ参照）

(3) 不正経理型

理事、指導者や競技者個人がスポーツ団体の金品を横領等したり、国庫補助金を不正利用するなど不正な経理を行った場合である。不正経理の中には、横領や詐欺など犯罪行為に該当する場合もありうる。

(A) 特　徴

スポーツ団体は、自己の事業による収入のほか、①傘下の加盟団体からの加盟金、②登録をした競技者やチームの登録料、③一般からの寄付金、④国の補助金（源泉は税金である）等を得て、運営している。かかるスポーツ団体において、不正な経理が発覚すれば、犯罪に該当するか否かにかかわらず、おのずと大きな社会的関心が集まる類型である。

(B) 具体例

この類型の具体例としては、次のようなものがある。
①　日本クレー射撃協会の不明朗な資金管理問題（第1部Ⅴ参照）
②　日本オリンピック委員会（JOC）補助金および日本スポーツ振興センター（JSC）助成金不正受給問題（第1部Ⅱ参照）
③　フェンシング協会の事業費不正受給問題[2]
④　FIFAの利益供与スキャンダル（第1部Ⅰ参照）

(4) 事故発生型

競技の練習中や大会等で事故が発生した場合である。

---

[2] 選手の育成事業として、2013年1月～3月の間に海外に若手選手、コーチら延べ約60人を派遣した際、同協会事務局長の指示を受けた関係者が、滞在費として選手らから一人あたり一律2万円の領収書を書かせ、同協会が、実際に宿泊施設などに支払った費用との差額を不正に受け取った問題。

(A) 特徴

後遺症の残る障害や死に至るような結果をもたらす事故は、競技活動に大きな不安をもたらし、当該競技のみならず、他競技においても同種事故が懸念されるなど広く社会一般の関心事となる。

(B) 具体例

この類型の具体例としては、次のようなものがある。

① サッカー大会での落雷事故[3]
② スポーツ少年団遠野市民センター体育館事故[4]
③ NFL（National Football League）およびNHL（National Hockey League）のConcussion問題[5]
④ 柔道における重大事故への対応遅れに関する問題[6]

---

[3] 大阪高槻市でサッカー大会中に、高校生（当時）が落雷に遭い、重度の障害を負った事故（1996年8月）。同事故の民事裁判では、学校や大会主催者の責任が認められ、約3億円もの賠償金の支払いを命じる判決が下された。

[4] 岩手県遠野市の市民センター体育館で児童が換気窓から転落して死亡した事故（2009年12月）。弁護士を中心とする第三者委員会（事故調査委員会）が組織され、市の当該換気窓の管理方法に問題があったと結論づけた。かかる第三者委員会の報告をもとに、市と被害者遺族との間で和解が成立した。

[5] アメリカンフットボールや氷上の格闘技といわれるアイスホッケーでは、激しい身体の衝突等を伴うことによる脳しんとうや外傷性脳損傷が問題になっている。両スポーツの米国のプロリーグNFL（アメフト）とNHL（アイスホッケー）においては、多くの元選手（NFLでは4500名以上、NHLでは200名以上）がリーグを相手に損害賠償を求める訴訟を提起している。NFLのケースでは、2013年8月に、NFLが7億6500万ドル（約790億円）を負担する和解プログラムを暫定合意したが、裁判官が金額が不十分であるとして承認せず、最終的な解決には至っていない。

[6] 1983年～2010年までの28年間で中学・高校における柔道事故は、死亡事故だけでも118件に上っていた（深刻な高次脳機能障害を負った者の数は把握されていない）。このことが、名古屋大学大学院・内田良准教授の研究で明らかになり、柔道界における安全対策の遅れが指摘された。2010年3月には全国柔道事故被害者の会が組織され、それまで個別に訴訟対応等していた被害者が結束し、大きな社会的関心事となった。この段に至って、全日本柔道連盟は、安全指導特別プロジェクトを立ち上げ、本格的な事故対策に動いた。その後、2012年度より中学校において柔道を含む武道が必修とされたが、柔道およびその指導の安全性に疑問を呈する意見が多数出された。

(5) 内部紛争型

スポーツ団体の役員間で権力闘争が生じ、次期役員の選任を無効として争い、役員がなかなか決まらず、スポーツ団体の運営に支障を来したり、内部紛争の結果、スポーツ団体が分裂したりする場合である。

(A) 特　徴

内部紛争が生じると、突然、指導者が解任されたり、代表選考をする理事会等が開けず、代表選考ができないなど、紛争当事者たる役員のみならず、当該競技の競技者等の活動、ひいては競技そのものに重大な影響を与える。このため、ステークホルダーのみならず、社会一般の関心事となる。

(B) 具体例

この類型の具体例としては、次のようなものがある。

① プロ野球球界再編問題（第1部Ⅹ参照）
② 日本テコンドー連盟分裂問題（第1部Ⅵ参照）
③ 全日本スキー連盟内紛問題（第1部Ⅶ参照）
④ 日本クレー射撃協会内紛問題（第1部Ⅴ参照）
⑤ アイスホッケー協会内紛問題（第1部Ⅷ参照）

(6) アンチ・ドーピング違反型

アンチ・ドーピングは、世界的な規模で取り組まれており、世界アンチ・ドーピング機構（WADA）が定める厳しい世界基準（WADA規程）が採用されている。いったんアンチ・ドーピング違反で処分されると、競技者生命を奪いかねない。このため、スポーツ団体およびアンチ・ドーピング機関は、WADA規程およびこれをもとに策定された規程を正しく理解して運用することが求められる。加えて、スポーツ団体およびアンチ・ドーピング機関は、公正な競技者が正しい知識を欠いたがゆえにアンチ・ドーピング違反で処分されることがないよう、啓発活動を行う必要がある。

(A) 特　徴

アンチ・ドーピングは、世界的にドーピング撲滅に取り組んでいるもので

あり、違反に問われた競技者の競技生命を奪いかねない重い処分が科されるものであることから、適切な運用がなされないと、世界的な関心事となりうる。

　(B)　具体例

この類型の具体例としては、次のようなものがある。

① 　Jリーグ我那覇選手事件（第1部XI参照）
② 　酸素カプセル問題[7]

(7)　インテグリティ（高潔性）侵害型

スポーツのインテグリティを害する問題として、スポーツの性質を変容してしまう八百長問題や暴力団との癒着問題などがある。

　(A)　特　徴

UNESCO (United Nations Educational, Scientific and Cultural Organaization) 体育・スポーツ国際憲章7.1条などにみられるとおり、スポーツはその性質を変容するものから擁護しなければならない。スポーツそのものが公正でなくなったり、闇の組織の資金源になっているものとみられれば、ステークホルダーの支持を失い、競技自体が衰退してしまうおそれがあり、大きな社会的関心事となりうる。

　(B)　具体例

この類型の具体例としては、次のようなものがある。

---

[7]　酸素カプセルは、酸素濃度を変えずに空気圧を変えるタイプ（HBA）と酸素濃度と気圧を高めて一酸化炭素中毒などの治療用に用いるタイプ（HBO）が存在する。2008年の北京五輪直前の時期に、アスリートが疲労回復目的等で使用していた酸素カプセル（HBA）がドーピングにあたるのではないかと疑問視された。日本アンチ・ドーピング機構（JADA）は、酸素カプセルの使用が、当時の禁止表記載の禁止方法にあたる可能性があるとして、日本オリンピック委員会（JOC）および各競技団体に使用を自粛するよう通達した。日本高等学校野球連盟はこれに追従して高校野球における酸素カプセル（HBA）の使用の自粛を決定した。その後、WADAは酸素カプセル（HBA）について、「使用効果がはっきりしないため禁止としない」との見解を示したことで、JOC・日本高等学校野球連盟とも解禁とした。

① 大相撲暴力団観戦問題（第1部XII参照）
② 大相撲八百長問題（第1部XII参照）
③ 日本プロゴルフ協会（PGA）理事の暴力団交際問題[8]

(8) その他

以上の類型のほか、その他スポーツ団体のガバナンスに関する問題が生じる事案として、代表選考問題や競技者登録をめぐる問題がある。

(A) 特　徴

代表選考は、オリンピックなど国際大会等に、当該競技の日本代表等を決める手続であり、代表となるか否かで競技者の競技人生を左右する大きな問題である。競技者登録をめぐる問題は、そもそも当該競技者が当該スポーツ団体において競技活動ができるか否かという場面であり、競技者のスポーツ権の重大な制約となりうる問題である。これらは、当該競技者限りの問題にとどまらず、将来の代表選考や競技者登録にも波及する問題でもあり、ステークホルダーの関心を集める類型である。特に人気競技に関しては社会的な関心事となりうる。

(B) 具体例

この類型の具体例としては、次のようなものがある。
① 千葉すず選手（水泳）の代表選考問題[9]

---

[8] 公益社団法人日本プロゴルフ協会（PGA）では、二度にわたり暴力団排除宣言を行っていたが、2013年9月、PGAの理事が暴力団会長とゴルフをしていたことが発覚し、大きく報道されるところとなった。同理事は、PGA理事会により8カ月の資格停止処分とされた。その後、PGA副会長も本件に関与し、謝礼を受け取っていたこと、暴力団会長とゴルフや会食を2回していたことが発覚した。PGA理事会は、あらためて本件について審議し、理事および副会長を退会処分とした。その後、同年12月、PGA理事会は外部理事も含めて代議員が総辞職することを決定し、信頼回復に向けて出直し選挙を行うこととなった。その後、2014年4月には内閣府より、事実解明が不十分である等として是正勧告を受けることとなった。

[9] 2000年シドニーオリンピック直前の選考会である日本選手権で、千葉選手は、五輪A標準記録を突破して優勝したが代表選考から外されたため、日本水泳連盟を相手どって、日本人として初めてスイスのスポーツ仲裁裁判所（CAS）に提訴した。CAS仲裁パネル

②　日本テコンドー連盟代表選考問題（第1部Ⅵ参照）
③　日本ボート協会ロンドン五輪代表選考問題[10]
④　陸上実業団選手の登録問題[11]
⑤　バスケットボール協会国際移籍選手の登録問題[12]

2　初期対応と危機管理広報の視点～問題から逃げずに取り組むためのポイント～

(1)　不祥事・紛争の認識の端緒

スポーツ団体が不祥事・紛争を認識する端緒として、大きく①スポーツ団

は、日本水泳連盟の代表選考に公平を欠くところはないとして千葉選手の請求を退けたが、日本水泳連盟が選考基準の公開を徹底していれば、千葉選手の訴えは避けられたと判断し、日本水泳連盟に千葉選手に対し1万スイスフラン（約65万円）を支払うよう求めた。

[10] 2012年ロンドンオリンピック出場をかけたアジア大陸予選の男子軽量級ダブルスカルの日本代表を選考する最終選考合宿において、日本ボート協会が、あらかじめ公表した選考方法と異なる選考方法で代表選考を行った点について、日本スポーツ仲裁機構の仲裁パネルは、著しく合理性を欠くとして無効と判断した（判断の詳細は JSAA-AP-2011-003事件の仲裁判断参照〈http://www.jsaa.jp/award/AP-2011-003.html〉）。代表選考取消し後、日本ボート協会は、大陸予選まで時間がない中、当初代表に選考されたペアと仲裁申立人ペアとでの一騎打ちをさせ、勝者を代表に選考するという方法をとった。

[11] 実業団チームの企業に入社した女子選手（1500mの日本記録保持者）が、社内留学制度で岡山大学に入学したところ、日本実業団陸上競技連合は、同選手の登録を認めなかった。日本スポーツ仲裁機構（JSAA）における調停は不成立となり、同選手は仲裁解決を望んだが、同連合はこれに応じなかった。結局、同選手および企業は、同連合の見解を受け入れざるを得なかった。

[12] 中国出身の女子選手が、日本の実業団チームにスカウトされて2010年10月に来日し、2012年4月に日本国籍を取得し、同年5月（当時17歳）に日本バスケットボール協会（以下、「日本協会」という）に選手登録を行った。しかし、中国バスケットボール協会（以下、「中国協会」という）が、18歳未満の国際移籍を禁止する国際バスケットボール連盟（FIBA）の規定に抵触するとして移籍手続を拒否したため、同年7月、日本協会は、同選手の選手登録を取り消した。その後、日本協会は FIBA に裁定を求め、FIBA は、同選手の日本協会への登録を容認したが、次のような条件が付された。①日本協会に罰金2万5000スイスフランを科すこと、②同選手の所属する実業団チームが中国協会に2万スイスフランを支払うこと、③同選手が21歳に達するまで日本代表としてプレーはできないことなど。

体内部で発覚する場合、②スポーツ団体外部から知らされる場合（外部の相談窓口への通報、マスコミからの取材申込みなど）が考えられる。

①の場合は、対応策を講じやすいが、内部で握りつぶすようなことがあってはならない。そのようなことが生じないよう、不祥事・紛争に関する情報がきちんとトップまで伝わり、これに対応できる組織体制を構築しておく必要がある。

②の場合には、浮足立った対応とならないよう、かかる事態に備えて、スポーツ団体内部の連絡体制を構築しておく必要がある。

不祥事・紛争を早い段階で察知し、大事に至る前に処理することが肝要であり、緊急時の体制のみならず、日常的な連絡体制もきちんと構築しておく必要もある。

(2) 状況の把握と適切な情報開示

(A) 初期対応──的確な状況把握

不祥事・紛争が発覚した場合、早期に状況を把握し、対応方針を決めたり、関係各所に連絡をしたり、被害が発生しているような事案において被害拡大を防いだりする等の初期対応が重要であることは、いうまでもない。

その初期対応の中で、もっとも重要なことは、何が起きているか的確に状況を把握することである。具体的には、次の点を整理して把握する必要がある。

① 何が起きているか
② 不祥事・紛争の発生に至る経緯
③ 不祥事・紛争の原因
④ 現状講じている対策

かかる状況把握においては、判明している事実と判明していない事実をきちんと整理しておく必要がある。ここで把握した情報を踏まえて、スポーツ団体が取り得べき対応方針を検討し、情報開示をしていくことになる。この段階において、専門家に相談すべき必要性は高い。スポーツ団体内部の人間

221

だけで対応しようとすると、事の重要性を見誤るおそれがあり、意識すると否とにかかわらず身内可愛さで情報の評価を誤るおそれが高いため、外部の第三者の客観的な意見を得る必要がある。

この点、対応が後手に回らず、同種事案で統一した対応ができるよう、先に整理した不祥事・紛争の類型毎に、初期対応についてマニュアルを作成するなど、平時から準備をしておく必要がある。

(B) 適切な情報開示

(a) スポーツ団体の説明責任

スポーツは、地域社会に根ざし、幼少期から老年期まであらゆる世代と密接に関わっていく必要がある。また、トップスポーツは、血税を源泉とする国庫補助金を投入して運営され、そのスポーツの代表選手は一競技の枠を超えて国民の注目の的になる。このようにスポーツの普及・発展のためには、スポーツに対する国民の理解が必須となる。かかる理解を得るためには、社会とコミュニケーションを図り、スポーツおよびそれを運営するスポーツ団体が信頼を得るよう不断の努力が必要である。これが不祥事・紛争が生じた場合にスポーツ団体に説明責任が求められる基礎である。

スポーツ基本法においてすべての人々がスポーツ権を有することが確認され、かつスポーツ団体の運営の透明性が要請されるに至ったことからすれば、スポーツ団体の運営に関する説明責任は、スポーツ基本法上も要請されているといえる。

(b) 不祥事・紛争発生時の説明責任の重要性

スポーツは、スポーツマンシップやフェアネス、インテグリティなどの言葉に表されるように、「正々堂々」「公平」「高潔」などというイメージが一般的なものとして浸透している。そして、スポーツ団体、指導者や競技者もかかるイメージを自ら発信したり、体現している。

スポーツにおける不祥事・紛争は、「姑息」「不公正」「汚らわしい」など、一般社会がスポーツに抱いているイメージとは真逆なイメージである。この

ように、スポーツと不祥事・紛争のイメージのギャップが大きいため、常日頃、スポーツマンシップやフェアネスを公言するスポーツ団体等において不祥事・紛争が発生すると、スポーツ団体が考えているよりも、一般社会から大きな批判を浴びやすい。

このため、いったん不祥事・紛争が生じれば、それまでにスポーツ団体が築いてきた社会からの信頼を毀損することになる。スポーツ団体は、信頼の毀損の程度を必要最小限度にとどめ、信頼回復を図る必要がある。

それゆえ、不祥事・紛争が発生した際、スポーツ団体は、社会に対する説明責任を果たすため、適切な情報開示を行うことが重要となる。

(c) **不祥事・紛争発生時の情報開示**

不祥事・紛争が発生した場合の情報開示は、通常、記者会見を通じて行う。この際、スポーツ団体において、気を付けるべき点は、以下のような事項である。

① 説明可能な事実についてありのままに説明すること

情報公開時に把握している情報をすべて説明する必要はなく、説明できる事実とできない事実を選別する必要がある。もっとも、自分たちに不利であるという恣意的な理由で、情報を隠したり、虚偽の情報を公表したりしてはならない。

情報公開時において、説明できない事実については、なぜ説明できないかを合理的に説明できるようにしなければならない。

② 曖昧な事実には言及しないこと

③ 説明に齟齬が生じることを防ぐため、スポークスマンを原則一人とすること

④ 被害者の存在する事案においては、被害者保護の視点をもつこと

情報開示を行う時期は、不祥事・紛争発生後速やかに行うべきである。特に重大な事案では、情報開示の遅れは、不祥事隠しとの憶測を呼ぶおそれがある。情報開示を行うにあたっても、スポークスマンがきちんとした説明を

するためには、当該時点で説明可能な情報か否かを判断したり、想定される質問に対する回答を用意するなどの準備が必要となる。ここでも、事の重大性を見誤るおそれ、事実の評価を誤るおそれ等があるため、外部の専門家に相談する必要性が高い。

万が一、適切な情報開示ができず、後から最初の説明と矛盾する事実が明らかになるなどの事態が生じた場合、マスコミが責任追及を強める態度に変わり、役員が辞任に追い込まれる事態に発展しやすくなる。

(d) その後の情報開示

情報開示は、一度だけ行えばよいというわけではない。不祥事・紛争発生時以降、不祥事・紛争の解決に至るまでの間、適宜、情報開示を行う必要がある。

(3) 適切な専門家・外部機関（文科省などを含む）との相談・連携

以上のことは、何もスポーツ団体自身ですべてを行わなければならないものではない。弁護士や会計士などの専門家、日本オリンピック委員会や日本体育協会などの統括団体や文部科学省など事案に応じて、適宜、相談・連携を図るべきである。

不祥事の効果は、「マイナス15金メダル」と評されるように[13]、スポーツ団体にとって大きなマイナスとなることを踏まえ、積極的に外部専門家の活用を図るべきである。

3 原因・問題等の調査

(1) 内部調査の限界と信頼性

不祥事・紛争の初期対応が終われば、その解決に向けた活動として不祥事・紛争の原因や問題を調査することになる。かかる調査は、スポーツ団体自身

---

[13] 2013年6月23日、笹川スポーツ財団主催のシンポジウム「日本のスポーツガバナンスを考える」における日本スポーツ仲裁機構道垣内正人機構長の発言より（「入門　スポーツガバナンス　基本的な知識と考え方」156頁（2014年、笹川スポーツ財団）より）。

が行うことになる。具体的にはスポーツ団体の役員や事務局長などの個人ないしはこれらで構成される倫理委員会等が調査にあたることになる。

　しかし、スポーツ団体の役員やスポーツ団体ぐるみで不祥事を行ったとみられる事案では、自らの不祥事を適切に処理できるか懐疑的にみられ、その内部調査の結果について社会的な信頼が得られず、説明責任を十分果たすことができないことを理解しておく必要がある。

　たとえば、日本相撲協会による野球賭博問題（第1部XII参照）の当初の対応は、ずさんな内部調査に基づく甘い処分を行うとし、早々の幕引きを図る意図がありありと窺えたが、これには社会的な信頼がまったく得られず、かえって批判の的となり、文部科学省から徹底調査を厳命されるに至っている。かかる事態に至った場合、スポーツ団体に対する社会からの信頼は失墜し、その自浄能力はないものと烙印を押されてしまう。このような状況に陥ると、通常、内部調査で足りる事案であっても、その調査および結果が信頼されなくなってしまうのである。

(2)　第三者委員会の意義と役割
　(A)　第三者委員会の意義

　内部調査では、客観性が保てず、説明責任を十分に果たすことができない類の事案においては、スポーツ団体外部の第三者で構成する第三者委員会に調査を委ねる手法が、スポーツの不祥事・紛争についても、採用されるようになっている（本章末尾別表参照）。

　第三者委員会のあり方についてはさまざまあるが、日本弁護士連合会が2010年に策定・公表した「企業等不祥事に関する第三者委員会ガイドライン」（以下、「日弁連ガイドライン」という）によれば、第三者委員会は、企業等から独立した委員のみをもって構成され、徹底した調査を実施したうえで、専門家としての知見と経験に基づいて原因を分析し、必要に応じて具体的な再発防止策等を提言するタイプの委員会であることを原則としている。

　このような企業等から独立した第三者委員会が徹底した調査を担うからこ

そ、客観性があり、説明責任を果たすことができ、最終的には企業等の信頼回復を図ることができるからである。

　(B)　**第三者委員会の役割**

　日弁連ガイドラインによれば、第三者委員会は、次の役割を担うことになる。

　①　事実の調査・認定・評価　　不祥事・紛争が発生した場合、その事実を調査し、事実を認定し、これを評価して原因を分析する。対象となる事実は、不祥事・紛争に関する事実のみならず、その経緯、動機、背景事情や類似事案の有無、ガバナンス上の問題など多岐に及ぶ。ここまで行うのは当該不祥事・紛争のみの解決にとどまらず、再発防止等の提言を行うためである。

　②　説明責任　　調査結果を公表して、説明責任を果たす。

　③　提言　　同種の不祥事・紛争の再発防止等について提言を行う。

　したがって、第三者委員会を設置する場合、上記の役割を第三者委員会に委ねる必要がある。

　(C)　**第三者委員会の設置・運用についての留意点**

　　(a)　**依頼者を擁護するものではないこと**

　第三者委員会の設置・運用は、スポーツ団体が各委員に委託して行うことになる。ここで留意しなければならないのは、上記のとおり、第三者委員会の目的は、スポーツ団体の役員や不祥事を犯した当事者を擁護するものではなく、スポーツ団体が説明責任を果たし、社会のスポーツ団体に対する信頼を回復することにある。

　したがって、第三者委員会による調査の結果、スポーツ団体の現役員に不利益な事実が判明しても公表することになる。かかる対応をとることができる第三者委員会であるからこそ、その調査・報告内容に社会から信頼を得ることができるのである。

　　(b)　**第三者委員会の調査に協力すべきこと**

スポーツ団体から委託を受けたからといっても第三者委員会には強制的な調査権限はない。第三者委員会が、スポーツ団体の説明責任を果たし、社会の信頼を回復すべく、あらゆる観点から問題を精査し、原因を分析して、再発防止等の提言を行うためにも、スポーツ団体が第三者委員会の要請に応えるべく協力体制を講じる必要がある。

　(c)　**提言を踏まえたスポーツ団体のガバナンスの構築**

　第三者委員会は個別の不祥事・紛争に対応するのみならず、専門的見地から問題を分析し、将来に向けた再発防止等の提言を行う。かかる提言を受けたスポーツ団体は、その提言を踏まえたガバナンスを構築していく必要がある。

　これまでのスポーツ界における第三者委員会の事例で、必ずしも第三者委員会の提言を踏まえたガバナンスが構築されているとはいえない事例が散見される。スポーツ団体が第三者委員会の提言に従うことを示しながら、それを実行に移さないことは、やはり社会の信頼を損なうことになりかねない。

4　どう終わらせるか

　調査の結果、不祥事・紛争が明らかになった場合、スポーツ団体としては、いかに不祥事・紛争を終結させるかを検討することになる。不祥事・紛争を終結させるポイントは、①不祥事・紛争自体の解決、②不祥事・紛争の原因の究明と問題の総括（なぜ防げなかったか）、③再発防止等の対策を講じることである。

　①　不祥事・紛争自体の解決

　　不祥事・紛争は、それ自体の解決がなければ、終結しないのは当然である。

　　当事者間の協議で解決できればよいが、事実関係や責任の所在に争いがある場合やそもそも協議による解決に向かない場合、最終的には、裁判やスポーツ仲裁など第三者である司法や専門家の判断に委ねることに

なる。それ自体はやむを得ないことであるが、第三者の判断が出た場合、当事者はこの判断を尊重しなければならない。そうでなければ、いつまでも不祥事・紛争は解決しない。

　この点、Jリーグで生じた我那覇選手のアンチ・ドーピング違反事件（第1部XI参照）において、当事者合意のうえで、スポーツ仲裁裁判所（CAS）にその判断を委ねたところ、CASの仲裁パネルは、Jリーグがドーピング違反とした裁定を覆した。しかし、裁定が出た後も、Jリーグは我那覇選手が当時所属していたチーム等に対する制裁処分を取り消さず、我那覇選手に謝罪をしないという態度を崩していない。かかる状態では紛争が真に解決したことにはならない。

② 不祥事・紛争の原因の究明と問題の総括（なぜ防げなかったか）
　単に不祥事・紛争について結論が出て、関係者の処分を行うだけではなく、不祥事・紛争の原因を究明し、何が問題であったかを精査する必要がある。かかる精査が行われないと、将来的に同様の事案が繰り返されるおそれがある。

③ 再発防止等の対策を講じること
　原因を究明し、問題を総括すれば、再発防止等に必要な対策が浮かび上がってくるはずである。かかる再発防止等の対策は、スポーツ団体が不祥事・紛争の原因・問題をしっかり把握していることの証しでもある。

以上のポイントを踏まえて、情報公開を行うことで、ステークホルダーや社会一般に、スポーツ団体が不祥事・紛争の解決に真摯に取り組んだことが伝わるのである。こうした状態に至ってはじめて、不祥事・紛争が終結する。それはスポーツ団体が社会に対して説明責任を果たしたことを意味するのである。不祥事・紛争に白黒をつけることだけが解決ではないことを肝に命じて対応にあたらなければならない。

　かかる不祥事・紛争の対応の重要なポイントは、ステークホルダーや社会一般から理解を得て、信頼を回復するために、スポーツ団体がいかに誠実に

対応できるかにある。

5 問題ある対応例

不祥事・紛争対応を誤ると、さらに信頼を落とす事態に陥ってしまう。スポーツ団体の説明責任を果たし、社会から信頼を回復するという不祥事・紛争対応の目的をきちんと把握し、上記に述べたポイントを踏まえて対応することが肝要である。

過去の失敗例からも学ぶべき点があるので、これら失敗例を（スポーツ団体以外のものも含む）他山の石とすべく、いくつか紹介したい。

(1) 嘘をついた例・隠蔽した例

前述のとおり、情報開示は、事実をありのままに説明する必要がある。嘘をついたり、故意に情報を隠したりしてはならないのは当然である。

① 2013年暮れに、医療法人から5000万円を受領していた問題で、東京都知事が、従前の自らのした説明と異なる説明をするなどして進退窮まり、辞職した事例がある。

② 高校野球において、2012年8月、当時3年生の部員が後輩部員を殴った事件が発生したが、野球部の監督と部長は学校に対し、練習中の事故だったと虚偽の報告をした。しかし、2013年9月に、虚偽報告だったことが発覚し、監督および部長が無期限停止処分とされた事例がある[14]。

(2) マスコミに対する逆ギレ的コメントを発した例

情報公開は、通常、記者会見を開き、マスコミを通じて行う。事案によっては、記者より厳しい質問がなされる場合もあるが、これに腹を立て、逆ギレをしてコメントを発するようなことは避けなければならない。マスコミがその部分をクローズアップして扱うことが予測され、事実が十分に伝わらな

---

14 監督は日本学生野球協会審査室の処分を不服として、同協会に不服を申し立てたが、その後棄却されている。

いばかりか、不祥事・紛争に対し真摯に取り組んでいないという誤ったイメージが世間に伝わってしまうからである。

　2000年、雪印乳業の乳製品による集団食中毒事件（被害者1万4780人）が生じた。記者会見において、報道陣から会見の延長を求められた当時の社長が「では後10分」と回答したところ、なぜ時間を限るのかと記者から詰問されたのに対し、同社長は「そんなこと言ったってねぇ、わたしは寝ていないんだよ」と発言した。この発言について一部記者から猛反発があり、同社長はすぐに謝ったものの、この会話の内容がマスコミで広く取り上げられたため、雪印は、世論から厳しい非難を受けることとなった事例がある。

(3) 問題解決に正面から取り組まない例

　スポーツ基本法において、スポーツ団体は、「スポーツに関する紛争について、迅速かつ適正な解決に努める」義務を負っている（同法5条3項）。紛争の解決に取り組まないという姿勢は、かかる義務をないがしろにするものであり、それ自体コンプライアンス、ガバナンスの欠如ととらえられる。

① 前述したとおり、日本相撲協会の野球賭博（第1部XII参照）の当初の対応は、早期に問題の収束を図ろうとし、真に問題の解決に取り組まなかったことから、大きな批判を浴びるに至った事例である。

② 不祥事・紛争の事実関係や責任の所在について争いある事案において、これを第三者機関における解決に委ねないとするスポーツ団体の態度は、問題の解決に正面から取り組まない例である。たとえば、Jリーグ・我那覇選手事件（第1部XI参照）において、問題の解決を第三者機関の判断に委ねる必要があり、当時、すでに日本スポーツ仲裁機構（**JSAA**）が存在したにもかかわらず、Jリーグは同機構での仲裁を拒否した。同事件において、Jリーグは、スポーツ仲裁裁判所（**CAS**）における仲裁には応じたものの、関係当事者が日本人であるにもかかわらず、日本語で仲裁を行うことを拒否した。かかるJリーグの対応は、競技者に経済的精神的な負担をかける意図がみてとれるものであり、正面から問題の解決

に取り組んでいるとは評価できない。

③　日本スポーツ仲裁機構等が行う仲裁は、紛争当事者の合意が必要である。スポーツ団体において、倫理規程等で、スポーツ団体の決定に不服がある場合に日本スポーツ仲裁機構に申し立てることができる旨の規定（いわゆるスポーツ仲裁自動応諾条項）が存在する場合は問題がない。

しかし、かかる自動応諾条項が存在しない場合、競技者等がスポーツ団体に対し、スポーツ仲裁を求めても、スポーツ団体がこれに応じなければ、スポーツ仲裁は実施されない。

この点、スポーツ仲裁自動応諾条項が存在しないが、競技者からのスポーツ仲裁に応じた日本ボート協会のように問題解決に取り組もうというスポーツ団体が存在する。その一方で、競技者等がスポーツ仲裁を求めたにもかかわらず、仲裁に応じないスポーツ団体が多く存在する[15]。

④　2013年6月にプロ野球の統一球問題（第1部X参照）が発覚した当初、日本野球機構（NPB）の最高責任者である当時の加藤良三コミッショナーは、ボールが変わったことを知らなかったとし、「これは不祥事ではない」と断言し、進退問題はまったく考えていない旨マスコミに回答した。球技である野球にとって重要な要素であるボールの仕様変更を、**NPB**が組織的に隠蔽していたことが発覚したにもかかわらず、**NPB**の最高責任者のかかる態度は、とうてい問題に正面から取り組む姿勢とは評価できない。その後、球界内外から同コミッショナーに対する批判が高まり、また**NPB**において第三者委員会が組織され、統一球問題の調査が進

15　JSAAは、仲裁応諾を拒絶した競技団体名を公表していないが、競技団体が仲裁に応じなかった件数は公表している。スポーツ仲裁規則に基づく仲裁の不応諾件数は、2012年度8件、2011年度7件に上る。なお、2014年度より、**JSAA**は、規則を改正し、仲裁が申し立てられた場合、申立てに係る競技団体名等を公表することとした。また、競技団体が仲裁の応諾を拒否した場合、当該競技団体名を公表することとした。日本障害者バドミントン協会が、かかる不応諾により競技団体名が公表された初めての団体となった。

む中で、同コミッショナーは辞任へと追い込まれた。

(4) 対応が遅いことで社会問題化した事例

初期対応を含む不祥事・紛争への対応の遅れは、それ自体批判の対象となる。ことに同種事案が繰り返し生じている場合の対応の遅れは社会問題化することがある。

柔道において、中学・高校における死亡事故が、28年間で100件以上生じていたにもかかわらず、抜本的な対策が講じられることなく、放置されてきたが、2010年に社会問題化して、ようやく対策が講じられるようになった事例がある[16]。

(5) 第三者委員会に干渉した事例

前述したとおり、第三者委員会は、スポーツ団体が組織するものであるが、スポーツ団体の現執行部を擁護することを目的とするものではなく、スポーツ団体の説明責任を果たし、信頼回復を図ることを目的とする。このため、第三者委員会は独立かつ中立な立場で機能することになる。かかる第三者委員会の目的・機能を忘れて、スポーツ団体が第三者委員会の調査や報告内容に干渉することは、第三者委員会の本来の目的を没却することになり、そのこと自体でスポーツ団体が社会的に非難されることとなる。

全日本柔道連盟（以下、「全柔連」という）が日本スポーツ振興センターからの補助金を不正受給していた問題（第1部Ⅳ参照）で、全柔連は、この問題を客観的に調査するために、理事会決議をもって、第三者委員会を組織した。ところが、第三者委員会が組織としての責任を指摘した中間報告を発表した後、全柔連の一部の理事らがは第三者委員会に対し、理事会決議を経ることなく、3回にわたり中間報告の見直しを求める要望書や上申書を提出した。かかる全柔連の対応は、第三者委員会から批判され、かつ公益法人の認定を行う内閣府の公益認定等委員会からも「真摯な姿勢がない」と批判された。そ

---

[16] 事例の内容については前掲（注6）参照。

5 問題ある対応例

の後、全柔連は、内閣府より、組織の抜本的な刷新を求める是正勧告を受けるに至り、当時の会長を含む理事23名が辞任に追い込まれることとなった。

(第3章　大橋卓生)

(別表)　第三者委員会一覧

団体	事案	設置者	名称	メンバー(○は委員長)	開示他
日本相撲協会	2010年・野球賭博問題	日本相撲協会	特別調査委員会	○伊藤滋(東大名誉教授、日本相撲協会外部理事) 吉野準(元警視総監、日本相撲協会監事) 村山弘義(元東京高等検察庁検事長、日本相撲協会外部理事) 野呂田芳成(前衆議院議員、元農林水産大臣) 奥島孝康(日本高野連会長、元早稲田大学総長) 村上泰(弁護士) 長尾敏成(弁護士) 望月浩一郎(弁護士)	△
		日本相撲協会	ガバナンス(統治能力)の整備に関する独立員会	○奥島孝康(日本高野連会長、元早稲田大学総長) 渡邉美樹(当時ワタミ株式会社社長)※途中辞任 中島隆信(経済学者) 前田雅英(刑法学者) 森まゆみ(エッセイスト) 深沢直之(弁護士) 岡本浩一(東洋英和女学院大学教授(社会心理学者) 新田一郎(東京大学教授(法制史学者) 菅原哲朗(弁護士) 山本浩(法政大学教授、元NHKアナウンサー)	△

233

				木暮浩明（日本合気道協会顧問、伊藤忠商事理事）	
	2011年・八百長問題	日本相撲協会	特別調査委員会	○伊藤滋（東大名誉教授、日本相撲協会外部理事）	△
				吉野準（元警視総監、日本相撲協会監事）	
				山本浩（法政大学教授、元NHKアナウンサー）	
				村上泰（弁護士）	
				長尾敏成（弁護士）	
				深沢直之（弁護士）	
				望月浩一郎（弁護士）	
		日本相撲協会	大相撲新生委員会	○島村宜伸（日本プロスポーツ協会会長、元文部科学大臣）	△
				村山弘義（元東京高等検察庁検事長、日本相撲協会外部理事）	
				安西孝之（日本ゴルフ協会会長、元日本体育協会会長）	
				出羽海（日本相撲協会理事）	
				中村（日本相撲協会副理事）	
				芝田山（年寄）	
				玉ノ井（年寄）	
				立川（年寄）	
遠野市	2010年・遠野市民センター体育館事故	遠野市	遠野市民センター体育館事故調査委員会	○亀山元（弁護士）	○
				下平清巳（元遠野保健福祉環境センター長）	
				三松光三（岩手県建築士会遠野支部副支部長）	
日本体育協会	2010-11年・山口国体参加資格問題	日本体育協会	第三者委員会	○菅原哲朗（弁護士）	△
				浦川道太郎（弁護士・早稲田大学教授）	
				永井紀昭（弁護士）	
				馬場義宣（弁護士）	

5 問題ある対応例

				伊東卓（弁護士）	
				山崎卓也（弁護士）	
				大橋卓生（弁護士）	
日本オリンピック委員会（JOC）	2012年・国庫補助金不正受給問題	JOC	第三者特別調査委員会	○飯田隆（弁護士）	○
				荒川真司（公認会計士）	
				伊東卓（弁護士）	
				浦川道太郎（弁護士・早稲田大学教授）	
				宮島司（慶応義塾大学教授）	
				望月浩一郎（弁護士）	
				山内貴博（弁護士）	
				山本浩（法政大学教授、元NHKアナウンサー）	
桜宮高校	2012年・バスケ部顧問教諭暴力事件	大阪市	外部監察チーム	西島佳男（弁護士）	○
				千葉康平（弁護士）	
				中島亮平（弁護士）	
				高橋映美（弁護士）	
				阪中達彦（弁護士）	
全日本柔道連盟	2013年・女子代表チーム監督等暴力事件	JOC	緊急調査対策プロジェクトチーム	橋本聖子（JOC理事）	△
				荒木田裕子（JOC理事）	
				藤原庸介（JOC理事）	
				松丸喜一郎（JOC理事）	
				山内貴博（弁護士）	
		全柔連	第三者委員会	○笠間治雄（前検事総長）	○
				田嶋幸三（日本サッカー協会理事）	
				香山リカ（精神科医・立教大学教授）	
				ピエール・フラマン（元柔道フランス代表・慶応大学柔道部コーチ）	
				高橋優子（空手家）	
	2013年・日本スポーツ振興センター助成金の不正受給	全柔連	第三者委員会	○山内貴博（弁護士）	○
				稲葉喜子（公認会計士）	
				木谷嘉靖（弁護士）	

235

	問題			二村隆章（公認会計士）	
				望月浩一郎（弁護士）	
日本野球機構（NPB）	2013年・統一球問題	NPB	第三者委員会	○那須弘平（弁護士・元最高裁判所判事）	○
				佐々木善三（弁護士・元京都地検検事正）	
				米正剛（弁護士・元一橋大学大学院講師）	
				特別アドバイザー・桑田真澄	
日本フェンシング協会	2014年・日本スポーツ振興センター委託金の不適切経理問題	日本フェンシング協会	JSC委託金不適切な経理処理に関する第三者委員会	○境田正樹（弁護士）	○
				菅原哲朗（弁護士）	
				伊東卓（弁護士）	
				岸郁子（弁護士）	
				田村桂一（公認会計士）	
日本水泳連盟	2014年・指導者の暴力	日本水泳連盟	第三者委員会	○伊東卓（弁護士）	×
				花井ゆう子（弁護士）	
				杉山翔一（弁護士）	

㊟　○：HPで公開　△：記者会見で記者に配付　×結論・調査概要のみ記者会見で説明

第4章

今後の課題

1 お金や人が少ない団体の運営をサポートする仕組みづくり

　スポーツにおけるグッドガバナンスを実効的に実現していくためには、とりわけ、ボランティアなどによってその運営の多くを支えられている、財政的な基盤の脆弱な競技団体にいかなるサポートをするかという点が課題となる。

　この点については、特に欧米諸国においてさまざまな具体的な取組みが行われており、たとえば、欧州委員会（EC）の資金提供により行われた **Good Governance in Grassroots Sports（GGGS）** と呼ばれるプロジェクトで作成された、主にボランティアを中心に運営されている競技団体など向けのガイドラインや、自己診断ツールなどが注目に値する（ウェブで公開されている。〈http://www.goodgovsport.eu/〉）。

　また、財政的基盤の弱い競技団体なども含めて、きめ細やかなサービスを提供しているイギリスの **Sports and Recreation Alliance（SRA）**[1]のような

1　〈http://www.sportandrecreation.org.uk〉

例も注目に値する。SRA は、イギリスの320以上の競技団体を会員とする競技団体の統括組織であり、競技団体向けのガバナンス関連のサポートや、会員相互のネットワークの構築、競技団体のためのロビー活動などを行っている組織であるが、競技団体向けの人材紹介、人材教育プログラムやモデル規則などの書式の提供、無料の弁護士相談サービスなど充実したサポートを行っており、参考になる。

2　ガバナンスの基本が学べる仕組みづくり（ガイドライン、ツールキット等）

　競技団体のグッドガバナンス実現のためには、まずもって、競技団体が、グッドガバナンスとは何か、それがなぜ必要なのかということを理解することがスタートとなる。したがって、ガバナンスの基本が学べる仕組みづくりは、グッドガバナンス実現に向けたサポートの最も基本的な部分となる。

　この点、日本でも、日本スポーツ仲裁機構が「トラブルのないスポーツ団体運営のためのガバナンスガイドブック」[2]を発行し、ガバナンスの基本についての啓発を行っているが、欧米諸国では、前述のように、より具体的で詳細なガイドラインや自己診断ツール等が公表されている。ガイドラインだけでは、往々にして、読み流すだけになってしまうことが多いことを考えれば、具体的な課題とそれがクリアされているかどうかの検証を行う機会を得られる、オンラインでの自己診断ツールといったアプローチは極めて有用であろう。

　そしてこのアプローチをとるにあたっては、まず、その自己診断は、第1次的には、競技団体自身の手によって行われるべきということが重要となる。もちろん、競技団体を統轄する上位団体等が「審査」を行うことも最終的には必要であるが、重要な点は、競技団体のグッドガバナンスの実現には、一

2　〈http://www.jsaa.jp/guide/governance/〉

義的な正解はないということであり、したがって、それぞれの団体が、団体自治のもとに、それぞれの考えに従って、グッドガバナンスを実現するということが基本とされるべきである。その意味で、まず第1次的な判断は、その団体自身によって行われるべきであり、かつそのほうが実効性も高いといえよう（No one model fits all の考え方）。

3 他団体の良い事例などについて手軽に情報交換できるような仕組みづくり

また、とかく不祥事といった「反面教師」的な例がクローズアップされがちな競技団体にとって、他団体の「ベストプラクティス」を学ぶ機会が存在することも重要であろう。この点前述のSRAでは、そのような競技団体の成功例としてのベストプラクティスの情報提供を、ウェブ等を通じて積極的に行っており、参考になる[3]。こうしたオンラインやセミナー等での情報提供により、少しでも競技団体の運営に携わる者を勇気づけるような例を多数提供することも重要である。

4 優秀な人材が団体に入ってこられるようにするための仕組みづくり

グッドガバナンスの実現のためには、それを担う適切な人材の発掘が重要である。財政的な基盤の脆弱な競技団体にとって、優秀・有望な人材をみつけ出す機会を得ることは難しいことが多い。この点、前述のSRAでは、"Board Member for Sport" というネットワークなどを通じて、マーケティング、財務、法務、人事等、スキルに応じた幅広い人材紹介の機会を提供しており参考になる[4]。スポーツに情熱をもつ、優秀・有望な人材は決して少な

---

[3] 〈http://www.sportandrecreation.org.uk/programmes-initiatives/boardroom/case-studies〉

くないので、マッチングの仕組みさえつくれば、人材発掘のチャンスは格段に広がるはずである。

5 外部の専門家に相談したり、紹介を受けられるための仕組みづくり

　団体運営にあたっての規約づくり、会計書類づくり等において、法務や財務の専門家の力を借りるべき場面は多く、また事業、マーケティング、広報(特に危機管理広報)などにおいても専門家の力を借りるべき場面は多い。よって、グッドガバナンス実現のためには、競技団体向けの専門家の紹介サービスをいかに充実させるかも非常に重要となる。

　この点、たとえば、前述のSRAでは、前述のネットワークを通じた人材紹介の他に、専門家との連携サービスとして、弁護士費用を払えない団体のためのサポート制度を設けており、注目に値する。具体的には、SRAが提携する10件の登録法律事務所が各年間5000ポンド分の無料サービスを提供する仕組みになっており、小さな団体の内部規則の作成や懲戒手続の整備などに使われている。また弁護士に依頼するかどうか判断できない団体のために、20分の無料電話法律相談サービスも行われているなど、参考になる取組みを行っている。競技団体にとっては、専門家を使うことが、そもそもどうメリットになるのかわからないことも多いので、このような敷居の低い形で専門家を使えるサービスを導入して、その有用性が体験できる機会を設けるべきであろう。

---

4 〈http://www.sportandrecreation.org.uk/projects-programmes-and-initiatives/board-members-sport〉

6 海外の国際競技団体との連絡、交渉、国際的なルールづくりへの参加等をサポートするための仕組みづくり

　競技団体のグッドガバナンスを、強制力を伴って実現する方法としては、大きく分けて、①各国ごとの競技団体の統括組織を通じて行う方法と、②国際統括競技団体（IF）を通じて行う方法の二つのアプローチがある。前者はたとえば、各国のオリンピック委員会のような組織が一定のガイドラインを定め、それを傘下の各競技団体に遵守させるというアプローチであり、後者は、たとえばFIFAのようなIFが一定のガイドラインを定め、全世界に存在する各国の加盟統括競技団体（NF）にそれを遵守させるというアプローチである。IFは、その定めたルールに従わない傘下のNFに対して、国際大会への出場を禁止させるなどの強制措置をとることができるため、そのIFの実施する国際大会の価値が高ければ高いほど、その強制力は非常に強力なものとなる。実際、FIFAは、ワールドカップという著名な国際大会の主催者という強大な権力を背景に、さまざまな規則、通達を制定して、傘下のNFに遵守させるという形でのガバナンスを実現している。

　②のような場合においては、各国NFは、IFからの要求を正しく理解するとともに、IFに対して、その遵守状況等を的確に説明する必要があるため、それを行いうる国際交渉力ある人材を確保することが不可欠となる。さらに、そのようなルールは、事実上、往々にして欧米人を中心とする一部の関係者により決められることも多いため、単なる遵守のみならず、そのようなIFの定めるルールに対してしっかりとした意見を述べ、かつ、IFの意思決定過程に参加して、影響力を及ぼすことも重要である。したがって、各国NFがそのような高い国際交渉力（コミュニケーション力、ロビー力、国際経験等を含む）を有する人材を確保する必要性も、国際大会の重要性の増加につれて高まってきている。

　我が国でも、2011年から日本オリンピック委員会（JOC）が国際人養成事

業をスタートさせ、そのような人材育成に力を入れ始めているが、育成には一定の時間がかかることを考えれば、即戦力人材として、外部の国際交渉の専門家等の活用を推進していくといったサポートも重要となろう。

7　スポーツのグローバル化と今後のガバナンスの方向性との関係で必要な人材

　スポーツのグローバル化、各競技の国際大会の価値がますます高まっていく傾向に伴い、今後のスポーツにおけるグッドガバナンス実現は、ますます前述②の、IFを通じた実現という傾向を強めていくことが予想される。もちろん各国レベルにおいても、公金が含まれる補助金等を競技団体に支出していくための条件としてグッドガバナンスを要求するというアプローチが行われ続けるであろうが、スポーツにおける競技団体の団体自治を尊重するという側面からは、そのような補助金支給停止といった強権発動を行うことが難しい局面もあり、それとの関係で、IFを通じたグッドガバナンスの実現というアプローチはより重要性を増していくことが予想される（IFは国際大会に参加させないという強権発動を「団体内部の者」として比較的容易に行いうる立場にある）。

　とすれば、前述のように、単に、各国NFの利益代表として、IFのルールづくり、意思決定の場に携わるというだけでなく、より国際的な視点に立って、IFが行うべきガバナンスとは何か、IFはどのような方向に歩んでいくべきかという観点からIFの活動に積極的に参画していく人材が求められているといえる。これまでの歴史上、IFのルール制定、意思決定は、主として欧米人を中心にしたメンバーにより行われ、アジアなどの国々は、決定されたことを守るだけという立場に立たされることも多く、またそれを仕方ないものとして受け止める傾向もあったが、これからは、日本を含めたアジア人も、自らIFの内部に入っていって、あるべき方向性を積極的に提案し、行動していくことが必要であり、したがって、それを担う人材の育成や、専門家の活

7 スポーツのグローバル化と今後のガバナンスの方向性との関係で必要な人材

躍も重要といえよう。

　IFの立場に立って行動をしていくためには、前述したような国際交渉力等のみならず、競技団体のグッドガバナンスの本質に関する正しい理解がなければならない。前述したように競技団体には、団体自治の下に、国家権力から干渉されずに一定の特殊なルールをつくるという裁量が与えられているものの、その結果、独善的、独裁的に、一部の利害関係人を尊重しないルールをつくってしまえば、そのような利害関係人から、裁判など国家法を使ったアタックを受け、結果としてそのルールが違法、無効とされてしまうリスクを常に有している。そして、そのための防衛策という意味でもグッドガバナンスは重要なのである。

　多くのIFはヨーロッパに存在するが、それらIFが制定したルールも、歴史上、しばしばEU法違反などとして無効とされてきた（たとえばサッカー選手の移籍の制限をEU法違反とした1995年のボスマン判決など）。このような経験から、多くのヨーロッパのIFも、利害関係人を関与させた民主的意思決定、適切な情報公開を前提とした公正・公平な運営といったグッドガバナンスの基本理念を実現しない限り、自らの団体自治が、国家権力によって干渉されうるということを自覚し始めている。この点、2009年に発効したEUのリスボン条約165条では、「スポーツの特殊性」という概念が規定され、スポーツ界において、一般の産業界とは異なる特殊なルールを制定することが一定の範囲で許容されているが、それも前述のような団体のグッドガバナンスあってこそのものであり、グッドガバナンスの前提がなければ、そのような団体自治の名のもとの「特殊性」も許容され得ない（国家権力の干渉を許す余地を与える）というバランス感覚をもつことがますます重要となってきている。アジアからIFの意思決定に参画する人材も、そのようなグッドガバナンスに関する国際的なバランス感覚ある人材が求められており、そのような人材を積極的に送り出していくことが、世界における日本を含むアジア地域の存在感を高めていく重要な要素となるであろう。

8　開発法学の視点の応用

このような観点で競技団体のグッドガバナンスという問題に向き合うとき、参考になる観点を示してくれるものが、開発法学の考え方である。開発法学とは「グローバル化社会において、法整備協力による規範形成のネットワークを通じて、個々の国家における良い統治の構築を促すことにより、平和的国際秩序としての地球的統治を実現するために、各国の状況に適合するような制度改革の内容と方法を探究する学問分野」[5]である。この法分野は、主に途上国の開発のための法整備支援、制度改革との関係で発展してきたもので、まさに法の支配の原則に従った制度改革によるグッドガバナンスの実現方法を研究対象とするものである。「良い統治づくりのための法律学」[6]とも呼ばれるこの学問は、まさに世界の競技団体におけるグッドガバナンス実現方法を考えるうえで重要な視点を提供してくれるものといえる。

9　当事者意識をもった「自分の問題」としてのガバナンスを実現するための仕組みづくり

このようにみてくると、結局、競技団体のグッドガバナンスの実現という問題は、JOCのような国家レベルでの統括団体や、国際統括競技団体（IF）といった「お上」がルールをつくって「やってくれる」問題ではなく、個々の競技団体が、自らの考えで、自らのために（自らの団体自治を守るために）行わなければならないものだという、いわば当然の結論が再確認されよう。つまり、スポーツ界でありがちな（また日本のような国民性において生じがちな）「上の人たちのいうことを聞いていればいい」という考えでは、本当の意味でのグッドガバナンスは実現しないのである。

---

[5] 松尾弘『良い統治と法の支配—開発法学の挑戦—』141頁（日本評論社、2009年）。
[6] 松尾・前掲（注5）291頁。

これは人の健康維持の問題とも通じるものがある。つまり、医者から言われたことだけをやるという考えでも最低限の健康は維持できるかもしれないが、自らが自分の健康に問題意識をもち、どのような食生活や運動をすれば病気を防ぐことができるかを、自ら考え実践することによって、はじめて実効的な健康維持・増進ができるというのと同じなのである。競技団体も病気（不祥事）が起きてからの治療ではなく、普段からの健康維持・増進活動が重要であり、そのためのグッドガバナンスであるという観点が重要である。

そしてこのような意識づけのためには、まずもって競技団体のリーダーが、競技団体のグッドガバナンスに関する正しい知識と考え方をもつことが重要である。つまり、リーダーの意識改革こそが重要なのである。そのためには、競技団体のリーダー向けのセミナー等といった啓発活動も重要であるが、それを阻害する、スポーツ界特有の文化的、慣習的要因の除去という点も同時に考えられなければならない。

10 年功序列ではない適材適所の人事を実現するための仕組みづくり（能力評価の視点の導入・スポーツ界の先輩・後輩カルチャーからの脱却）

そのようなリーダーの意識改革を阻害する文化的、慣習的要因の除去という点に関して、特にスポーツ界において重視されなければならないのは、年功序列的ヒエラルキーからの脱却と、年齢・性別を問わない適材適所の人材配置という点であろう。日本や韓国のような儒教文化の強い国においては特に、年上の人には無条件で逆らえないという文化をベースとして、ただ単に年齢が高いというだけで、競技団体の要職についている人物が多い。またその人物も、ただ単に元選手だったなどの理由で、必ずしもマネジメント能力などといった、競技団体の運営に関しての適性を審査されてその地位に就いたわけではない人が多いため、往々にして、独善的な運営を生む原因となりやすい。

優れたリーダーには、通常、自らの得手・不得手を正確に把握し、分野等に応じて、自らよりも優れている部分があると認める者を積極的に登用する能力・度量が備わっているものであり、またそれが期待されるものであるが、これに反して、競技団体のリーダーは、前述のような元選手、長きにわたるスポンサーなど、その業界で長く生きてきた変化を好まない人物で、自らの業界内における地位の維持に汲々とする人物も多い。そのため、せっかく意欲に満ちた改革心あふれる若くて優秀な人材が入ってきたとしても、それを排除してしまいがちな傾向にある。時代は変化し、組織も刻々と変化していかなければならない中で、多くの競技者、スポンサー等を含めた社会的影響力のある競技団体のリーダーが、変化に寛容でなければ、多くの利害関係人を納得させるグッドガバナンスの実現は難しいことを、まずもってリーダーは自覚しなければならない。

　したがって、今後、グッドガバナンスの実現のためのリーダーの意識改革のうえでは、リーダーの意識が変化に寛容であったことに由来する成功例や、逆にそれに不寛容であったことに起因する失敗例などを具体的に紹介し、啓発していく活動が必要であろう。

11　改革に前向きな組織体質にするための方策

　次にリーダーがいかに変化に寛容な人間であったとしても、狭いスポーツ業界の中で、一度失敗してしまうと、失敗者または不適格者とのレッテルを貼られて、再チャレンジが難しくなるという傾向も強いため、リーダーとしては、その必要性はわかっていながらも、実際には、思い切った改革に踏み切れないことも多い。

　実際、競技生活引退後も、その業界で職を得られる可能性は低い中で、せっかく確保したその業界での地位を失い、その業界から去らざるを得なくなることを恐れる関係者は少なくない。現実に、ちょっとしたことで責任を負わされ、揚げ足取りのような理由で業界を去らざるを得なくなった者を多

く目の当たりにしている業界関係者には、何とかして、自分には火の粉が降りかからないようにと考えている人も多い。また優秀な人材を登用すると、逆に自分の能力のなさが露呈して居場所がなくなってしまうことを恐れて、自分よりも能力が低い者しか組織に置かないというリーダーもいる。

　そのような中で、改革に前向きな組織体質に変えていくためには、まずもって、そのような「恐れ」を取り除いていくことが重要である。そして、その「恐れ」を取り除く最大の方法は、逆説的ではあるが、「その業界でなくても生きていける」、「たとえその業界を追われることになっても、それで終わりではない」と確信させることであろう。

　そのための具体的方法の代表格は、他の業界でも通用するような能力開発の機会を充実させることである。前述したように、競技団体の運営に携わっている者には、元選手なども多いため、この問題は、選手のセカンドキャリアのための能力開発という問題にも通じるものである。つまり、「自分はこの競技しかやってこなかったから、この業界から追われることになれば生きていけない」、「若い頃に勉強もろくにしてこなかったから、他の業界で生きていく自信がない」という恐れを取り除くための能力開発の機会が重要といえる。その意味で、競技団体のグッドガバナンス実現のためのセミナー等の啓発活動は、運営に携わる者が本来もっているはずの能力に気づかせ、開発するタイプの「あなたにもできる」という形の前向きなものであるべきであり、それを通じて、仮にその業界を追われることとなったとしても大丈夫と思わせるような形の、汎用スキルの開発をも含んだものを目指すべきであろう。これは、スポーツ界という特殊な性格をもった業界向けの啓発活動の特性として、関係者が心にとめておかなければならないことと思われる。

12　組織としての大切なことの本質に目を向けるようにするために（社会、メディアとの関係）

　このように、変化に寛容なリーダーが、仮に失敗しても生きていけると確

〔第2部〕 第4章 今後の課題

信できれば、組織の風通しは良くなり、グッドガバナンス実現の土壌ができるといえるが、もう一つ、そのようなリーダーを恐れさせる最大の要因となりうるものは、不祥事が起きた際の、メディア・社会からの執拗なまでの個人攻撃、バッシングであろう。

　競技団体の不祥事に対しては、その社会的な注目度の高さから、執拗なまでのバッシングが行われることが多く、それは往々にしてトップが辞任するまで止まらないことが多い。そうすると、いきおいメディアの論調に引きずられて、そのような不祥事の原因となる組織的問題の直視よりも、「トップがやめるかやめないか」という点に問題がフォーカスされがちとなり、まずはバッシング封じのためにトップの辞任を優先させるという場当たり的な解決が行われる場合も多い。そして逆にいったんトップが辞めるという決断をしさえすれば、バッシングが止まって、本来、重要視されなければならないはずの、不祥事の原因となる組織的問題が置き去りにされてしまうことさえある。メディアも、その先の改革がどうなったかは追わないことが多いので、時間の経過とともに忘れ去られ、「なかったこと」にされてしまうことも多い。

　そこで昨今、この点の解決のために、スポーツ界においても活用されることの多い存在が、「第三者委員会」である。この第三者委員会は、競技団体の理事等から独立して公正に職務を行う存在として設置される限り（日本弁護士連合会「企業等不祥事に関する第三者委員会ガイドライン」＝いわゆる日弁連ガイドラインに準拠した委員会が典型）は、競技団体の不祥事の根本原因をえぐり出し、組織改革を促す大きなきっかけを与えてくれる存在となるもので、極めて有用である。日本では2013年だけでも、全日本柔道連盟や日本野球機構などの不祥事をきっかけとしてさまざまな第三者委員会が設置され、問題の根本原因に切り込んだ報告書が公表されている（第3章末尾別表参照）。これによって、単純に「やめるかやめないか」の議論ではない、本質的な点に問題をフォーカスすることができ、リーダー個人へのバッシングという点から視点を切り替えることができるのである（ただし繰り返すが、責任逃れ的な第三

12 組織としての大切なことの本質に目を向けるようにするために（社会、メディアとの関係）

者委員会の設置であれば、かえってバッシングは強まるので、あくまで問題の根本的解決に向けられた真摯な解決策としての第三者委員会設置である必要がある）。

　つまり、これからの競技団体のリーダーは、変化に寛容であり、失敗して業界を追われることになったとしても生きていけるという考えのもとに、問題が起こったときに、第三者委員会など、その道のプロに躊躇なく頼むことができる人が求められているのである。誰かを罰して「なかったことにする」だけでは、病気の根本原因が除去されず、またいつか問題が再発することになるという、すぐれたガバナンス感覚が、これからの競技団体のリーダーに求められているといえよう。

（第4章　山崎卓也）

〔資料1〕 実践チェックリスト例

> このチェックリストは、諸外国のチェックリストを参考に、我が国のスポーツ団体においてグッドガバナンスを実現するために求められる事項を列挙したものである。それぞれのスポーツ団体が、このチェックリストと現状とを照らし合わせることによって、グッドガバナンスの実現のために何をしなければならないかがわかるようになっている。
>
> ※必須事項（★）について
> 　財政規模が大きい団体、関係者が多数に上る団体、その競技の統括団体（NF）などは、基本的に、ここに掲げた事項のすべてを満たす必要があると考えてよい。
> 　これに対し、財政規模が小さい団体、関係者が少数にとどまる団体などにおいては、すべての事項を満たすことまでは要求されないことがありうる。しかし、そのような団体であっても、必ず満たすべき必須項目については★を付した。
> 　自らの団体の今後のグッドガバナンスの実現のためにぜひ活用していただきたい。
>
> ※レファレンス（☞）について
> 　本書の記述の該当部分がわかるようレファレンスを付している。チェックリストの項目で、その点に関する解説を読みたい場合は、該当部分を参照していただきたい。

1　組織としての目標の確立と明示（競技レベルの向上、競技人口の増加など）
　　　　　　　　　　　　　　　　　　　　　　　　　　　☞第2章4
★□団体およびスポーツのニーズに合う長期的戦略計画が策定され団体の目標が明確にされているか。
★□戦略的計画に沿った年次計画が策定され、その年次の目標が明確にされているか。

2　運営にあたって大切にすべき基本理念の確認　　　　　☞第2章5
★□団体の運営にあたって以下のことが基本理念として確認されているか。

〔資料1〕 実践チェックリスト例

□青少年の保護育成
□アンチ・ドーピング活動、八百長防止等、Integrity保持のための取組み
□不当な差別の禁止、公平な取扱い、多様性の確保
□暴力の根絶、セクハラ・パワハラの禁止、反社会的勢力の関与禁止など
□健康の保持増進とスポーツにおける安全の確保（事故防止、保険等を含む）
□個人情報の保護
□法令遵守、基本的人権尊重、ルールに基づいた運営と手続的公正
□選手の教育、引退後のキャリアマネジメント

3　定款、規約等

★□法人の種類等に応じた適法な定款、規約等はあるか（そもそも法人格の選択は適切か）。
★□法改正等をふまえた改定等を行うため定期的に見直しされているか。
★□定款、規約等の改正手続の明確性・透明性は確保されているか。
□関係する国際競技団体等との関係での整合性、適法性は検証されているか。
★□会員資格に関する明確な規定はあるか、会員資格に関する手続の透明性はあるか。
★□行動規範、倫理綱領、その他運営に関する基本理念を実現するための諸規定は設けられているか。

4　組織構造・健全な分権（立法、行政、司法）

(1)　組織構造の基本方針　　　　　　　　　　　☞第2章6(1)
★□適切な権限分立（チェック・アンド・バランス）がはかられているか、特に、
　★□意思決定機関〜「立法」が一部の者の意向で決まる仕組みになっていないか（(2)参照）。
　★□執行機関〜「行政」が適切に監督される仕組みが確立しているか（(3)参照）。
　★□紛争解決機関〜「司法」が独立・公平な機関となっているか（(4)参照）。

(2)　意思決定機関〜「立法」に関する制度　　　　☞第2章6(2)
★□意思決定の基本原則としての民主制（多数決原理など）は導入されているか。
　□一部の者のみで団体運営の基本方針を決められる仕組みになっていないか（どのような人に議決権を与えるかについて適切な配慮がなされているか）。
　□決議要件の適切性は確保されているか（過半数、一部重要事項は加重の必要があるが、加重し過ぎるのも意思決定の効率性を阻害する）。

〔資料1〕 実践チェックリスト例

　　　□理事会、総会、評議員会等の開催頻度は適切か。
　★□意思決定機関の構成と権限分配は適切か。
　　　□総会や評議員会と理事・理事会の関係は適切か（権限分配の適切性）。
　　　□それぞれの決議事項は明確か、権限の委譲に問題はないか（他の機関に丸投げされていないか）。
　★□利害関係人の意見を反映した意思決定が行われる仕組みになっているか。
　　　□資金提供者、オーナー等
　　　□スポンサー、メディア等
　　　□選手・審判その他労働者（特に選手の意見をふまえた決定手続の有無）
　　　□ファン、地域住民等
　　　□関係公的機関（国家、地方公共団体その他）
　　　□その他決定により影響を受ける第三者
　(3)　執行機関～「行政」に関する制度　　　☞第2章6(3)
　　(A)　業務執行機関の種類と構成　　　☞第2章6(3)(A)(B)
　★□団体の法人格等の種類に応じた正しい機関構成になっているか。
　★□理事会、常務理事会、代表者会議等、種類とその組織内での優劣関係が明らかになっているか（規約上の優劣関係と実務運用上の優劣関係が異なっていないか）。
　　(B)　理事等、業務執行機関の構成員の選出　　　☞第2章6(3)(C)
　★□理事の選任、改選の手続は、多様な意見を踏まえることができるよう、年齢構成や性別、経歴、競技種目や出身母体等の違いに配慮した仕組みとなっているか。単なる利益代表のみによって構成せず、必要な能力に応じたバランスあるメンバー構成になっているか。
　★□理事には、弁護士、税理士、学識経験者、会社役員等の外部の有識者が含まれているか。
　　　□上記2点との関係で、理事の人数は適正なものとなっているか（逆に多すぎて意思決定の効率性が妨げられていないか）。
　★□選出手続は明確で透明なものとなっているか（選挙手続、投票の秘密等）。
　★□理事、執行部の任用基準は明確か、理事等がその経歴等を十分開示したうえで選出される仕組みになっているか、役員推薦委員会がある場合、その組織・手続の公正さは保たれているか。
　　　□理事について、任期制限（期差任期制等を含む）、再任制限、定年制度の

規制が設けられているか。
　□理事の報酬の開示等、理事が受け取る経済的利益について透明性を確保する仕組みが設けられているか。
(C)　業務執行機関の運営　　　　　　　　　　　　☞第2章6(3)(D)
　(ア)　理事会等の運営
　★□理事会の招集手続が法令・定款などに従って行われているか。
　★□理事会の定足数は満たされているか。
　　□理事・監事が理事会の事前に準備できるよう、理事会の資料が事前に理事・監事に配布されているか。
　(イ)　基準の作成および明確化
　★□会長、理事長、専務理事、常務理事、理事会、事務局長など業務執行及びその監督に携わる機関の役割と責任を文書化して明確化し、その文書を理事らが必要なときに随時閲覧できるようにしているか。
　★□会長、専務理事などと団体との利益相反取引を規制するルールが定められ、これが遵守されているか。
　　□大規模スポーツイベントの開催や放映権、スポンサー契約等重要な契約に関して、不正な利益供与等が起きないよう、随意契約、競争入札・公募などに関する規定が設けられているか。
　★□役員会運営、経費使用といったスポーツ団体運営のルールや、選手登録基準、代表選手等の選考基準、処分の基準等について、ルールや基準等を作成しているか。
　★□ルールや基準等について、外部の有識者からチェックを受けているか。
(D)　業務執行の監督（業務執行者の権限と制限）　☞第2章6(3)(D)(E)(F)(G)
★□会長、専務理事、常務理事の業務執行状況の透明性が確保できるよう、その業務執行を他の理事が把握し、チェックできているか。
★□会長・専務理事・常務理事・事務局長などの業務執行機関の業務の進捗は、理事会に報告されているか
★□理事・監事は、会長、専務理事・常務理事、事務局長などが行う業務執行について、理事会の意思決定が守られるように監督をしているか。
★□理事・監事と会長・専務理事・常務理事その他の役職者との間で有効な意思疎通が図られ、団体内の情報を共有しているか。
★□理事会および業務執行機関に対する法律、税務、会計上のサポートが実施

〔資料1〕 実践チェックリスト例

されているか。
- ★□業務執行機関を補助する役割である、委員会、事業本部、事務局等は団体の性質に適合した役割を有し、かつ、それを果たしているか（それらの委員、事務局の職員は、各自の目標、任務、責任を理解しているか。それら委員、職員の任期等の任用条件は明確に定められているか）。
- ★□ボランティア・スタッフ等についても適切な業務管理が行われているか。
- ★□業務執行機関の意思決定の合理性や客観性をチェックする外部の有識者（諮問委員会、顧問、常設・非常設の第三者機関—倫理委員会、経営監視機関など）は存在するか。

(4) 「司法」に関する制度設計　　　☞第2章6(4)
- ★□団体内部における紛争解決手続が規定され、かつ、これに対する不服申立方法が定められているか。
- ★□紛争解決機関は、独立で公正中立なものとなっているか。
- ★□懲罰規定の明確性・公正性は担保されているか、特に対象行為について均衡がとれた罰則になっているか。
- ★□懲罰手続の明確性・公正性は担保されているか。
- ★□紛争解決手続、懲戒手続等では当事者に言い分を述べる機会が与えられているか。
- ★□紛争解決について相談できる弁護士等の外部の有識者はいるか。

5　情報公開＝アカウンタビリティ（説明責任と透明性）　☞第2章7
- ★□会長、専務理事、常務理事その他理事の経歴等が、スポーツ団体内外の関係者が容易に知ることができるようホームページなどで公開されているか。
- ★□ルールや基準等が、関係者が容易に知ることができるようホームページなどで公開されているか。
- ★□理事会や評議員会・社員総会の議事録など、意思決定過程が、団体内外の関係者が容易に知ることができるようホームページなどで公開されているか。
- □その他事業計画書、計算書類等、団体の業務執行に関する重要な記録が公開されているか。
- □広報・情報発信を専門とする担当者あるいはアドバイザーがいるか。
- □苦情処理システムが構築され、苦情に誠実に対応しているか。
- □内部通報窓口が設置されているか。

6　団体財務の制度　　　☞第2章6(3)(F)・第2章8

〔資料１〕 実践チェックリスト例

★□監事は、理事の職務執行を監査して監査報告書を作成するとともに、各事業年度の計算書類等の監査を行っているか。
　□会計監査人は計算書類等の監査を行い、会計監査報告書を作成しているか。
★□財産目録、貸借対照表、会計帳簿、計算書類をはじめとした団体の財務・経理の処理は、公正な会計原則にのっとっているか。
★□会計帳簿、財産目録、計算書類をはじめとした団体の財務・経理の処理は、公認会計士など、外部の有識者からチェックを受けているか。
　□財務計画手続が実施されているか（長期的な財務見通しが立てられているか。収支について年間予算が策定されているか。予算の策定と承認の手続が記録されているか）。
　□効果的な財務会計方針、手続、仕組みおよび運用が実施されているか（財務会計方針と手続規定が作成されているか。会計方針が会計基準に準拠しているか。会計方針を職員が理解し遵守しているか）。
　□（特に大規模な団体の場合は）財務会計報告手続が実施されているか（収支、予算決算、貸借対照表、キャッシュフロー計算書、債務者と債権者の状況についての報告書が作成され、理事会が承認しているか。年次財務報告書を作成し、会計監査を受け、年次報告書を作成して開示しているか。主要なイベントの収支報告書が作成されているか）。
　□団体清算時の財産処分の方法は明確に規定されているか。
★□団体の資産は、役員の私的財産等と混同せずに分けて管理されているか。
　□会員や加盟団体に資産を分配するルールが設けられている場合、不正なコントロールが行われないよう、明確な基準に則った透明性が確保されたルールとなっているか、またそれが守られていることの監視システムは十分か。
　□団体財務の健全性を確保するため、特定のスポンサー、資金提供者に頼らないような多様な資金源を確保する努力を行っているか。

7　研修・継続的検証　　　　　　　　　　　　　☞第２章11

★□組織の目標と、その達成に関して、定期的な自己検証が行われているか。組織人事、ガバナンスについての自己評価を定期的に行っているか。
　□理事および業務執行機関に対する継続的研修が実施されているか。
　□団体が定めた方針や手続に関する研修が職員に対して実施されているか。
　□後継者の育成と新規人材の採用は計画的に行っているか。

8　危機管理対応・リスクマネジメント（不祥事発生時対応など）

〔資料1〕 実践チェックリスト例

☞第3章2〜4

★□団体が抱えるリスクについて特定、評価（法的責任等のコスト）、制御、監視は十分か。またそれを主要な利害関係人に開示しているか。

□不祥事が起きた場合の事実調査は、公正さを担保するために必要な場合、弁護士等の外部の有識者が担当することになっているか。

★□不祥事が起きた場合、その原因と責任を明確にし、これに応じた処分を行っているか。

□事実調査、原因究明、不祥事に対する対応、再発防止の各段階で、確実な情報に基づいた情報開示を行うようになっているか。

□役員の責任その他についての保険はかけられているか。

〔資料2〕 スポーツ団体処分手続モデル規程（試案）

第1編　総　則

（目的）
第1条　本規程は、本協会が担うスポーツの普及及び競技水準の向上という重要な役割に鑑み、本協会の事業執行の公正さに対する国民の疑惑や不信を招くような行為の防止及びスポーツにおける暴力行為等の根絶を図り、もって本協会に対する社会的な信頼を確保することを目的として定める。

（適用範囲）
第2条　本規程は、以下に定める者（以下「加盟員等」という。）に適用する。
　①　本協会の理事、監事及び評議員[自然人である社員]（以下「役員」という。）
　②　本協会の職員（以下「職員」という。）
　③　本協会に登録した指導者（以下「指導者」という。）
　④　本協会に登録した競技者（以下「競技者」という。）
　⑤　本協会に登録した審判員（以下「審判員」という。）

第2編　違反行為と処分の内容

（違反行為）
第3条　違反行為とは、加盟員等の行う次の各号のいずれかに該当する行為をいう。
　①　正当な理由なく、本協会の指示命令に従わなかったとき。
　②　本協会又は本協会に加盟又は準加盟するなど、本協会の傘下にある団体（以下「傘下団体」という。）の名誉又は信用を毀損する行為を行ったとき。
　③　暴力行為、セクシュアル・ハラスメント又はパワー・ハラスメントなどをはじめとする不法行為を行ったとき。
　④　その職務に関して不正な利益を供与し、申込み、要求し又は約束したとき。
　⑤　方法の如何を問わず、また直接か間接かを問わず、競技結果に影響を及ぼすおそれのある不正行為に関与したとき。
　⑥　補助金等の不正受給、脱税、その他不正な経理に関与したとき。
　⑦　法令又は本協会の定める諸規程に違反したとき。
2　アンチ・ドーピングに関しては、別に定める規程による。

（違反行為に対する処分の種類）

〔資料2〕　スポーツ団体処分手続モデル規程（試案）

第4条　本協会は、違反行為を行った加盟員等に対して、違反行為の内容・程度及び情状に応じ、以下の処分を行うことができる。
　(1)　役員に対する処分の種類
　　①　戒　　　告：口頭による注意を行い戒める。
　　②　けん責：文書による注意を行い戒める。
　　③　減　　　俸：一定期間、一定割合の報酬を減額する。
　　④　降　　　格：下位の役職へ移行させる。
　　⑤　懲戒免職：理事会において懲戒免職の決議をし、速やかに評議員会［社員総会］を招集して解任請求を行う。
　(2)　職員に対する処分の種類
　　①　戒　　　告：口頭による注意を行い戒める。
　　②　けん責：文書による注意を行い戒める。
　　③　減　　　給：報酬又は給与を減額する。
　　　　　　　　　　ただし、職員については労働基準法第91条を限度とする。
　　④　出勤停止：一定期間出勤を停止し、その期間中、報酬又は給与を支払わない。
　　⑤　降　　　格：下位の資格・職位等へ移行させる。
　　⑥　諭旨退職：諭旨により退職願いを提出させるが、これに応じないときは解雇する。
　　⑦　懲戒解雇：予告期間を設けることなく即時に免職（解雇）とする。
　(3)　指導者、競技者及び審判員（以下総称して「登録者」という。）に対する処分の種類
　　①　戒　　　告：口頭による注意を行い戒める。
　　②　けん責：文書による注意を行い戒める。
　　③　登録資格の停止：一定期間、本協会の登録者としての資格を停止する。
　　　㋐　有期の登録資格停止　1月以上●年以下
　　　㋑　無期の登録資格停止
　　④　登録資格剥奪：永久に本協会の登録者としての資格を剥奪する。
2　本協会は、前項の処分に代えて、又は前項の処分と併せて、一定期間のボランティア活動への従事、書面による反省文の提出その他必要な措置を課すことができる。
（処分の原則）

258

〔資料2〕 スポーツ団体処分手続モデル規程（試案）

第5条　本協会は、すべて加盟員等に対し、中立、公正かつ迅速に処分を行う。
（刑事裁判等との関係）
第6条　処分の対象となる違反行為について、加盟員等が刑事裁判その他の本協会以外の処分を受けたとき又は受けようとするときであっても、本協会は、同一事件について、適宜に、加盟員等を処分することができる。本規程による処分は、当該加盟員等が、同一又は関連の違反行為に関し、重ねて本協会以外の処分を受けることを妨げない。
（無期の登録資格停止の解除）
第7条　無期の登録資格停止処分を受けた登録者は、当該資格停止処分の開始日から●年以上を経過した後に、以下の手続により、当該資格停止処分の解除の申請を行うことができる。
　①　当該登録者は、本協会事務局に対し、処分解除申請書及び反省文並びに嘆願書を提出する。
　②　本協会事務局は、当該懲戒処分を課した処分審査委員会に前号の書類一式を回付する。
　③　処分審査委員会は、当該登録者を聴聞の上、解除相当と判断した場合、その旨を理事会に答申する。
　④　前号の答申を受けた理事会において、解除について審議・決定する。
2　理事会において解除が認められた登録者は、理事会が、処分解除日として定めた日から登録資格が復権する。

第3編　処分手続

第1章　相談窓口・委員会の設置等

第1節　通報相談窓口

（通報相談窓口の設置）
第8条　本協会は、加盟員等による違反行為の通報相談を受け付けるため、通報相談窓口を設置する。
2　本協会は、前項の通報相談窓口に、スポーツ及び法律に精通した有識者1名以上を配置するよう努める。
（利用者の範囲）
第9条　通報相談窓口の利用者（以下「窓口利用者」という。）は、加盟員等本人とその関係者（加盟員等の親族、知人、加盟員等が所属する団体、公益財団法人

259

〔資料2〕 スポーツ団体処分手続モデル規程（試案）

日本オリンピック委員会及び公益財団法人日本体育協会など加盟員等と一定の関係を有する者又は団体等をいう。以下同じ。）とする。

（利用方法）
第10条　通報相談窓口の利用方法は、電話、FAX、電子メール、書面、面会とする。
2　本協会は、通報相談窓口の連絡先をホームページ等に掲載する等して、その周知徹底を図るものとする。
3　通報相談窓口では、窓口利用者（窓口利用者が被害者等本人でない場合にあっては被害者等本人を含む。）及びその関係者に対する不利益な取扱いがなされないよう取り進めることを説明したうえで、窓口利用者の秘密保持に配慮の上、利用者の氏名、連絡先、通報相談内容を把握する。
4　通報相談窓口では、通報相談内容に係る事実について、行為者の氏名及び行為の事実を明らかにし、事実が確実にあると信じるに足りる相当な根拠を示して行うよう努める。
5　通報相談窓口に対する通報相談が匿名であっても、通報相談内容等が事実であると信じるに足りる相当な根拠が示される場合については、相談を受けるものとする。
6　窓口利用者の連絡先が確保出来ないこと等によって、本協会が本規程に定める事実関係の調査、その他の責務を遂げることに著しい支障を来たす場合には、本協会はその責務を免除されるものとする。

（通報相談窓口担当者の守秘義務）
第11条　通報相談窓口の相談担当者及び通報相談窓口に関する事務に携わる者は、通報相談窓口に寄せられた通報にかかる事実（窓口利用者や被害者等の氏名や属性等個人を特定しうる情報含む。以下「個人特定情報」という。）を秘密として保持し、他に漏らしてはならない。ただし、窓口利用者や被害者等本人が通報相談事項について事実調査を希望する場合、事実調査及び処分審査に必要な範囲で、本人の同意を得た個人特定情報を秘密として扱わないものとするが、窓口利用者や被害者等のプライバシーに最大限の配慮を払う。
2　前項ただし書に該当する場合でも、本協会外の第三者、本協会内の事実調査及び処分審査に関与していない者に対して、個人特定情報を秘密とする。
3　通報相談窓口の相談担当者は、事実調査を希望する者に対し、第1項ただし書の個人特定情報の取扱及び開示範囲について説明し、本人から同意を得るよう努める。

〔資料2〕 スポーツ団体処分手続モデル規程（試案）

4　被害者等本人が第1項ただし書きの同意しない場合、通報相談窓口は、事実調査を拒むことができる。
5　本協会は、通報相談窓口の相談担当者を外部に委託する場合、当該相談担当者に対して、第1項から第3項と同様の守秘義務を課すものとする。
6　本協会は、第1項及び第2項の定めに違反して、秘密を漏洩した者がいた場合、本規程違反として本規程に従って相当の処分を課す。

（不利益取扱の禁止）
第12条　本協会は、加盟員等及びその関係者が通報相談窓口を利用したことを理由として不利益な取扱いを行なわない。
2　本協会は、前項の定めに違反して、窓口利用者に不利益な取扱いをし、又は嫌がらせ等を行った者がいた場合、本規程違反として本規程に従って相当の処分を課す。

　　第2節　委員会の設置等
（委員会の設置）
第13条　本協会は、加盟員等の違反行為を調査し、違反行為に対する処分を決定するために、次の委員会（以下総称して「委員会」という。）を設置する。
　① 事実調査委員会：違反行為と疑われる事実の有無を調査する。
　② 処分審査委員会：事実調査委員会の調査結果を基に処分の要否を審査し、処分案を策定し、理事長に答申する。

（委員の選任）
第14条　委員会の委員（以下「委員」という。）は、理事会で選任する。
2　委員会の員数は、各々次のとおりとする。
　① 事実調査委員会　2名以上とし、うち1名以上は第三者委員（本協会に現に所属していない者をいう。以下同じ。）とする。
　② 処分審査委員会　3名以上とし、うち1名以上は第三者委員とする。
3　委員会の委員には、少なくとも1名は法律に精通した有識者を選任するものとする。この委員は第三者委員であるか否かを問わない。
4　委員会の委員長は、委員の互選により選定する。
5　委員会の委員の任期は2年とする。

（免責）
第15条　委員会の委員は、故意又は重過失による場合を除き、審査手続に関する作為又は不作為について、何人に対しても責任を負わない。

〔資料2〕　スポーツ団体処分手続モデル規程（試案）

（委員会の非公開・処分決定の公開・守秘義務）
第16条　委員会は非公開とする。
2　本協会は、処分審査委員会が理事会に答申し、理事会が決議した事案について、当該事案の概要、被処分者の氏名及び処分内容を、適宜の方法で公開する。被害者が存在する事案の場合、被害者のプライバシーに配慮した適当な方法（個人特定情報を秘匿することを含む。）により公開する。ただし、特段の事情がある場合には、その一部又は全部の公表を控えることができる。
3　前項に定める範囲を除き、理事長、理事、委員、委員会の調査に関与した者は、当該事案を通じて入手した事実を秘密として保持し、他に漏らしてはならない。第11条第2項に定める個人特定情報も同様とする。
4　本協会は、前項の定めに違反して、秘密を漏洩した者がいた場合、本規程違反として本規程に従って相当の処分を課す。

（代理人）
第17条　違反行為をしたと疑われた者（以下「審査対象者」という。）は、本手続を通じていつでも代理人を選任することができる。
2　代理人は、それぞれ、審査対象者のために、本手続に関する一切の行為をすることができる。
3　審査対象者が代理人の選任を本協会に通知した場合、それ以降の手続において本協会、事実調査委員会、処分審査委員会が審査対象者に対して通知を行う場合には、当該通知を当該代理人に対しても行うものとする。

第2章　事実調査

（事実調査の開始）
第18条　窓口利用者から加盟員等の違反行為について事実調査の請求があった場合（以下「事実調査請求」という。）、通報相談窓口は、理事長に対して、その事由の説明を添えた書面をもって報告を行う。
2　理事長は、速やかに、通報相談窓口担当員の意見を踏まえて、事実調査の要否を検討し、事実調査を必要とする場合は、事実調査委員会の事実調査に付す。
3　前項において、理事長が事実調査を不要と決定した場合は、理事長は窓口利用者に対し、その旨及び事実調査を要しないと判断した理由を書面にて通知する。
4　理事長は理事会に対し、事実調査請求のあった事案の概要及びその処理の状況を報告する。
5　理事長が審査対象者になっている事案について、理事長は、本規程に定める権

限及び責務を行使できないものとする。理事会は、この場合に備えて、予め本規程にかかる理事長の職務の代行者を選任する。

(事実調査)

第19条 事実調査委員会は、事実調査請求のあった事案について、中立、公正かつ迅速に、事実の調査を行うものとする。

2 事実調査委員会は、審査対象者又はその他当該事案に関係する者・団体等に対して、事実関係について説明及び証拠資料の提出を求め、直接事情を聴取し、現地調査をするなど必要な調査をすることができる。

3 本協会の加盟員等は、前項の事実調査委員会の調査に協力しなければならない。

4 第3条に定める違反行為のうち、スポーツ指導における暴力行為等について、本協会は、理事会の決議をもって、独立行政法人日本スポーツ振興センターが設置するスポーツ指導における暴力行為等に関する第三者相談・調査委員会(以下「JSC第三者相談・調査委員会」という。)に、当該違反行為の事実調査を依頼し、又は助言を求めることができる。この場合、事実調査委員会は、JSC第三者相談・調査委員会の調査結果又は助言を尊重しなければならない。

(事実調査から利害関係人の排除)

第20条 事実調査請求のあった事案に何らかの形で関与したことがある事実調査委員及び当該事案に利害関係を有する事実調査委員は、当該事案に関し事実調査に加わることができない。当該事案に関し事実調査に加わることができる事実調査委員の員数が2名に満たない場合には、理事長は、事実調査に加わることができる事実調査委員の員数が2名以上となるまで、特別調査委員(当該事案限りの事実調査委員のことをいう。)を選任する。

2 当該事案に何らかの形で関与したことがある場合又は当該事案に利害関係を有する場合、事実調査委員は理事長に対し、その旨を報告し、当該事案の事実調査に加わってはならない。

(事実調査の報告)

第21条 事実調査委員会は、事実調査終了後速やかに、処分審査委員会に対して次に掲げる事項を含む書面をもって事実調査の結果を報告する。

① 審査対象者の表示
② 事実調査の対象として申し立てられた事実
③ 上記②の事実に関する調査結果
④ 証拠

〔資料2〕 スポーツ団体処分手続モデル規程（試案）

⑤ 報告日
2 前項の報告は、窓口利用者から事実調査請求があった日から、3か月以内に行わなければならない。ただし、処分対象たる事実について3か月以内に調査を完了することが困難な場合は、理事長にその旨を報告し、報告期限の延長を求めることができる。

第3章　処分審査
（処分審査の原則）
第22条　処分審査委員会は、事実調査委員会からの事実調査の報告を受けて、本協会及び事実調査委員会とは独立して、中立、公正かつ迅速に審査し、処分を決定する。

（処分審査から利害関係人の排除）
第23条　当該事案に何らかの形で関与したことがある処分審査委員及び当該事案に利害関係を有する処分審査委員は、当該事案に関して処分審査委員として処分審査に加わることができない。当該事案に関し処分審査に加わることができる処分審査委員の員数が3名に満たない場合には、理事長は、処分審査に加わることができる処分審査委員の員数が3名以上となるまで、特別審査委員（当該事案限りの処分審査委員のことをいう。）を選任しなければならない。
2 当該事案に何らかの形で関与したことがある場合又は当該事案に利害関係を有する場合、処分審査委員は理事長に対し、その旨を報告し、当該事案の処分審査に加わってはならない。

（処分審査委員会の審理）
第24条　処分審査は、処分審査員委員の過半数の出席をもって開催し、その議決は、出席した処分審査委員の過半数をもって行う。

（審査手続の開始）
第25条　処分審査委員会は、事実調査委員会から事実調査の報告があったときは、理事長及び審査対象者に対して、速やかに事実調査委員会から提出された報告書等一式の写しを送付し、審査手続を開始する。

（審査対象者の弁明）
第26条　審査対象者は、前条の報告書等一式の写しが審査対象者に発信された日から3週間以内に、書面にて処分申請の理由に対する認否及び弁明を処分審査委員会に提出しなければならない。

（聴聞の機会）

〔資料2〕 スポーツ団体処分手続モデル規程（試案）

第27条　処分審査委員会は、審査対象者から、直接、弁明・意見等を聴く機会を設ける。

2　聴聞場所は、原則として、本協会所在地とする。聴聞期日は、その都度、審査対象者その他当該事案に関係する者・団体の意見を聴いて、処分審査委員会が定める。

3　審査対象者が聴聞の機会を不要とする場合、又は聴聞日に正当な理由なく欠席した場合、処分審査委員会は審査対象者を聴聞することを要しない。

（適正な処分のための措置）

第28条　処分審査委員会は、必要に応じて適宜、本協会、事実調査委員会、審査対象者又はその他当該事案に関係する者・団体に対して、事実関係について説明及び証拠資料の提出を求め、直接事情を聴取し、現地調査をするなど必要な調査を行うことができる。

2　本協会の加盟員等は、前項の処分審査委員会の調査に協力しなければならない。

3　第3条に定める違反行為のうち、スポーツ指導における暴力行為等について、本協会は、理事会の決議をもって、当該違反行為の処分審査に関して、JSC第三者相談・調査委員会に、処分審査について助言を求めることができる。この場合、処分審査委員会は、JSC第三者相談・調査委員会の助言を尊重しなければならない。

（処分審査の終結）

第29条　処分審査委員会は、当該事案の判断に熟すると認める場合、処分審査の終結を決定することができる。審査対象者が出席した聴聞期日外においてこの決定をするときは、適当な予告期間を置くものとする。

2　処分審査委員会は、前項の決定をした場合、理事長及び審査対象者にその旨を通知する。

（処分案の答申）

第30条　処分審査委員会は、審査終結後2週間以内に、理事長に対し、書面をもって当該事案の処分案を答申する。

2　前項の処分案の答申書面には次の事項を含むものとする。

① 審査対象者の表示
② 処分の内容（処分を不相当とする場合はその旨）
③ 処分対象となる違反行為にかかる事実
④ 処分の理由及び証拠

〔資料2〕 スポーツ団体処分手続モデル規程（試案）

⑤ 処分の手続の経過

3 第1項の答申を受けた理事長は、速やかに、理事会に処分審査委員会の処分案を諮るものとする。

（処分の決定）

第31条 理事会は、処分審査委員会の答申を審議し、処分決定を行う。理事会は、処分審査委員会の答申を尊重するものとする。

2 前項の理事会決定に基づき、理事長は、審査対象者に対し、以下の事項を記載した書面をもって処分決定を通知する。

① 審査対象者

② 処分の内容（処分を不相当とする場合はその旨）

③ 処分対象となる違反行為にかかる事実

④ 処分の手続の経過

⑤ 処分の理由及び証拠の標目

⑥ 処分の年月日

⑦ 審査対象者が登録者にあっては、処分決定に不服がある場合には、審査対象者は公益財団法人日本スポーツ仲裁機構に対して処分審査委員会の行った処分決定の取り消しを求めて仲裁の申立てを行うことができる旨及びその申立期間

3 処分決定は、前項の通知が審査対象者に到達した時に効力を生じる。

第4章 不服申立

（処分決定に対する不服申立）

第32条 登録者が処分決定に不服がある場合には、当該登録者は公益財団法人日本スポーツ仲裁機構に対して理事会の行った処分決定の取り消しを求めて仲裁の申立てを行うことができる。

2 本協会は、前項の申立をしたことを理由として、第1項の審査対象者に対して処分決定以外の不利益な取扱いをしてはならない。

第5章 本規程の改正手続

（本規程の改正手続）

第33条 本規程は、あらかじめ、委員会の意見を聴いて、理事会の決議により変更することができる。

附　則

〔資料2〕　スポーツ団体処分手続モデル規程（試案）

（遡及適用）
第34条　本規程の施行以前の行為で、当該行為当時の本協会の規則等により違反行為とされる行為について、理事会が当該違反行為に対して処分を行っていない場合、本規程の第3編を適用する。

（施行日）
第35条　本規程は、平成●年●月●日より施行する。

以上

あとがき

　日本弁護士連合会は、2010年8月10日、「スポーツ基本法の立法に向けての意見書」を明らかにし、その中で、スポーツ団体がガバナンスを確立することを求める規定をスポーツ基本法に加える提言をし、「スポーツ競技連盟の適正な運営を確保するために、スポーツ競技連盟の組織、財務、情報公開、紛争処理及び安全対策に関する規約の基準を定めること」を提起していたが、スポーツ基本法成立後3年を経てもこの「基準」は示されていなかった。

　本書の執筆者は、第18回弁護士改革シンポジウム第2分科会「スポーツ基本法と弁護士の役割〜体罰・セクハラ・スポーツ事故の防止〜グッドガバナンスのために」(2013年11月開催)の中心を担っていたメンバーが中心となって立ち上げたスポーツにおけるグッドガバナンス研究会のメンバーである。スポーツ団体のガバナンスの基準が確立されていないことが、スポーツ団体の不祥事の原因の一つと考え、過去のスポーツ団体の不祥事の原因を分析し、今後のスポーツ団体のグッドガバナンスを確立するために、必要な情報を提供することが必要であるとして、本書の企画を提案した。

　企画発案から約半年あまりで出版に至るという強行スケジュールであった。しかし、入稿後もスポーツ団体の不祥事は次々報じられ、一日も早く、本書を世に送らなければという思いで、短い期間で本書の刊行に至った。これは、執筆メンバーの努力の結果であるが、特に研究会の事務局を担当した堀田裕二弁護士と民事法研究会の田中敦司氏の尽力によるところが大きい。

　スポーツ団体のグッドガバナンスが確立されることで、多くの人々がスポーツを楽しみ、競技水準が向上し、2020年東京オリンピック・パラリンピックをはじめとするスポーツ大会の成功につなげたい。本書がこの一助となることを願っている。

　2014年5月

　　　　　　　　　　　　　　　　　　　　　　　　望　月　浩一郎

【執筆者一覧】

伊東　　卓（新四谷法律事務所）

大橋　卓生（虎ノ門協同法律事務所）

桂　　充弘（北尻総合法律事務所）

川添　　丈（表参道総合法律事務所）

酒井　俊皓（酒井法律事務所）

境田　正樹（四谷番町法律事務所）

白井　久明（京橋法律事務所）

菅原　哲朗（キーストーン法律事務所）

辻口　信良（太陽法律事務所）

堀田　裕二（アスカ法律事務所）

松本　泰介（Field-R 法律事務所）

望月浩一郎（虎ノ門協同法律事務所）

山崎　卓也（Field-R 法律事務所）

　　　　　　　（いずれも弁護士。五十音順）

スポーツガバナンス実践ガイドブック

平成26年7月8日　第1刷発行

定価　本体 2,700円＋税

編　著　スポーツにおけるグッドガバナンス研究会
発　行　株式会社　民事法研究会
印　刷　株式会社　太平印刷社

発行所　株式会社　民事法研究会
〒150-0013　東京都渋谷区恵比寿 3-7-16
〔営業〕☎03-5798-7257　FAX03-5798-7258
〔編集〕☎03-5798-7277　FAX03-5798-7278
http://www.minjiho.com/　　info@minjiho.com

カバーデザイン／鈴木　弘　　ISBN978-4-89628-948-0 C2032 ¥2700E
本文組版／民事法研究会(Windows7 64bit+EdicolorVer10+MotoyaFont+Acrobat etc.)
落丁・乱丁はおとりかえします。